鄧嗣禹纂著

中國考試制度史

近代名家首版著作導讀叢書

中國考試制度史 導讀

鄧嗣禹 著

上海科学技术文献出版社
Shanghai Scientific and Technological Literature Press

图书在版编目(CIP)数据

《中国考试制度史》导读. 1 / 邓嗣禹著. —上海:
上海科学技术文献出版社, 2020
(近代名家首版著作导读丛书)
ISBN 978-7-5439-8050-1

Ⅰ. ①中… Ⅱ. ①邓… Ⅲ. ①考试制度—历史—中国—
古代 Ⅳ. ①D691.46

中国版本图书馆 CIP 数据核字(2020)第 076555 号

组稿编辑:张 树
责任编辑:苏密娅

《中国考试制度史》导读

邓嗣禹 著

*

上海科学技术文献出版社出版发行
(上海市长乐路 746 号 邮政编码 200040)
全国新华书店经销
四川省南方印务有限公司印刷

*

开本 880×1230 1/32 印张 14.5 字数 290 000
2020 年 5 月第 1 版 2020 年 5 月第 1 次印刷
ISBN 978-7-5439-8050-1
定价:188.00 元
http://www.sstlp.com

导读

邓嗣禹(1905—1988),字持宇,湖南常宁黄洞乡人。1932 年燕京大学毕业后,留学哈佛大学,与林语堂、陈寅恪等同为哈佛燕京学社成员,师从著名汉学家费正清先生。主要著述有《中国考试制度史》《清朝政治制度》《太平天国起义史编纂》《现代通俗汉语》《太平天国起义和西方政权》等。

《中国考试制度史》分上、下两编,上编介绍了考试起源、考试动机之别面观、科举以前取士法等内容。下编介绍了历代考试概述、唐及五代考试制度、宋代考试制度、辽金元考试制度、明清考试制度等内容。书后附有历代考试沿革列表。

中國考試制度史

鄧嗣禹纂著

陳序

三代至公之意，用人惟選賢能，此吾人所習知者；然自四岳阿鯀，績用勿成，則自唐虞之世，薦選之法已有時而窮。考功黜陟，殆即所以補選之所不及，而其爲失，則在驗之於既用之後，無以知之於未用之先，王記之言曰；凡官民材必先論之，論辨然後使之，任事然後爵之，位定然後祿之。此所謂論，即考其行藝之詳，所謂論辨，則才之優劣審，是周之選士，已寓有試之之意。意者考試正所以補薦舉之窮，殆亦行乎其所不得不行者歟。

惟是由周迄漢，選士之說，史實能詳，而試士之舉，載記極少。如漢制舉士策于天子曰賢良方正，察於州郡曰孝廉茂才，升於學校曰博士弟子，凡此皆可謂選而非試，而論者遂以爲漢未嘗試士。然吾人讀漢書藝文志，漢興蕭何草律，亦著其法曰，太史試學童，能諷書九千字以上者，乃得爲史，則知漢試學童已著爲法。漢安帝時尚書缺出，詔將諸大夫六百石以上試對政事天文學術，以高第者補之，則補缺考試，漢已行之。至若漢順帝時諸生試經學家法，而文吏則試章奏，是固本任事惟能之意，亦即考試用人之方，此爲選而有試者。其先以考績補救於既用之後，其次寓試於選。又其次乃以試爲選。隋之開科取士，特試之演進，而亦選之變更。蓋無試則選濫，選濫則無以循名責實，選有不得不變，卽試有不得不行。

所惜自漢之興，好文爲最，洞簫之製，子虛之文，朝野相高，遂成風俗，自魏以降，益騁文華，江左齊梁，更宗奇巧。雖隋起振衰，積弊稍革。然歷唐迄宋，則又同祖文章，詩賦名臣，後先難數。流弊所及，以迄明清。遂令學術之頹波，影響求才之本意，雖其間不容無賢，要之考試教學之間，供求有未盡合，遂覺科法爲可議耳。胄籍既不足以資品彙，資格復不足以盡銓衡，臧否之辨，才不才之分，一繫於月旦之公；則以考試登進，其爲平衡審明，至公不私，殆無可疑。總理遺教於考試用人之旨，諄諄致誨，先知先覺之所訓示，良有以也。

方今新制推行，規模僅具，雖立法不必舊章，而轍軫宜知戒愼，是則讀史鏡古之作，亦不可緩也。鄧君嗣禹，治史學有年，近以研究所得，成中國考試制度史。予取而讀之，既喜其用力之勤，且喜其能述舊制之得失，以爲今後之借鏡，因爲之請於考選委員會，交編纂室爲之付印，並爲誌數語於卷首。

中華民國二十五年元旦陳大齊

顧序

吾國古代，人有十等，各有分親，士之子恆爲士，子孫嗣祖考之業以任其官，故家世祿，無所謂選舉也。洎乎秦漢，封建破而郡縣立，向日之階級不復存在，於是有舉士之法，或以孝廉，或以賢良，選於郡國而揚於王廷，爲後世考試制度之權輿。魏晉以下，有九品官人之法，當時創制之意固亦在求評定之精密而操權者訓以私心，習爲朋黨，遂使士族壟斷政門，貴介子弟取國家職位若固有之，重造成秦漢以前之局勢。隋代一統，懲責其非，廢九品法而創進士科。歷代踵行，時加修正，以迄於明清，防閑之法益密，取人之道益公，所舉中原與邊域之人才亦益均，既受擁護於人民，又不遭君主之干涉，獨立發展，蔚爲盛典，蓋吾國政制中之最可稱頌者也。所不幸者，有良法而不能濟之以實學，所試科目惟限於經典詩文，馴至流爲八股試帖，與民生日用毫髮無關；弊之所至，桎梏思想之自由，禁遏創造之能力，國家陰受其禍，重爲識者所歎恨。然而猶有非常之士出於其途者，是非所試詩文之足以得士，乃以科舉制度之完密，人才不得不由是而出耳。苟能充實其內容，使所試者必歸有用，則此完密之制度固將有更大之貢獻於吾國家。 中山先生酌古準今，以外邦之三權，合中國之二制，創立五權憲法，而考試居其一，益深知吾國之考試制度積千年之經驗而大成，有不容泯滅之價值在也。

鄧君嗣禹受歷史之學於燕京大學，頡剛識之七年矣，知其於歷代政制之沿革最所究心，而以考試制度爲其發軔之始。凡草創者二年，修改者三年，雪纂露鈔，成中國考試制度史二十萬言。以隋唐以上之選士雖非正式之科舉制，而實導夫先路，故列之於緒論。自唐以下，則考試之規程，登庸之銓敍，制度之損益，並詳稽其事實而次第之。繼又比較其異同，評定其得失，就事立論，不作一蹈虛之語。終之以結論，則列舉其在政治，文化，社會風俗諸方面所發生之利弊，以備借鏡者之取舍。其搜集之廣博，考證之精確，裁斷之正平，凡在讀者，諒有同感，不須頡剛作私好之譽也。嗣禹並有中國歷代官制史之作，與此書相承相輔，惟分量過多，未能速就。竊願讀此書而愛其人者，有以贊助而促成之。

抑考選委員會之出版此書，將以歷史之詔示資補偏救弊之用也，頡剛不避出位之嫌，敢一吐其所懷。憶當幼年，科舉未廢，得之者則親族皆歡，失之者則僕婢亦歎，人我一心，宛然爲士人之第二生命。又當時事業之廢興，爭訟之裁斷，胥賴科甲中人一言以爲定，故凡欲於社會有所建樹者，必勉力掙得出身，而後足以見重於人。此何以故？曰：人民對於科舉制有信仰，故對於其所取之士給以同等之信仰爾。自科舉廢而學校興，人皆曰：入校之日卽定畢業之期矣，此何足以爲榮！學生之孜孜於課業者，人恆笑之曰：是何不智，自苦乃爾！不見某某乎，是不務勤學而得居高位者也！凡茲談論，崇奬桀黠之徒而輕鄙沈潛之士，三十年來不第聞之於市井，亦聞之於家庭，在此種暴棄心理之下學校師生遂自成一社會，一般人可不與通往來，向之奔走恐後者今則掉頭而不顧矣。是何故？則以學校之課業雖遠勝于科舉，而國家鼓勵之術不周，遂無從取得社會之信仰爾。中山先生早倡物盡其用人盡其才之說，夫苟不爲他人所信仰，則力盡於一身，無所資藉，更有何事可爲。故竊意主考試之權衡者，其責任乃在建立國民對於學校教育及考取人才之信心，使學者之能力得與社會之信心成正比例，而後人盡其才之境界有以實現。建立信心之術奈何？曰：榮寵眞才是已。人見在校之優良者卽政府所拔擢者，則對學校有信仰；見政府所拔擢者卽造福於人羣者，則對考試取士有信仰。夫然，其人之一言一動皆繫天下望，雖欲吝其才而不盡，必將爲社會所不許。宋人有諺曰：「狀元試三場，一生喫着不盡，」言雖鄙倍，意實深長，蓋對于卓犖之人才給以生活之保障，俾盡量發展其才能，則其利益於國家者必在千百庸愿以上也。頡剛 備位大學有年，每見可以深造之士，畢業以後即爲生活所驅使，紛投於不近性情之職業，以致廢其前途者，譬若嘉樹奇葩，含苞欲發，而嚴霜忽被，遂致枯萎，每爲之感愴不止。夫人才者國之華也，學校者育才之圃也，國家已縻甚多之資力以培苗於圃矣，而一經分植，即委之而去，弱質凋殘，不成喬木，豈非大可惜之事耶！爲今計者，誠當如前代之翰林院，外國之皇家學院然，規定學科名額，以特種考試選拔真才，給以若干年之優閒順其志遂其情以觀其成。其成也，則國家更予之以殊榮，定其等第，爲之揭櫫於全國人民之前，以集中社會之觀聽而喚起其信心，則向日神往於科甲之情不難再現，國運之隆盛亦造端於是矣。至於唐代通榜之制，明世觀政之規，採譽望以勵民德，重經驗以達民瘼，是並今世所宜參用者也。

承嗣禹之囑，作本書之序，聊就一時思慮所及，順筆書之，非敢自信。方今政府勵精圖治，無微不注，凡茲所言必已在洞鑒之中，不勞頡剛瑣瑣之陳。姑爲芻蕘之獻，以質正於大雅云爾。

中華民國二十五年三月二十一日，顧頡剛書於杭州寓廬

鄧序

曩者予頗主張史通於政之說，以爲淸代史學，考證異同，辨析秋毫，可謂精矣。獨於典章制度，未甚措意，不唯當代之事而已，前代掌故，究心者亦罕，斯亦治道昇降之所由繫也。鄧生嗣禹，相從讀史，頗選予說，研習加勤，遂及累代官制。復以設官端在用人，用人多出於考試，乃先成一編，題曰中國考試制度史。國家方設考試院，期以此砥礪天下，見鄧生書而善之，將爲刊布。鄧生感激發憤，乃取所爲書，無關宏旨者，芟之薙之，而增益其所不備。其猶有疑者，多設佐證，徧質通人，期無毫髮遺憾。窮日繼夜，紬繹書史，大抵自唐以來所著錄流傳者，採摭已略備矣。迹其所述，自漢迄清，制度之起原變遷，與夫盛衰得失，務推究本始，條目備舉，其間數事，考訂加密，皆從來未有定論者也。書成，請序於予。予維杜佑馬端臨之言選舉，通知今古，同條共貫，可謂詳賅。然其書偏舉衆事，不能揃一體單行。正史會要會典以及功令，或斷代爲書，或一時之制。其題名之碑，同年之錄，登科之記，貢舉之表，足資考訂，自爲專書。他若私家記載，多及恩榮盛事，否者自述其鬱伊不得志之詞，且散見旁出，驟難薈萃，以視鄧生所作，裒集衆長，本末粗備，誠爲便於省覽。雖間有未及詳者，則綜合爲書，自與考敘一事者異趣。至若考試之制，夐乎遠矣。三代取士之法，出於鄉舉里選。至漢三途而一變，至六朝九品而再變，至隋唐科舉而三變，皆承其敝而變者也。實則試言試行皆試也，特變其所試之法。世安有不敝之法哉。科舉歷時獨久，弊亦最著。防弊之法，監守巡察糊名謄錄磨勘迴避，且嚴刑峻法以臨之，不可謂疏，而弊則益隨之滋長。詆科舉者，至目爲探籌，宜若可廢而不廢者，其法專壹，足以一天下趨嚮，舉無以相易故也。故知其弊而欲救之者，朱熹有學校貢舉私議，分科分年之法。黃宗羲之言，謂去取不徒在經義，且要在寬取士之途，分之爲科舉，爲荐舉，爲太學，爲任子，爲郡縣佐，爲絕學，爲上書。顧炎武則言當更其法以難之。清末維新，始廢科舉，舉其出身，以畀學堂，微有類於學校貢舉私議。民國肇造，學校生徒，有文憑學位，而無出身，與衆流並進，又由黃宗羲寬其途之說而變者也。雖未嘗並廢考試，而視考試已輕。二十年來，進用者不必試，試者不必得，生徒學成而無所職者日多，於是一世又爭頌考試之利，且有以廣其科目爲說者，是則法亦何常之有。要令天下齊一，且期必行而已。唯振古及今，變通省益之際，消息至微，則不可不加察也。此鄧生之書，所以可貴歟。因感鄧生之意，聊舉所見，願與當世通知政意者一商榷之。民國二十三年十二月六日鄧之誠

中國考試制度史目錄

第二編　本論……七五

中國考試制度史

常寧鄧嗣禹纂著

第一編　緒論

考試之旨，首在取士。取士之法，三代以上出於學，漢以後出於郡縣吏，魏晉以後出於九品中正，唐至明清出於科舉，列代相沿，由來遠矣。顧所謂學，所謂郡縣吏，所謂九品中正，皆屬選舉。雖間有射策對策，以補選舉之不實，而少落第者，不能稱爲眞正考試。唐以後之科舉，令士人投牒自進，公同競爭，高低貴賤，一以定之。且普遍施行，垂爲永制，沿襲千餘年而不變，使天下士人共出於一途，斯爲考試之極軌，然古籍所載，不言考試，通稱選舉，蓋本鄉舉里選之遺意。合以今義，迥乎不同：證以唐後之制，亦不甚合。積習相因，未能改耳。今將唐以前之選舉時代，列爲緒論，俾明考試之根基，由唐至清，方稱本論，而其試藝之變遷，積習之因循，於政治文化，風俗社會。關係綦巨。搜羅歸納，作爲結論。冀明其得失利弊，聊爲觀今鑑古之助。若彼武舉，又當別論，茲編概付闕如。又如吏部考績，別爲門徑，亦不蔓及。憶斯制之行，亘二千餘年，古籍所紀，汗牛充棟，牴觸繆誤，所在皆是。淺學寡識，欲於短期之間，蒐討完備，考證詳碻，殆不可能。謹就正史所紀，糾其牴牾，復旁參諸書，補其未備。亟欲提綱挈領，尋求通例，整齊排比，勒爲專書。無如時迫才短，終不愜意，是則著書之難；唯有待於異日補訂已。

第一章　考試起源

世人以考試始於堯典三載考績，三考黜陟：周禮三年大比，賓與賢能；又以貢舉辟召，始自董仲舒；開科取士，肇於隋代；茲試論之。

甲，堯典周禮等書所載者

尙書堯典：

帝曰！「咨四岳，湯湯洪水方割，……下民其咨，有能俾乂？」僉曰，「於，鯀哉！」帝曰，「吁咈哉！方命圮族。岳曰，「異哉！試可乃已。」帝曰，「往欽哉！」九載，績用弗成：

尙書文義簡古，史記釋爲；

堯曰：「嗟，四岳！湯湯洪水滔天，……下民其憂，有能使治者？」皆曰，「鯀可。「堯曰，「鯀負命毀族，不可。」岳曰，「異哉，試不可用而已。」堯於是聽嶽用鯀，九載功用不成。(卷一五帝本紀)

據此，知堯時用人，先薦舉，次察品德，然後試之，

堯典又曰；

五載一巡狩，羣后四朝，敷奏以言，明試以功，車服以庸。

按巡狩之時，察核以整吏治。是「明試以功」，乃考察功績。然堯典又有考績之舉，詞云：

帝曰，「咨，汝二十有二人；欽哉！惟時亮天功。三載考績：三考，黜陟幽明；庶績咸熙。」

董仲舒之考功名篇云：

考績之法，考其所積也。……考績黜陟，計事除廢。……有功者賞，有罪者罰。……則百官勸職，爭進其功。

考試之法，大者緩，小者急；貴者舒，而賤者促。諸侯月試其國，州伯時試其部，四試而一考。天子歲試天下，三試而一考；前後三考而黜陟，命之曰計。

（春秋繁露第二十一）

班固白虎通曰：

所以三歲一考績何？三年有成，故於是賞有功，黜不肖。（卷三考黜篇）

諸侯所以考黜何？王者所以勉賢抑惡，重民之至也。尚書曰，三載考績，三考

黜陟。（同上）

根據上列數端，知古代考績，乃考其所積。此外復有稱述周禮禮記之三年大比，以爲考試之制所自始者，

周禮地官司徒曰：

鄉大夫以鄉三物教萬民，而賓興之。一曰六德：知，仁，聖，義，忠，和。二曰六行：孝，友，睦，婣，任，恤。三曰六藝：禮，樂，射，御，書，數。（周禮正義卷二十一）

及三年則大比，考其德行道藝。而興賢者能者。鄉老及鄉大夫，帥其羣吏與其衆寡，以禮禮賓之。厥明，鄉老及鄉大夫羣吏，獻賢能之書於王，王再拜受之，登於天府，內史貳之。此謂使民興賢，出使長之；使民興能，入使治之。（同上）

禮記王制第五云：

命鄉論秀士，升之司徒，曰選士（鄭注：移民於司徒也。秀士，鄉大夫所考，有德行道藝者。）司徒論選士之秀者而升之學，曰俊士。（可使習禮者，學，大學。）升於司徒者不征於鄉；升於學者不征於司徒，曰造士。（不征，不給其繇役。造，成也。能習禮則爲成

士〔一〕：大樂正論造士之秀者以告於王，而升諸司馬，曰進士。（移名於司馬；司馬夏官，卿，主邦政者。進士，可進受爵祿也。）論進士之賢者以告於王，而定其論，論定然後官之，任官然後爵之；位定然後祿之。

其論鄉大夫教萬民則曰：

古之教者，家有塾，黨有庠，術有序，國有學。比年入學，中年考校。（禮記學記第十八）

據此，知周取士之法，養士於塾與庠序，然後鄉老及地方之長，考察其德行道藝，而升諸大學。大學擇其優者，以告於王，給與仕進。故通典選舉志序曰：「鄉大夫鄉老舉賢能而賓其禮，司徒教三物而興諸學。司馬辨官材以定其論。太宰詔廢置而持其柄，內史贊與奪而貳於中。司士掌其版而知其數，論定然後官之，任官然爵之，位定然後祿之。擇材取士，如此之詳也。」（卷十三）

禮記射義篇第四十六曰：

射者進退周旋必中禮，內志正，外體直，……此可以觀德行矣。……德行立，則無暴亂之禍矣。是故古者天子以射選諸侯卿大夫士，……諸侯歲獻貢士於天子，天子試之於射宮。……而中多者得與祭，……少者不得與於祭。（【鄭註】舊說云：大國三人，次國二人。）……射之爲言繹也，或曰舍也，繹者各繹己之志也。故心平體正，持弓矢審固，持弓矢審固，則射中矣。……天子將祭，必先習射於澤，澤者所以擇士也。

而白虎通鄉射篇云：

射正何爲乎？曰射義非一也。夫射者執弓堅固，心平體正，然後中也。二人爭勝，樂以德養也。勝負諸降，以崇禮讓，可以選士。（卷四）

是射義亦多端也。

案周禮所謂六德六藝，周時是否有此，頗堪疑問。蓋此書舊題周公作。清儒萬斯同周官辨非，毛奇齡經問，崔述豐鎬考信錄，皮錫瑞三禮通論等，皆已疑之。又其所紀取士之法，是否已行？行之是否普遍長久？又是否如周禮禮記所紀之詳密？皆可疑也。

乙，貢舉辟召發自董仲舒說

漢書董仲舒傳曰：

自武帝初立，魏其武安侯爲相，而隆儒矣。及仲舒對策，推明孔氏，抑黜百家，立學校之官，州郡舉茂材孝廉，皆自仲舒發之。（卷五十六）

觀此數語，有若漢之貢舉辟召，發自仲舒，而後成爲定制。然武帝紀曰：

元光元年(西前一三四)冬十一月，初令郡國舉孝廉各一人。(師古曰：孝謂善事父母者，廉謂清潔有廉隅者)……五月詔舉賢良曰：「……賢良明於古今王事之體，受策察問，咸以書對，著之於篇，朕親覽焉。」於是董仲舒，公孫弘等出焉。(漢書卷六)

資治通鑑考異曰；「今舉孝廉在元光元年十一月，若對策在下五月，則不得云「自仲舒發之。」」(卷一建元元年條)案西漢孝廉，皆州郡縣吏所舉，無對策。其對策者止賢良。而舉賢良之詔，今見於本紀者有二：一爲孝文二年(西前一七八)；一爲十五年(西前一六五)時對策者百餘人，晁錯爲高第。其未見於本紀者，據董仲舒傳，「武帝卽位，舉賢良文學之士，前後百數，」夫旣曰前後，曰百數，則非一時一事可知也。

武帝建元元年(西前一四〇)詔丞相御史列侯中二千石。二千石諸侯相舉賢良方正，直言極諫之士。丞相綰奏所舉賢良，或治申商，韓非，蘇秦，張儀之言，亂國政，請皆罷。奏可。(漢書卷六)

仲舒對策，在元光元年(西前一三四)，紀稱董仲舒於是年出。今建元元年，已有能治申商，韓非，蘇秦，張儀之言，是推明孔氏，抑黜百家，亦非由仲舒對策而始然也。難者曰：「仲舒所發，乃指州郡所舉孝廉茂材，非其他也。則應之曰：若然則不得云，「皆自仲舒發之。」以茂材孝廉論，文帝十二年（西前一六八）已有相類之舉。其詔曰：

孝悌，天下之大順也。……廉吏，民之表也。朕甚嘉此二三大夫之行。今萬家之縣，云無應令，豈實人情：是吏舉賢之道未備也。（漢書卷四）

武帝元朔元年（西前一二八）詔曰：

（朕）旅耆老，復孝敬，……選豪俊，講文學，……深詔執事興廉舉孝。……今或至闔郡而不薦一人，是化不下究，而積行之君子，雍於上聞也。（漢書卷六）

故馬氏端臨曰：「……孝廉之選，文帝之詔，以爲萬家之縣，亡應令者；武帝之詔，以爲闔郡不薦一人。」（見通考卷三四選舉考）蓋孝廉非有實行可見，不容謬舉也。今考定漢制策賢良，不問其爲辟召，爲制舉，可以謂之爲始於漢文帝。至於州郡舉孝廉茂材，名曰貢舉，推其所始，當在孝武之時。

然漢之茂材孝廉，皆係貢薦，罕有策試。其賢良方正，因天災時變，而後有詔問之。問有對策者。

丙，科舉雖基於隋確定於唐

世人以科舉始於隋，因自周禮而後，以進士爲科者，自隋始也。唐楊綰曰：「

近煬帝始建進士之科。」（舊唐書卷一一九綰傳）杜佑曰：「煬帝始建進士科。」（通典卷十四選舉典）王定保曰：「進士始於隋大業中，盛於貞觀永徽之際；」又曰：「進士隋大業中所置也，如侯君素孫伏伽，皆隋之進士也明矣。」（摭言卷一）三家所述，皆不能明定年月，故資治通鑑不載。惟朱子通鑑綱目，以設科之始，特爲增入；但紀於太子昭卒之下，楊素卒之前，未知何據？通鑑輯覽因此，乃改載於煬帝大業二年之末，並注釋云：『考煬帝紀，「大業二年七月甲戌，太子薨；乙亥，楊素薨。」兩日相連，恐其間無暇建科取士也。』（卷四九）而王定保言隋立進士科，特舉出二人而曰「明矣」云云，豈在唐時已有人不信，而待證明者乎？考侯君素及孫伏伽二人，隋書北史俱無傳。孫傳舊唐書（卷七五）有之，未言中進士。侯傳兩唐書並無，惟舊唐書有侯君集傳，疑「素」爲「集」之訛，然閱之亦不類。再考唐書北史，其中俱無建立進士科之文！更進而求旁證，則唐代人士，亦多有言考試始於唐者。如貞元十七年（西八〇一）趙傪登科記序曰：

武德五年（西六二二）詔有司特以進士爲選士之目，仍古道也。（玉海卷一一五引）

此處玉海先引會要曰：『鄭顥進諸家科目記十三卷。注：東觀奏記曰：「武德至大中。」』又引藝文志姚康科第錄注云：『自武德以來，登科名氏編紀，凡十餘家，皆不備具。『然後於中興書目下，引校書郎趙傪序，序中以進士爲仍古道，而不言沿隋之舊；諸家科目記，亦皆起自武德，而不溯源於隋。

李德裕非進士論曰：

古者……論造士之秀，升諸司馬，進士之名立矣。……暨六國行玉帛之聘，兩漢立四科之選，魏晉或表薦而登仕，齊梁或版辟而起家，故孝廉明經之科，秀才茂才之舉，限口限年之制，射策待詔之選，損益無常，而察言觀德之規，不妄設也。李唐御統，艱厥制度，立進士之科，正名也；行辭賦之選，從時也。（登科記考卷二八引文苑集李德裕非進士論）

唐蘇鶚曰：

進士者，可進受爵祿者也。王制曰「大樂正論造士之秀者，……而升諸司馬曰進士。……孝廉者，孝悌廉讓也。……自魏吳晉皆以郡舉孝廉察秀才，故州郡長史別駕，皆赴舉察。漢朝又懸四科，一曰：德行高妙，……任三輔令。近代以諸科取士者甚多。武德四年，復置秀才進士兩科，……其後秀才合爲進士一科。（蘇氏演義卷上）

張濬對策曰：

唐虞之黜陟幽明，……夏禹之顧眄空谷，……戰國之代，王道寖微，各守英賢，……

漢高祖雖不好儒，然亦任用英傑，……陳羣制九品之條，……臧否任情，……宋齊之季，梁隋之末，聘士求賢，罕聞稽古。……梁上覽百王之得失，立萬代之規模，大開舉爾之科，廣陳訓迪之典。（文苑英華卷四七九）

以上三家之說，旣概述歷代取士之制，皆不言隋置進士科，而言爲唐所立，斯則更堪注意者也。又如裴庭裕曰：

大中十年，鄭顥知舉後，宣宗索科名記，顥表曰：自武德已後，便有進士諸科。（東觀奏記卷上）

同書又謂武宗會昌三年十二月，……中書覆奏曰「……伏以國家設文學之科，求貞正之士。」（同上卷中）八年韋澳爲京兆尹榜曰：「朝廷將裨教化，廣開科場。」（同上）又孫樵與高錫望書曰：「……唐朝以文索士，二百年間，作者數十輩。」（孫樵集卷二）是皆爲科舉始於唐之說。而牛希濟貢士論，言之更明。其詞曰：

周官司馬得俊造之名，乃進於天子，謂之進士。……大漢法，每州若干戶，歲貢若干人，吏以籍上聞，計州里之大小，材之多寡，謂之計籍。人主親試所通，經業策問，理優深者，乃中高第。……漢世得人，於斯爲盛。國家武德初，令天下冬集貢士於京師，天子制策，考其功業辭藝，謂之進士，已廢於行實矣。」

（全唐文卷八四五）

總上各證，吾人似可言科舉非始於隋而始於唐。

但言科舉始於隋者，亦大有人在。夏竦議貢舉奏曰：「隋設進士之科，唐代特隆其選。」（登科記考卷二八引）文宗大和九年（西八三五）中書門下奏曰：『伏以國家取士，遠法前代。進士之科，得人爲盛。』（册府元龜卷六四一）趙匡舉選議曰：『國朝選舉，用隋氏之制，歲月既久，其法益訛。』（全唐文卷三五五）沈既濟選舉議曰：『自隋變選法，則雖甚愚之人，蠕蠕然能秉一勞，結一課，獲入選敍。……按前代選用，皆州郡察舉，及年代久遠，訛失滋深。至於齊隋，不勝其弊。……是以罷州府之權而歸於吏部。……罷外選，招天下之人，聚於京師；春還秋往，鳥聚雲合。』（全唐文卷四七六）柳冕與權侍郎（德輿）書曰：『唐承隋法，不改其理，此天所以待聖主正之；何者，進士以詩賦取人，不先理道。』（文苑英華卷六八九）是皆言進士科始於隋，兼言唐代選舉沿隋之舊。而薛登上改革選舉疏，其言曰：

古之取士，實異於今。……自七國之季，雖雜縱橫，而漢代求才，猶徵百行，……魏氏取人，尤愛放達。晉宋之後，祇重門資。……有梁薦士。雅愛屬詞；陳氏簡賢，特珍賦詠。故其俗以詩酒爲重，不以修道爲務。逮至隋室，餘風尚在。開皇中，李諤論之於文帝曰：「魏之三祖，更好文詞，忽人君之大道，好彫蟲之小藝。……代俗以此相高，朝廷以茲擢士。故文筆日煩，其政日亂。」帝納李諤之策，由是下制，禁斷浮詞。……煬帝嗣興，又變前法，置進士等科，於是後生之徒，復相效倣。（舊唐書卷一〇一本傳）

是進士科之立，先因高祖惑於文風日廢，禁斷浮詞；煬帝嗣興，乃立進士科也。據薛登傳，登博涉文史，每與人談論前代故事，必廣引證驗，有如目擊。天授中，爲左補闕，時選舉頗濫，乃上疏。其所述者，如煬帝置進士事，隋籍雖無稽；而隋高祖禁浮詞事，隋書（卷六六）及北史（卷七七）李諤傳，皆有明文紀載。其時在開皇四年（西五八四）「普詔天下公私文翰，並宜實錄。」

又按各地方志，多列隋進士之名。如吳縣志卷七十一，列張損之爲隋之進士，並注云：「歷官侍御史水部郎」。又如郃陽縣志鄉賢志，列溫彥博爲隋之進士。損之隋書北史暨兩唐書皆無傳，後檢全唐文卷三九五，獨孤及有唐故河南府法曹參軍張公墓表，稱張損之，隋大業中，進士甲科，位至侍御史，尚書水部郎。吳縣志所據，本此。彥博兩唐書有傳，而舊唐書溫大雅附傳，謂彥博字大雅，「開皇末爲州牧秦孝王俊所薦，授文林郎，直內史省。」（卷六一）唐書卷九一，謂其「通書記，警悟而辯，開皇末，對策高第，授文林郎。』

又如舊唐書曰：

楊纂，華州華陰人也。……大業中進士，舉授朔方郡司法書佐。（卷七七）

唐書卷一〇六：「大業時，第進士。」

是隋有進士也。

進士之外，又有明經科。資治通鑑曰：

高祖武德元年（西六七八）冬十月，明經劉蘭成糾合城中驍健百餘人襲擊之。胡省三注曰：「劉蘭成蓋嘗應明經科，因稱之。」新唐志曰：「唐志取士之科，多因隋舊」，則明經科起於隋也。（卷八六）

胡氏以蘭成「蓋嘗應明經科」，因斷明經科起於隋，今檢舊唐書韋雲起傳，「雲起隋開皇中舉明經，授符璽直長。」（卷七五）又孔穎達傳，「穎達隋大業初，舉明經高第。」（卷七三）是隋實有明經科。

舊唐書杜正倫傳曰：

杜正倫，相州洹水人，隋世重舉秀才，天下不十人，而正倫一門三秀才，皆高第，爲世談美。（卷一〇六）

又薛收傳曰：「收於大業末，郡舉秀才，固辭不應。」（卷七三）是隋又有秀才科。

然則科舉始於唐與始於隋，二者究何所適從？茲請先綜觀隋代取士之法。

隋文帝開皇二年（西五八二）正月甲戌，詔舉賢良。十二月景戌，賜國子生明經者束帛。（隋書卷一）

開皇七年正月乙未，制諸州歲貢三人。（同上）

十六年六月甲午，制工商不能仕進。（隋書卷二）

十八年七月景子，詔京官五品以上，總管刺史，以志行修謹，清平幹濟二科舉人。（同上）

仁壽三年（西六〇三）七月，令州縣掄揚賢哲，皆取明知今古，通識治亂，究政教之本，達禮樂之源，不限多少，不得不舉。限以三旬，咸令進路。徵召將送，必須以禮。（同上）

煬帝大業三年（西六〇七）（詔）依十科舉人，有一於此，不必求備。朕當待以不次，隨才升擢。其見任九品以上官者，不在舉送之限。（隋書卷三）

五年六月，詔諸郡學業該通，才藝優洽；膂力驍壯，超絕等倫；在官勤奮，堪理政事；立性正直，不避強禦；四科舉人。（同上）

十年詔郡舉孝悌廉潔各十人。（隋書卷四）

以上見於本紀。其見於傳者：

褚暉傳，暉字高明，……以三禮學稱於江南。煬帝時，徵天下儒術之士，悉集內史省，相次講論。暉辯駁，無能屈者。由是擢為太學博士。（卷七五儒林傳）

房暉遠傳，遠擢為國子博士，會上令國子生通一經者，並悉薦舉，將擢用之。既策問訖，博士不能定臧否。……因令暉遠考定之，……所試四五百人，數日便決。（同上）

牛弘傳，弘在吏部，其選舉先德行，而後文才，務在審慎。雖致停緩，所有進用，並多稱職，……隋之選舉，於斯為最。（隋書卷四九）

劉焯傳，焯舉秀才，射策甲科。（隋書卷七五）

劉臻年十八，舉秀才，為邵陵王東閣祭酒。（隋書卷七六）

杜正玄傳，正玄博涉多通。兄弟數人，俱未弱冠，並以文學才辯，籍甚三河之間。開皇末，舉秀才，尚書試方略，正玄應對如響，下筆成章。……弟正藏，尤好學，善屬文，弱冠舉秀才，授純州行參軍，歷下邑正。大業中，學業該通，應詔舉秀才。兄弟三人，俱以文章一時詣闕，論者榮之。（同上）

此外全隋文（卷二七）有『王貞，開皇初，……舉秀才，授縣尉。』又有『侯白，州舉秀才，至京師，機辯捷，時莫之比。」（太平廣記卷二四八引啓顏錄，今此書有續百川學海本，蓋多由廣記輯出者。）

據此各條，可知隋代取士之科：有賢良，有明經，有二科，有十科，有四科，有孝悌廉潔，有進士，有秀才，其獲舉也，不出於下詔徵召與州郡薦舉二途。其入選也，賢良，二科，十科，四科，孝悌廉潔，以至進士如楊纂房喬，明經如韋雲起劉餉成，秀才如劉焯王貞杜正藏等。其掄才之準則。先德行，後文才，其唯一考試，則爲策問，重辯駁。如褚暉之擢爲太學博士，由於辯駁；杜正倫舉秀才試方略策，亦以善辯駁，應對如響見稱。侯白之州舉秀才，以「機辯捷」名於時。房暉遠之試國子生，則試策問。唐楊綰曰：「近煬帝始建進士之科，當時猶試策而已。」而劉焯舉秀才，尚爲射策，是與兩漢取士之制略同，與唐宋考試之制似有別。而李慈銘越縵堂日記，則謂六朝人試孝廉用經術，同於唐之明經；試秀才用詞賦，同於唐之進士。（冊二七頁二十）此又一說也。

宋章俊卿論選舉之法，一變而爲辟舉，再變而爲限年，三變而爲中正，四變而爲停年，五變而爲科目。而科目興於唐，所以救中正之弊。（宋章俊卿山堂考索續集卷三八）則隋留進士科，似非科目之比。是舉人投牒自應之制，蓋昉於唐。

顧上引沈既濟選舉議，謂「自隋罷外選，招天下之人，聚於京師，春還秋往，鳥聚雲合。」唐會要謂「唐武德初，因隋舊制，以十一月起選，至春即還。」（卷七五）是隋似已有公同考試。特因其制，不彰不備，僅具雛形，故謹愼重作結曰：科舉之制，肇基於隋，確定於唐。

第二章　考試動機之別而觀

甲　爲防止功臣外戚之專橫

漢高祖以卯金刀斬蛇起義，代秦而有天下，又承項羽分封之後，以得諸侯之力爲多，故不得不封建諸將，以酬其勞。於是卽位之初，卽封故衡山王吳芮爲長沙王，粵王無諸爲閩粵王。繼又立從兄劉賈等同姓爲王。時以天下初定，干戈未甯，不遑庠序之事。大權皆操於功臣武夫之手。所謂馬上得之，馬上治之也。此種政治，漢興數主，殆皆未改。至文帝時，鼂錯上書，始言削諸侯事，及法令可更定者。時太子頗善錯計，袁盎諸大臣惡之。錯父諭之曰：『上初卽位，公爲政用事，侵削諸侯，疏人骨肉，口讓多怨，公何爲也。錯曰：不如此，天子不尊，宗廟不安。』(見漢書卷四九錯傳)然錯卒以此被誅。是功臣外戚專橫用事之證也。高祖以前與異姓諸王爲等夷，一旦相臣屬，不免互生猜忌，故僅六七年間，異姓諸侯，多亡國隕命。及至高后孝文，猶復功臣用事，故始漸行薦舉辟召，以防制之。漢書儒林傳曰：孝惠高后時，公卿皆武力功臣。孝文時，頗登用。(史記正義曰：言孝文時，頗用文學之士居位。)然孝文本好刑名之言。及至孝景不任儒。竇太后又好黃老術，故諸博士具官待問，未有進者。……及竇太后崩，武安君田蚡爲丞相，（按史記與漢書本傳，均作武安侯，）黜黃老刑名百家之言，延文學儒者以百數。而公孫弘以治春秋爲相封侯，天下學士，靡然鄉風矣。

自此以後，寒士文人，始有進身之機；繼公孫弘之後，以布衣起家者，有嚴助匡衡等人。歷舉孝秀，類多未仕之子，薦送公車，爲國大川。功臣外戚之勢，稍賴以防抑焉。

乙、爲日食地震之警惕

吾人讀史，見歷紀日食，初莫明其用意。繼察下詔舉賢良，往往因天災時變，有所警惕畏懼而發；方知其詳紀之故。古代人智未啓，宇宙萬物，視爲神祕；加以往聖詮釋，儼若神明。故天人交警之說，在此時實無足怪，觀漢文帝二年（西前一七八）詔曰：

人主不德，……則天示之災。以戒不治。乃十一月晦，日有食之，適見於天，災莫大焉，……朕下不能治育羣生，上以累三光之明，其不德大矣！令至，其悉思朕之過失，……及舉賢良方正，能直言極諫者，以匡朕之不逮。（漢書卷四文帝紀）

至董仲舒發爲天人相與之學說，以申明天變與政治之關係。董氏於武帝時對策曰：

臣謹案春秋之中，視前世已行之事，臣觀天人相與之際，甚可畏也。國家將有失道之敗，而天迺先出災害以譴告之。……道之大原出於天，天不變，道亦不變……（漢書卷五十六本傳）

自是歷朝下詔舉賢良，或孝秀，强半因日食地震而發，二者幾成不可分離之關係。

漢宣帝本始四年（西前七〇）夏四月壬寅……地震，或山崩水出。詔曰：蓋災異者，天地之戒也。……迺者地震……朕甚懼焉。丞相御史其與列侯中二千石，博問經學之士，有以應變，輔朕之不逮。毋有所諱。令三輔太常內郡國舉賢良方正各一人。（漢書卷八宣帝紀）

故杜佑曰：「漢諸帝，凡日食地震，山崩川竭，天地大變，皆詔天下郡國舉賢良方正，直言極諫之士，率以爲常。」（通典卷十三）此種狀態，直至後漢亦然。至南北朝，大概人智進步，乃稍稍變矣。但兩漢辟召之動機，多因日蝕地震，山崩川竭，天地大變而發，則爲不可易之論也。

丙　爲九品中正之反應

欲明考試動機爲九品中正之反應，當先述九品中正之沿革得失。其制起於魏文帝時。蓋三方鼎立，士人播遷，詳覈無所，尚書陳羣乃奏立九品中正之法。郡縣設小中正，州設大中正，擇本處之賢而有識鑒者爲之。選其鄉里人物，品其學行，第爲三等九品：曰上上，上中，上下。每等復有上中下三品。選人之法，先由郡邑小中正，品定人材，上之大中正。大中正校實，以上司徒；司徒再核，移之尚書，然後選用，授以官職，此其大略也。（詳俟後敍。）考其初意，乃曹魏喪亂之際，軍中權宜之法，並非經世恆典。其後魏晉相沿，流弊滋多。而爲中正者，「高下任意，榮辱在手，」（劉毅疏言，見毅傳）「上品者，非公侯之子孫，卽當途之昆弟。」（段灼疏言，見灼傳）故當時有上品無寒門，下品無世族之諺。其時士人，皆厚結姻援，奔馳造請，寖以成風。因而成爲一種階級制度。

孝文時，韓麒麟子顯宗上言曰：前代取士，必先正名，故有賢良方正之稱。今之州郡貢察，徒有秀孝之名，而無秀孝之實。而朝庭但檢其門望，不復彈坐。如此則可令別貢門望，以敍士人，何假冒秀孝之名也。夫門望者，是其祖父之遺烈，亦何益於皇家。益於時者，賢才而已。苟有其才，雖屠釣奴虜之賤，聖皇不恥以爲臣。……或云今世等無奇才，不若取士於門，此亦失矣。豈可以世無周召，便廢宰相而不置哉。但當校其有寸長銖重者，卽先敍之，則賢才無遺矣。（後魏書卷六十）

于是魏孝明正光元年（西五一〇）罷諸州中正。（見後魏書卷一百十三官氏志）隋雖無中正之名，而有其實。蓋隋之州督，即中正避諱改而從舊稱也。初，後齊以中正之弊，「每策孝秀，中書策秀才，集書策考貢士，考功郎中策廉良。皇帝常服乘輿，出坐於朝堂中楹，秀孝各以班草對。其有脫誤，書濫，流浪者，起立席後，引墨水，脫容刀，（見隋書卷九禮儀志）即已有考試之規模，第未能全廢中正制。至於李唐，乃行科舉，取士用人，一以文辭為準。而掃前此門第之習。從此平民始有參與政治之機會，階級制度，賴以剷除焉。

丁　為牢籠人心

九品中正之反應，乃為採行科舉之時代背景。其真正動機，而又歷代皆然者，則為牢籠人心也。漢高帝十一年詔曰：

今吾以天之靈賢士大夫，定有天下，以為一家，欲其長久世世奉宗廟亡絕也。賢人既與我共平之矣，而不與吾共安利之可乎。賢士大夫，有肯從我游者，吾能尊顯之，布告天下，使明知朕意。御史昌下相國，相國酇侯下諸侯王，御史中執法下郡守。其有意稱明德者，必身勸為之駕，……署行義年。有而弗言覺免，年老癃病勿遣。（漢書卷一下高帝紀）

十二年詔曰：

吾立爲天子，帝有天下，十二年於今矣。與天下之豪賢士大夫，共定天下，同安輯之。其有功者，上致之王，次爲列侯，下乃食邑。……吾於天下賢士功臣，可謂亡負矣。（同上）

從此詔書中，可以窺知高帝責成郡國貢舉之目的，非爲從事國家公共事業，乃以虛榮爵祿等特權，籠絡才智之士，使其長久世世奉宗廟不絕也。詔書末後二語，籠絡之心，更昭然若揭。至於唐朝，王定保曰：

文皇帝撥亂反正，特盛科名；志在牢籠英彥。（摭言卷三）

宋歐陽修論逐路取人劄子曰：「議者又謂西北近虜，士多牢籠。」（見全集卷一百十三）司馬光乞貢院逐路取人狀曰：「夫設美官厚利進取之塗，以誘人於前，而以苛法空文禁之於後」（見文集卷三十）容齋隨筆卷九曰：「國朝自太平興國以來，以科舉羅天下士。」金史選舉志曰：『凡詞賦進士……經義進士……其設也，始於太宗天會元年（西一一二三）十一月。時以急欲得漢士，以撫輯新附；初無定數，亦無定期。』（卷五一）其爲牢籠人心之動機而行考試，更爲顯明。金史太宗紀曰：『天會五年（西一一二七）七月，河北河東郡縣，職員多闕。宜開貢舉取士，以安新民。』其言之最詳盡者，龔如馮桂芬改科舉議曰：

明祖以梟雄陰鷙猜忌馭天下。懼天下瑰偉絕特之士，起而與爲難，以爲經義詩賦，皆將借徑於讀書稽古，不啻傅虎以翼，終且不可制。求一途可以禁錮生人之心思材力，不能復爲讀書稽古有用之學者，莫善於時文。故毅然用之。其事爲孔孟明理載道之事，其術爲唐宋英雄入彀之術，其心爲始皇焚書坑儒之心。抑之以點名搜索防弊之法，以折其廉恥。揚之以鹿鳴瓊林優異之典，以生其歆羨。三年一科，今科失而來科可得。一科復一科，轉瞬而其人已老，不能爲我患。而明祖之願畢矣。意在敗壞天下之人才，非欲造就天下之人才。（校邠廬抗議卷下）

其於武舉，亦牢籠天下勇士之術。而其用心，尤爲深刻。清咸豐間，馮氏停武試議曰：

驍雄悍鷙之徒，輒多不喜束縛，故不肯就我。又其人往往不事生產，至他日迫饑寒流而爲匪；雖欲就我而不能。今於弱冠之初，以舉人造士之榮名爲招，明示以無所束縛，必欣然就我。迨饑寒既至，更無不就我之理。是以有餘者以虛文縻之，不足者以實惠撫之。始有餘而繼不足者，則又預爲之地以待之。吾知

甘於爲匪者少矣。（校邠廬抗議卷下）

至於清順治九年（西一六五二），即刊立臥碑，置於明倫堂之左，曉示生員，略謂「朝廷建立學校，選取生員，免其丁糧，厚以廩膳，……全在養成賢才，以供朝廷之用。諸生皆當上報國恩，下立人品，……生員之家，父母愚魯，或有非爲者，子……當再三懇告，使父母不陷於危亡。生員立志，當學爲忠臣清官，書史所載忠清事蹟，務須互相講究」。（學政全書卷四）。其後開科舉以網羅明代之遺民不得，又復設薦舉辟召，甚至遣人敦請，以修四庫全書及明史。其牢籠之計，不更明乎。此事爲人所熟知，故不備舉。

第三章　科舉以前之取士法

前述科目與於唐，然唐制要必有所本。考漢初自文帝舉賢良，武帝舉孝秀，後漢因之。特賢良之詔，盛於前漢，孝秀之舉，多在東京。兩朝得人稱盛，士氣亦頗純樸，特有所舉則授之以官，無所去取。及其末流，積弊生焉，「竊名僞服，寖以流競，權門貴仕，請謁繁興。」（語見後漢書列傳五一論）於是九品中正，乃應運而生。本爲一種考察，爲吏部參考，不意其弊更甚於請謁也。玆分述之如下：

甲　兩漢取士法

一　沿革要略

漢高帝十一年及文帝二年，已有舉賢才之詔，至十五年（西前一六五）又詔「諸侯王，公卿，郡守，舉賢良，能直言極諫者。上親策之，傅納以言。」此即漢廷策士之始。前此二詔未聞有應舉之人。至是始以三道策士，而鼂錯以高第，由太子家令遷中大夫。武帝建元元年（西前一四〇）再舉賢良，丞相衛綰以所舉者，或治申，商，韓非，蘇秦，張儀之言，皆奏罷之。專制君主，束縛士人言論思想，蓋自西漢已然矣。

武帝元光元年（西前一三四）冬十一月，初令郡國舉孝廉各一人。……五月詔舉賢良

，……於是董仲舒公孫弘出焉。(漢書卷六武帝紀)

案弘與仲舒非出自一年。據弘傳，弘於元光五年，再舉賢良。考武帝即位以來，凡兩舉賢良，一在建元元年，一在元光元年。而元光五年，但詔吏民舉明當世之務者，而未聞有賢良之舉。且弘傳謂武帝初即位，弘年六十以賢良徵，年八十薨。查帝紀及百官公卿表，皆載弘薨於元狩二年，自元狩二年推而上之，至武帝即位初年(即建元元年)恰二十年，是弘於建元元年初舉賢良，元光元年再舉賢良，章章明甚，而董仲舒對策之年，舊說或疑爲建元元年，或爲元光元年，以舒傳對策文「今臨政而願治七十餘歲矣，」「夜郎康居，說德歸誼」等語句，及遼東高廟災等事考之，乃在元光元年無疑。蓋漢興至建元元年，甫六十七載，不得云七十餘歲。西南夷傳夜郎之通，在建元六年。武紀高廟高園災，亦在建元六年。故仲舒舉近事以言，則其對策必在元光元年無疑。茲略述其沿革，而以年表詳之。

漢自元光五年前，所舉賢良皆用詔。自元狩六年(西前一一七)遣博士循行天下，舉賢良獨行之士，其制最爲隆重，故謂制科之選。昭帝始元元年，宣帝元康四年皆如之。茂材異等之舉，始自元封五年；孝廉雖舉之有數，而應者寥寥，或至「闔郡而不爲一人」。(見武帝紀元朔元年詔)蓋賢良策問，必以事對；孝廉察舉，則品格難定。其時辟召，多因災異，每次所舉，唯限一二人，故應舉甚難。元帝永光元年（西前四三）又詔丞相御史，以樸質，敦厚，遜讓有行者，四科舉人。光祿歲以此科，品第郎官。然其得人，要以賢良爲最。若以選舉例之，則賢良茂材出於特舉者也，孝廉出於推選者也；其取賢良也以言，而取孝廉也以行，二者蓋幷行不悖者也。

降至後漢光武建武十二年（西三六）始定廷尉，大司農，將軍，監察御史等，歲察孝廉廉吏，茂材；各一人或二人。（參通典卷十三）前此舉無定期，至此遂歲察選。行之不二十年，而弊端以生。

明帝即位（西五八）詔曰：今選舉不實，邪佞未去，權門請託，殘吏放手，（放手，謂貪縱爲非也。）百姓愁怨，情無告訴，有司明奏罪名，並正舉者。（後漢書卷三）至章宗建初元年（西七六）其弊益滋。「刺史守相，不明眞僞，茂材孝廉，歲以百數。」（見是年詔語，後漢書卷三）於是謀補偏救弊之方。至建初八年（西八三）始以四科舉人，爲考察德行之標準。

一曰德行高妙，志節淸白。二曰經明行修，能任博士。三曰明曉法令，足以決疑；能案章覆問，才任御史。四曰剛毅多略，遭事不惑，明足照姦，勇足決斷，才足三輔令。——皆存孝悌廉忠之行。自今以後，審四科辟召，及刺史二千石

，察舉茂才尤異，孝廉廉吏，務實校試以職；有非其人，不省曹事，正舉者故不以實法。（漢官儀上）

察賢良多爲已仕，孝廉爲未仕者。孝以舉士，廉以察吏，然皆舉則官之，無所去取。至此乃試以職事。此制既立，又恐所舉不均，乃按人口分配。率二十萬人得舉一孝廉，限制不可謂不嚴矣。

丁鴻傳：（和帝初）大郡口五六十萬，舉孝廉二人；小郡口二十萬，幷有蠻夷者，亦舉二人。帝以爲不均，下公卿會議。鴻與司空劉方上言：凡口率之科，宜有階品；蠻夷錯雜，不得爲數。自今郡國率二十萬口，歲舉孝廉一人；四十萬二人，六十萬三人，八十萬四人，百萬五人，百二十萬六人。不滿二十萬，二歲一人；不滿十萬，三歲一人。帝從之。（後漢書卷三十七）

然所舉者，據後漢書樊儵傳，永平元年，「上言郡國舉孝廉率取年少能報恩者。耆宿大賢，多見廢棄。」（卷三二）於是限以年齡，課以牋奏。順帝陽嘉元年（西一三二）從左雄奏，初令郡國舉孝廉，限年四十以上，諸生通章句，文吏能牋奏，乃得應選。所謂牋奏，即後世表章之類。自左雄任事，限年試才，雖頗不密，固亦因事制宜。雄在尚書，天下不敢妄選，十餘年間，稱爲得人。然眞正廉潔之士，多裹足不前，如張衡李固等，數舉孝廉，皆辭不就者也。此後屢朝下詔，整齊選舉之事，詔書連下，分明懇惻；而所在翫習，遂至怠慢。彼盜聲竊位如許武諸者，實繁有徒也。終漢之世，泰半如此。至於何年舉賢良，何年舉孝秀，統見下表。

附兩漢舉士年表（材料皆出本紀間有一二例外已於表中註明）

中歷	西歷	詔令
高祖十一年	前一九六	初下詔舉士
十二年	前一九五	復下詔舉士
文帝二年	前一七八	因日食詔舉賢良方正能直言極諫者
十五年	前一六五	詔有司舉賢良文學之士
武帝建元元年	前一四〇	詔舉賢良直言極諫之士
元光元年	前一三四	令郡國舉孝廉各一人
元朔元年	前一二八	令士賢皆薦賢聞
元狩元年	前一二二	徵舉獨行之士
元封五年	前一〇六	始詔察舉吏民，有茂材異等，可爲將相，及使絕國者。
昭帝始元元年	前八六	遣使行郡國舉賢良
五年	前八二	詔令三輔太常，舉賢良各二人，郡國文學高第各一人。

宣帝本始元年	前　七三	因地震，詔內郡國，舉文學高第各一人。
四年	前　七〇	因地震，令三輔太常，內郡國，舉賢良方正各一人。
地節三年	前　六七	三月，令內郡舉賢良方正可親民者。十月，因地震，詔舉賢良方正直言極諫之士。十一月。又舉孝弟有行義聞於鄉里者。
元康四年	前　六二	遣使循行天下，察吏治得失，舉茂材異倫之士。
神爵四年	前　五八	令內郡國舉賢良，可親民者各一人。
元帝初元二年	前　四七	因地震，詔舉茂材異等，直言極諫之士。
永光元年	前　四三	詔舉質樸敦厚遜讓有行者。
二年	前　四二	因日食，令內郡國舉茂材異等，賢良直言之士各一人。
建昭四年	前　三五	遣使循行天下舉茂材特立之士。
成帝建始二年	前　三一	詔三輔內郡國舉賢良方正各一人。
三年	前　三〇	因日食地震，詔丞相御史，與將軍列侯中二千石，及內郡國，舉賢良方正，能直言極諫之士，詣公車。
河平四年	前　二五	因日食，舉惇厚有行，能直言之士。
鴻嘉二年	前　一九	因數遭水旱疾疫之災，舉敦厚有行義，能直言者。
永始三年	前　一四	遣使循行天下，與部刺史，舉惇樸遜讓有行義者各一人。
元延元年	前　一二	日蝕星隕，令內郡國舉方正能直言極諫者各一人。
哀帝建平元年	前　六	詔大司馬列侯將軍，中二千石，州牧守相，舉孝悌惇厚，能直言者各一人。

元壽元年	前二	因日蝕，詔將軍列侯，中二千石，舉賢良方正，能直言者各一人。
平帝元始元年	一	因日蝕，詔舉敦厚能直言者各一人。
後漢		
光武建武六年	三〇	九月丙寅晦日食，勅公卿舉賢良方正各一人。
七年	三一	三月晦日食，詔公卿司隸州牧舉賢良方正各一人。
十二年	三六	詔三公舉茂材各一人，廉吏各一人。 光祿歲舉茂材四行各一人，察廉吏三人。 中二千石歲察廉吏各一人。 廷尉大司農歲各二人。 將兵將軍歲察廉吏各二人。 監察御史司隸州牧歲舉茂材各一人。(此年之事見漢官目錄)
章帝建初元年	七六	因地震，令太傅三公中二千石及郡國守相舉賢良方正能直言極諫之士各一人。
五年	八〇	日蝕，舉直言極諫者各一人。
八年	八三	以四科辟士。(見漢官儀上)
元和二年	八二	令郡國上明經者，口二十萬人以上，五人；不滿十萬三人。
和帝永元五年	九三	因地震，詔中飭二千石選舉及司隸刺史糾察。
六年	九四	以陰陽不和，詔三公中二千石，內郡國守相，舉賢良方正，能直言極諫之士各一人。
安帝永初元年	一〇六	因日食，詔公卿內外衆官，郡國守相，舉賢良方正，能直言極諫者各一人。
五年	一一一	因日食地震，詔舉如上。外加舉至孝行與衆卓異者。

元初元年	一一四	因旱蝗，詔三公特進侯中二千石二千石郡守，舉敦厚質直者各一人。
建光元年	一二一	詔舉有道之士各一人。
延光二年	一二三	詔選三署郎，及吏人，能通古文尚書，毛詩，穀梁春秋各一人。
三年	一二四	京師大疫，詔公卿郡國守相舉賢良方正能直言極諫之士各一人。(見順帝紀)
順帝陽嘉元年	一三二	初令郡國舉孝廉，限年四十以上諸生通章句，文吏能牋奏，乃得應選。
漢安元年	一四二	詔大將軍公卿舉賢良方正，能探賾索隱者各一人。
沖帝建康元年	一四四	因地震，舉賢良方正幽逸修道之士各一人。
桓帝建和元年	一四七	因地震，詔舉賢良方正，能直言極諫者各一人，又舉至孝篤行之士各一人。
三年	一四八	舉賢良方正能直言極諫之士各一人。
永興二年	一五四	因地震，詔舉賢良方正能直言極諫之士各一人。
延熹八年	一六五	因日食，舉賢良方正。
九年	一六六	因日食，詔公卿校尉郡國舉至孝。
永康元年	一六七	因日食地震，詔公卿校尉舉賢良方正。
靈帝建寧元年	一六八	因日食，詔公卿以下，及郡國守相，舉有道之士各一人。
光和三年	一八〇	詔公卿舉能通尚書，毛詩，左氏穀梁春秋各一人，悉除議郎。
獻帝建安元年	二〇〇	九月朔日食，詔三公舉至孝二人，九卿校尉郡國守相各一人。

二　取士方法

據上表，知兩漢取士方法，多由諸侯，王，丞相，御史，九卿，列侯，刺史，郡守，校尉，等所舉；所謂出於郡縣吏者是也。在後漢順帝陽嘉元年(西一三二)以選舉不實，官非其人，乃以刺史二千石之選舉權，歸任三司，稍有統系。其後仍常由公卿校尉而舉。又據表，知兩漢取士，共約五十六次，其中舉賢良者二十五次，因災異而舉者三十次，所謂取士動機，多因日食地震而發者是也。其舉士名目，有只稱賢良者，有賢良方正合稱者，又有賢良直言者，有孝廉獨行及至孝者，有文學高第，茂材異等者；有敦樸四行，茂材四科者；種種名稱不一而足。大抵西漢得人，以賢良爲盛；東漢得人，以孝廉爲多。賢良間有策問，孝廉間有考校。所謂策問，有射策對策二種。據漢書音義，作簡策難問，列於几案，貢人任意投射，取而答之，謂之射策。若錄政化得失，而顯問之，謂之對策。(見順帝紀陽嘉元年註)如董仲舒公孫弘皆由策問而進者也。蓋射策者，有禮記鄉射之遺風，答問爲何，無得而知。大約行之西漢，漸廢於東漢，觀白虎通鄉射篇，不明射策之義而發問，可以驗矣。至於對策，有若徵詢政見，其答也或以言或以文，殆無一定。觀兩漢舉賢良者，不下數百十人，而策文存者，爲數無幾，可以推知。發策題目，多爲當時國家大政；如鹽鐵均輸榷酤，其最著者。今存鹽鐵論一書，可稱爲當時策題，而不能稱爲策文。蓋由桓寬輯而記之，以成今書。是又可爲對策不必以文之一證也。

孝廉之有考校，始自章帝建初元年。初但試之以職，即「辨詰職事」，非真正考試也。據後漢書卷五十六种暠傳，暠舉孝廉，前河南尹田歆『召暠於庭，「辨詰職事」。暠對辭有序，歆甚知之，召署主簿，遂舉孝廉。』蓋當時孝廉之舉，多未入仕。周盤解韋帶，就舉孝廉，即未仕之服；恐不諳吏事，故先召署主簿，然後舉之。漢官儀曰：『孝廉廉吏，……平端於縣邑，務受試以職。有非其人，臨計過署，不便習曹事；書疏不端正，不如詔書，有司奏罪名並正舉者。』是東漢之試職，即先練習職事，與尚書之試用相彷彿也。

後以所舉孝廉，率多年少。且試用之制，或無大效，左雄乃請限年試才，試以牋奏，即爲懲此二弊而設。故范曄評爲「固亦因識時宜」之制。(後漢書卷六一論)其限年，即『年未四十，不得察舉。皆先詣公府，諸生試家法，文吏課牋奏。副之端門，練其虛實，以觀異能。』(見後漢書卷六一左雄傳)牋，周成雜字曰，表也。牋表奏之試，亦爲治事之便。然從漢書所考，試者仍少，於後表中，可以知之。他如口率選舉，已見丁鴻傳，可知其概。後有增加，無關於考試，茲不復敘。此外博士弟子考校升選，爲學校之事，遂亦從略。今附兩漢賢良表，東漢孝廉表，以見得人之盛焉。

附兩漢方正賢良表

案方正，賢良，文學，各自爲科。漢書列傳第三十六贊，「始元中，徵文學，賢良，……當此之時，英俊並進。賢良，茂陵唐生；文學，魯國萬生之徒，六十有餘人。」（卷六六）是賢良與文學有別，而不能如馬氏文獻通考將多數下表舉賢良者，統稱爲賢良文學也。又賢良方正，後世統稱爲一，在西漢時，實各自爲科。蓋有舉賢良者，有舉方正者。然亦有舉賢良方正者，其或二者並舉歟？東漢賢良，多有舉而不就者，故不列之於表。西漢舉文學者，現亦知之極少，亦不復列。

（註：材料出處中如「四七」，即指前漢書卷四十七，餘類推。）

人名	被舉時期	原來資格	名目			舉後出路	有無對策	材料出處
			賢良	方正	賢良文學			
鼂錯	文帝時	太子家令	賢良			遷授中大夫	有	前漢書四九
公孫弘	武帝時	博士	賢良			遷博士待詔	有	五八
董仲舒	武帝時	博士	賢良			江都相	有	五六
轅固	武帝時	博士	賢良			以老歸田		八八
馮唐	武帝時	楚相	賢良			因老以子遂爲郎		五〇
嚴助	武帝時	布衣	賢良			推爲中大夫	有	六四

魏相	昭帝時	以郡卒史	賢良			爲茂陵令	有	七四
王吉	昭帝時	以雲陽令	賢良			爲昌邑中尉		七二
朱雲	昭帝時	以儒生		方正		爲槐里令		六七
孔光	昭帝時	以議郎光祿勳		方正		爲諫大夫		八一
蓋寬饒	宣帝時	以孝廉爲郎		方正		遷諫大夫	有	七七
何武	宣帝時	以郡吏			賢良方正	諫大夫	有	八六
貢禹	元帝時	以博士	賢良			爲河南令		七二
谷永	成帝時	太常丞		方正		待詔公車	有	八五
杜欽	成帝時	官庫令			賢良方正	遷授議郎	有	六十
樓護	哀帝時	京兆吏		方正		爲諫大夫		九二
房鳳	哀帝時	太史掌故		方正		爲縣令都尉		八八
甯由	哀帝時	丞相西曹衛	賢良			爲定陶令		七八
杜鄴	哀帝時	涼州刺史		方正		未拜官		八五
黃霸	哀帝時	以丞相史	賢良			擢揚州刺史		八九
朱邑	哀帝時	太守卒史	賢良			爲大司農丞		八九
江革	後漢章帝時	以　郎			賢良方正	遷司空長史		後漢書三九

附東漢孝廉表（此表中如後漢卷六七即後漢書卷六七餘皆准此類推）

申屠剛	後漢章帝時	郡功曹			賢良方正		有	二九
魯丕	後漢章帝時	新豐教授		方正		拜中sss介	有	二五
李育	後漢章帝時	以儒生		方正		爲議郎後拜博士		七九下
劉焉	後漢章帝時	以郎中			賢良方正	南陽太守		七五
李法	和帝時				賢良方正	除博士	有	四八
戴封	和帝時	光祿主事			賢良方正	拜議郎	對策第一	八一
劉淑	和帝時	以教授			賢良方正	拜議郎	對策第一	六七
蘇章	安帝時	南陽太守			賢良方正	爲議郎	有	三一
劉矩	安帝時	雍丘令			賢良方正	四遷爲尚書令		七六
檀敷	桓帝時	以布衣		方正		遷議郎	有	六七
爰延	桓帝時	以延椽			賢良方正	再遷爲侍郎		四八
張奐	靈帝時	以幕府	賢良			擢拜議郎	有	六五
張承				方正		拜議郎		北堂書抄卷五六魏志十一
吳良				方正				書抄五八

(1)東漢孝廉經校試者

劉祐——初察孝廉，補尚書侍郎，閑練故事，文札強辨，每有奏議，應對無滯。(後漢書六七)

高彪——郡舉孝廉，試經第一，除郎中。(後漢八十下)

公沙穆——舉孝廉，以高第爲主事，遷繒相。(後漢八二下)

宋業——顯宗時，舉孝廉，日召對合旨，擢拜阿陽侯相。(後漢四一)

鍾離意——鍾離意別傳云：意舉孝廉，有詔試，意爲天下第一。(北堂書鈔七九)

胡伯始——舉孝廉，試以章奏，亦然。(北堂書鈔七九)

(2)東漢孝廉未經校試者

張敏——建初二年舉孝廉。(後漢四四)

馬稜——建初中，仕郡功曹，舉孝廉……拜謁者，(後漢二四)

韋彪——建武中，舉孝廉，除郎中。(後漢二六)

魏霸——建初中，舉孝廉，八遷，和帝時，爲鉅鹿太守。(後漢二五)

馮豹——舉孝廉，拜尚書郎。(後漢二八下)

周章——舉孝廉，六遷爲五官中郎將。(後漢三三)

鄭弘——以署忤鄴，舉孝廉。(後漢三四)

賈琮——舉孝廉，再遷爲京兆尹。(後漢三一)

張霸——舉孝廉，爲光祿主事。(後漢三六)

桓典——舉孝廉，爲郎。（後漢三七）

桓鸞——舉孝廉，遷爲膠東令。（後漢三七）

劉平——舉孝廉，拜濟陰郡丞。（後漢三九）

江革——永平初，舉孝廉，爲郎。（後漢三九）

周磐——解韋帶，就孝廉之舉。和帝初，拜謁者。原註以韋皮爲帶，未仕之服也。（後漢三九）

第五倫——建武二十七年，舉孝廉，……光武召見，甚異之。（後漢四一）

鍾離意——建武十四年舉孝廉，再遷辟大司徒。（後漢四一）

寒朗——以尚書教授，舉孝廉。（後漢四一）

朱穆——（以布衣）舉孝廉。（後漢四三）

張禹——永平八年，舉孝廉。（後漢四四）

徐防——永平中，舉孝廉，除爲郎。（後漢四四）

袁安——初爲縣功曹，後舉孝廉，除陰平長，任城令。（後漢四五）

張酺——舉孝廉，稍遷金城太守。（後漢四八）

應劭——靈帝時，舉孝廉，辟車騎將軍。（同上）

龐參——初仕郡，未知名，河南尹龐奮見而奇之，舉爲孝廉，拜左校令。（後漢五一）

皇甫嵩——舉孝廉茂才。（後漢七一）

陳龜——永建中，舉孝廉，五遷五原太守。（後漢五一）

陳禪——察孝廉。（後漢五一）

橋玄——舉孝廉，補洛陽左尉。（後漢五一）

王龔——世為豪族，初舉孝廉，稍遷青州刺史。（後漢五六）

陳球——陽嘉中舉孝廉，稍遷繁陽令。（後漢五六）

杜根——永初元年，舉孝廉，為郎中。（後漢五七）

劉陶——舉孝廉，除順陽長。（後漢五七）

李雲——初舉孝廉，再遷白馬令。（後漢五七）

傅燮——再舉孝廉。（後漢五八）

黃眞——舉孝廉。（後漢六四）

左雄——安帝時，舉孝廉，稍遷冀州刺史。（後漢六一）

趙戒——舉孝廉。謝承書曰：戒字志伯，……博學。明經教授，舉孝廉，累遷荊州刺史。（後漢六三李固傳註）

杜喬——少為諸生，舉孝廉；辟司徒楊震府，稍遷為南郡太守。（後漢六三）

吳祐——舉孝廉。原註陳留耆舊傳曰：太守冷宏，召祐文學，宏見異之，擢舉孝廉。（後漢六四）

延篤——從馬融受業，博通經傳，……有名京師，舉孝廉，為平陽侯相。（後漢六四）

段熲——舉孝廉為憲陵園丞陽陵令。（後漢六五）

陳蕃——初仕郡，舉孝廉，除郎中。（後漢六六）

李膺——初舉孝廉，爲司徒胡廣所辟，舉高第。（後漢六七）

巴肅——初察孝廉，歷愼令，貝丘長。（後漢六七）

范滂——少厲淸節，爲州里所服。舉孝廉光祿四行。（後漢六七）

尹勳——宗族多居貴位，勳獨持淸操，不以地埶尙人。州郡連辟察孝廉，三遷邯鄲令。（後漢六七）

蔡衍——舉孝廉，稍遷冀州刺史。（後漢六七）

陳翔——善交結，察孝廉，太尉周景辟舉高第，拜侍御史。（後漢六七）

范康——舉孝廉，再遷潁陰令。（後漢六七）

劉儒——察孝廉，舉高第，三遷侍郎。（後漢六七）

賈彪——初仕州郡，舉孝廉，補新息長。（後漢六七）

荀彧——中平六年，舉孝廉，再遷亢父令。（後漢七十）

朱儁——太守徐珪，舉儁孝廉，再遷除蘭陵令。（後漢七一）

劉虞——舉孝廉，稍遷幽州刺史。（後漢七三）

公孫瓚——郡舉孝廉，除遼東屬國長史。（後漢七三）

袁術——少以俠氣聞，數與諸公子飛鷹走狗，後頗折節，舉孝廉，累遷至河南尹虎賁中郎將。（後漢七六）

許荆——太守黃競舉孝廉。（後漢七六）

第五訪——仕郡爲功曹，察孝廉，補新都令。（後漢七六）

劉矩——少有高節，…乃舉孝廉，稍遷雍丘令。（後漢七六）

劉寵——明經舉孝廉。（後漢七六）

陽球——舉孝廉，補尚書侍郎。閑達故事，其章奏處議，常爲臺閣所崇信。（後漢七七）

張興——建武中舉孝廉，爲郎。（後漢七九上）

周防——舉孝廉，拜郎中。（後漢七九）

包咸——舉孝廉，除郎中。（後漢七九）

楊仁——仕郡爲功曹，舉孝廉，除郎。（後漢七九下）

董鈞——建武中，舉孝廉，辟司徒。（後漢七九下）

甄宇——以博士，建初中，舉孝廉。（後漢七九下）

程曾——建初三年，舉孝廉，遷海西令。（後漢七九下）

張玄——去官後，舉孝廉，除爲郎。（後漢七九下）

服虔——舉孝廉。（後漢七九下）

許慎——爲郡功曹，舉孝廉，再遷除洨長。（後漢七九下）

葛龔——性慷慨壯烈，……安帝永初中，舉孝廉，爲大官（後漢八十）

崔琦——以文章博通稱，初舉孝廉爲郎。（後漢八五）

劉梁——桓帝時，舉孝廉，除北新城長。（後漢八十下）

丁邯——高節，正直不撓，舉孝廉。（東觀漢紀卷十六本傳）

劉茂——哀帝時，察孝廉，再遷武原令。（後漢八一）

張武——舉孝廉。（後漢八一）

戴封——舉孝廉。（後漢八一）

陳重——舉孝廉。（後漢八一）

雷義——舉孝廉，拜尚書侍郎。（後漢八一）

趙苞——初仕州郡，舉孝廉，再遷廣陵令。（後漢八一）

陳禪——察孝廉。（後漢五一）

謝夷吾——舉孝廉，爲壽張令。（後漢八二）

李郃——郡舉孝廉，五遷尚書令。（後漢八二）

單颺——以孤特清苦自立，善明天官算術，舉孝廉，稍遷太史令侍中。（後漢八二下）

韓説——舉孝廉，遷侍中。（後漢八二下）

（3）東漢舉孝廉不就者

趙咨——召舉孝廉不就。（後漢三九）

黃琬——初舉孝廉，又辟公府，文人勸其仕，……拒之。（後漢五三）

楊彪——初舉孝廉，州舉茂才，辟公府，皆不應。（後漢五四）

張綱——少明經學，雖爲公子，而厲布衣之節，舉孝廉不就。（後漢五六）

王暢——少以清實爲稱，無所交黨。初舉孝廉，辭病不就。（後漢五六）

种暠——舉孝廉茂才，辟公府，皆不就。（後漢五六）

張衡——永元中，舉孝廉不行，連辟公府不就。（後漢五九）

李固——郡舉孝廉，辟司空掾，皆不就。原註，謝承書曰：五察孝廉，益州再舉茂才不應，五府連辟，皆辭以疾。（後漢六三）

宗慈——舉孝廉，九辟公府有道徵，不就。（後漢六七）

符融——知名州郡，禮請舉孝廉，公府連辟，皆不應。（後漢六八）

鄭太——字公業，交結豪傑，家富於財。有田四百頃，而食常不足，名聞山東。初舉孝廉，三府辟公車皆不就。（後漢七十）

劉昆——建武五年，舉孝廉不行，遂逃，教授於江陵。（後漢七九）

孔僖——舉孝廉不就。（後漢七九）。

穎容——郡舉孝廉，州辟公車徵，皆不就。（後漢七九下）

王烈——以義行稱鄉里：以德感人，…察孝廉，三府並辟，皆不就。（後漢八一）

華佗——沛國譙人也。…時人以爲仙。沛相陳珪舉孝廉，太尉黃琬辟，皆不就。（後漢八二下）

三　兩漢取士之得失異同

從上表觀之，兩漢取士之異同，已可明悉。約而述之，則察德行，重實事，舉則任職，選從郡縣吏，所謂鄉舉里選，鄉評里論，此其相同者也。西京多賢良，東京多孝廉，賢良多爲已仕，孝廉多未仕。賢良舉無定期定額；孝廉有歲察之詔，戶口多寡之差，年齡老幼之限，職務牋表之試，此則相異者也。而德行之見重，氣節之提倡，東漢又較盛焉。觀東漢舉賢良孝廉多有不就者，可以證矣。例如：

黃扶，前後宰府十辟，公車三徵，再舉賢良，方正，博士，有道，皆稱疾不就。集解惠棟曰：益部耆舊傳云，永康元年，日有蝕之。詔舉孝廉方正之士，左馮翊趙謙舉扶，扶以病，不詣。（後漢書集解卷八十二下）

法真，辟公府，舉賢良，皆不就。集解惠棟曰：抱朴子云，法高卿再舉孝廉，本州五辟，公府八辟，九舉賢良，博士三徵，皆不就。（後漢書集解卷八十三）

他如賀純，周勰，許劭等，亦皆數舉不應者。劉昆不應孝廉之舉，爵祿之餌，甘逃教授於江陵。丁邯以孝廉爲尚書郎，雖被杖責，不肯應詔。較之鼂錯，公孫弘之對策，媚主求榮；東方朔之言事，滑稽百出，不可同日而語已。雖然，氣節之盛，不過比較之辭，盜虛聲竊高位者，東漢蓋亦不乏其人也。

至於得失，可統述之。大抵其得有三，而失則有二。人才輩出，一得也。思想比較自由，所議關乎實用，二得也。取人重德行，而亦不輕文藝，三得也。祿利誘人，激成阿諛空虛之風，一失也。聲望相矜，造成虛聲競進之習，二失也。

漢自文帝下詔求賢，武元繼之，皆待以不次之位。一時名賢輩出，董仲舒，公孫弘，薛廣德，韋賢，匡衡等，致位丞相，他亦多至公卿大夫。今觀漢書循吏傳，殆皆出於薦舉。東漢孝廉，歲以百數，雖有濫進，廉潔居多。自左雄任事，最稱得人，皇甫嵩，許荆，劉矩等，其佼佼者也。西漢策問，多關實用。若議鹽鐵，若議罷榷酤，皆爲要政。東京試牋奏，亦關職事。此外如賢良方正，直言極諫之士，皆可討論國計民生，糾議人主過失，故思想自由，學術發達。與後世取士限字限韻，避忌與諱者，迥不相同。雖然，思想言論之自由亦僅比較言之，非全無束縛也。據皇甫規傳：冲帝詔舉賢良方正之士，策問之，規對曰：災異不息，寇賊縱橫，「殆以姦臣權重之所致也。」「梁冀忿其刺己，以規爲下第。」（後漢書卷六五）又據荀淑傳：「梁太后臨朝，詔舉賢良方正，房植舉淑對策，譏刺貴倖，爲大將軍梁冀所忌，出補朗陵侯相。」（後漢書卷六二）按淑爲當時儒宗，對策直言，輒遭排斥，是功臣外戚之專權，仍未止息；思想自由，亦不過如斯而已。

德行之重，兩漢皆然。屢次下詔，皆以德行爲先，以質樸遜讓爲本。而所舉之人，亦非不學無術之士，皆足爲美談者也。

語其所失，大要在以利祿之途誘人，養成阿諛衒鬻之風。東方朔之言，可發深省。

武帝初即位，徵天下舉方正賢良，文學材力之士，待以不次之位。四方之士，多上書言得失，自衒鬻者以千數。師古曰衒，行賣也。鬻亦賣也。（漢書六五本傳）

再觀晁錯對策，「陛下神明德厚，不下五帝。今執事之臣，…莫能望清光。」（見晁錯傳）大概皆道諛納媚之言，故馬氏端臨以爲晁錯之策，『反不如爲太子家令時，所言勸戒備爲確實也。錯在高第，而所對如此，其他百餘人可知矣。』（文獻通考卷三十三）班氏儒林傳贊曰：

自武帝立五經博士，開弟子員，設科射策，勸以官祿，訖于元始，百有餘年。傳業者寖盛，支葉蕃滋，（師古曰，寖，漸也。）一經說至百餘萬言，大師衆至千餘人，蓋祿利之路然也。（漢書卷八十八）

匡張孔馬傳贊曰：自孝武興學，公孫弘以儒相。其後蔡義，韋賢，玄成，匡衡，張禹，翟方進，孔光，平當，馬宮，及當子晏，咸以儒宗，居宰相位。服儒衣冠，傳先王語，其醞藉可知也。然皆持祿保位，被阿諛之譏；彼以古人之迹見繩，烏能勝其任乎。（漢書卷八十一）

東漢自中興以後，賢良直言，獨行高節，以及孝廉秀才之舉，不計其數。而其結果，如范曄後漢書列傳五十一論曰：

榮路既廣，觖望難裁。自是竊名僞服，浸以流競，權門貴仕，請謁繁興。（卷六十一）

是請託之習，已濫觴于漢。抱朴子曰：

桓靈之世，州郡輕貢舉。故人爲之語曰：舉秀才，不知書；察孝廉，父別居，寒素清白濁如泥，高第良將怯如雞。又云：古人欲達勤誦經，今人圖官免治生。（外篇十五審舉篇。）

桓靈之世，宜有此諺，然察舉流弊如此，亦可以戒矣。其不惜枉道以求者，則有許武之事。

太守第五倫，舉爲孝廉。武曰二弟晏普未顯，欲令成名。……於是共割財產曰爲三分。武自取肥田，廣宅，奴婢強者。二弟所得並悉劣少。鄉人皆稱弟克讓，而鄙武貪婪。晏等曰此，並得選舉。武乃會宗親泣曰，吾爲兄不肖，盜聲竊位，二弟年長，未豫榮祿，所曰求得分財，自取大譏。今理產所增，三倍于前，悉曰推二弟，一無所留。於是郡中翕然，遠近稱之。……太守黃震舉孝廉，和帝時，稍遷桂陽太守。（後漢書卷七六許荊傳）

許武行誼，雖若可稱，而自私其弟，爲枉道之求。蓋亦不免作僞之譏者矣。

乙、魏晉南北朝之取士法

魏晉南北朝之取士，亦以察舉孝秀爲仕進之途，然與兩漢之制有別。兩漢鄉舉里選之職，歸之諸侯郡守，地方長官，並無專職之官。魏晉南北朝，州郡地方置九品中正之官，專司選舉之責，是與兩漢相異者也。其選舉名稱，如賢良孝廉等，雖與兩漢同，然其沿革變遷，亦有可得而述者，今分別說明之：

(一)歷朝取士概況

(1)魏之取士

魏文帝爲魏王時，三方鼎立，士流播遷，四人錯雜，詳覈無所。延康元年（西二二〇）吏部尚書陳羣，以天朝選用，不盡人才，乃立九品官人之法。州郡皆置中正，以定其選擇州郡之賢有識鑒者，爲之區別人物，第其高下。（通典卷十四）按九品之制，初因後漢建安中，天下興兵，衣冠士族，多離於本土。欲徵源流，遽難委悉。魏氏革命，州郡縣俱置大小中正，各以本處人任諸府公卿，及臺省郎吏，有德充才盛者，爲之區別所管人物，定爲九等。其有言行修著，則升進之，或以五升四，以六升五。儻或道義虧闕，則降下之。或自五退六，自六退七矣。是以吏部不能審定，覈天下人才士庶，故委中正，銓第等級，憑之授受，謂免乖戾。（通典卷十四注）

案九品中正之文，不見文帝本紀，而陳羣傳，亦僅「制九品官人之法」一語。杜佑所據，亦不甚明。通典，玉海，通考等書，雖將此法列入選舉，夷考其實，無甚關聯。其與考試之制，更少聯屬。姑附於此，以明此期取士之法焉。

魏文帝黃初二年（西二二一）初令郡國口滿十萬者，歲察孝廉一人。其有秀異，無拘戶口。（三國魏志卷二）

三年詔曰：今之計考，古之貢士也。十室之邑，必有忠信，若限年然後取士，是呂尙周晉，不顯於前世也。其令郡國所選，勿拘老幼。儒通經術，吏達文法，到皆試用，有司糾故不以實者。（同上）

四年，詔博舉天下儁德，茂才，獨行君子。（同上）

案此爲東京限年試才之反響，仍察舉舊制也。

明帝太和二年（西二二八）五月大旱，六月詔曰：「尊儒貴學，王教之本也。自頃儒官，或非其人，將何以宣明聖道。其高選博士，才任侍中常侍者。申勅郡國貢士，以經學爲先。（三國魏志卷三）

四年二月詔曰：「……兵亂以來，經學廢絕，……其郎吏學通一經，才任牧民；博士課試，擢其高第者，亟用。其浮華不務道本者，皆罷退之」。十二月，公卿舉賢良。（同上）

詔青龍元年（西二三三）詔公卿舉賢良篤行之士各一人。（同上）

四年（西二三六）詔欲得有才智文章，謀慮淵深，料遠若近，視昧而察，籌不虛運，策弗徒發，端一小心，清脩密靜，乾乾不解，志尚在公者，無限年齒，勿拘貴賤，卿校已上，各舉一人。太尉司馬宣王以昶應選。正始中……欲用考試，考試猶準繩也。未有舍準繩，而意正曲直；廢黜陟，而空論能否也。……詔書褒讚，因使撰百官考課事。（三國魏志卷二七王昶傳）

華歆傳：三府議舉孝廉，本以德行，不復限以試經，歆以爲喪亂以來，六籍墮廢，當務存立，以崇王道。夫制法者，所以經盛衰，今聽孝廉不以經試，恐學業遂從此而廢。若有秀異，可特徵用，患於無其人，何患不得哉。帝從其言。（三國魏志卷十三）

由上觀之，魏自延康元年，立九品官人之法，選舉雖限戶口，而不限年齡。據「儒通經術，吏達文法，到皆試用。」數語，知魏已不如西漢之重德行。雖有獨行君子之舉，賢良篤行之召，然兵亂以來，經學廢絕，至正始中（西二四〇－二五一）乃欲用考試，以爲準繩。而孝廉之舉，後亦欲加試經，惜魏祚四十餘年（西二二〇－二六五）恐未及施行而亡耳。觀荀彧，賈詡，王脩等人舉孝廉，未經任何考試，可以知矣。其時雖有中正，尙不甚拘貴賤。觀靑龍四年詔書，及魏志毛玠傳又可知矣。毛玠傳曰：

玠嘗爲東曹椽，與崔琰並典選舉。其所舉正，皆淸正之士。雖于時有盛名，而行不由本者，終莫得進。務以儉率人，由是天下之士，莫不以廉節自勵。雖貴寵之臣，輿服不敢過度。（三國魏志卷十二）

是魏世舉人，重節儉，尙淸正，高門閥閱，尙無權勢，此其利也。然亦絕非無弊，蓋鄉黨援重，漸成內已外人之習，觀於傅玄之言，可以知之。

傅子曰：河南尹內掌帝都，外統京畿，郡有七百吏。河南俗黨，五官椽功曹典選職，皆授其本國人，無用異邦人者。（三國會要卷十六）

特其時門閥之重，方在萌芽。不致爲一種特殊階級所壟斷，迨九品中正行之已久，而孝廉察舉，爲中正之勢所刼，以視兩漢取士途徑，蓋形同而勢異矣。

蜀吳取士之制，史不甚詳。所可知者：

華陽國志曰：時蜀國州書佐望，與郡功曹參選，而從作臺郎，特重察舉，雖位經朝，要還爲秀孝，亦爲郡端右。（蜀志）

是蜀取士，重孝秀，及察舉。吳亦然。吳主孫權，卽嘗舉秀才者也。

吳志云：揚州刺史嚴象，舉孫權秀才。（三國志卷四六孫策傳）

江表傳載權正月詔曰：郎吏者宿衞之臣，古之命士也。間者所用，頗非其人，自今選三署，皆依四科，不得以虛辭相飾。（三國志卷四十八亦爲二年註）吳書曰：肅薦述後，進題目品藻，曲有條貫。拔擢以爲選舉，號稱得才。（三國會要選舉）

至於蜀吳取士，得才以何法，選舉以何方，載籍不明。然大要當沿東漢之舊耳。

（2）晉之取士

晉武帝咸熙四年（西曆二六七）詔王公卿尹，及郡國守相，舉賢良方正直言之士。（晉書卷三）

成帝咸和六年（西曆三三一）三月壬戌朔，日有蝕之。癸未，詔舉賢良直言之士。（晉書卷七）

七年十一月壬子，詔舉賢良（同上）

摯虞傳：（虞）舉賢良，與夏侯湛等十七人，策爲下第，拜中郎。武帝詔曰，省諸賢良答策，雖所言殊塗，皆明于王義，有益政道，欲詳覽其對，究觀賢士大夫用心，因詔諸賢良方正直言，會東堂策問曰：……虞對舉，擢爲太子舍人。

是晉初特重賢良之舉。且有策試：

（晉書卷五十一）

郤詵傳：泰始中，詔天下舉賢良直言之士，太守文立舉詵應選，……以對策上第，拜議郎。（晉書卷五十二）

阮种傳：詔舉賢良方正直言之士，……太守何曾舉种賢良。策曰：……時种與郤詵及東平王康，俱居上第，即除尚書郎。然毀譽之徒，或言對者因緣假託，帝乃更延羣士庭以問之，……帝親覽焉。又擢爲第一。（晉書卷五十二）

夫試賢良帝至於再策，嚴格可知。且不獨賢良爲然，孝廉秀才亦有策試。其意在規復東漢之制，後以兵亂或以大慶，乃不常試。

甘卓傳：中興初，以邊寇未靜，學校陵遲，特聽不試孝廉，而秀才猶依舊策試。卓上疏，以爲答問損益，當須博古通今，明達政體，乃堪其舉。臣所忝州，往遭寇亂，學校久替，人士流播，不能比之餘州。策試之由，當藉學功，謂宜同孝廉例，申與期限。疏奏，朝議不許。卓於是精加隱括，備禮舉桂陽谷儉爲秀才。儉辭不獲，命州厚禮遣之。諸州秀才，聞當考試，皆憚不行。惟儉一人到臺，遂不復策試。儉恥其州少士，乃表求試，以高第除郎中。（晉書卷七十）

王接傳：永寧初，舉秀才，……是歲三王舉義，惠帝復祚，以國有大慶，天下秀

才，一皆不試。接以爲恨，除郎中。（晉書卷五十一）

孔坦傳：元帝爲晉王，以坦爲世子文學，……遷尚書郎。時臺郎初到，普加策試。……先是以兵亂之後，務存慰悅，遠方秀孝，到不策試，普皆除署。至是帝申明舊制，皆令試經，有不中科，刺史太守免官。太興三年，秀孝多不敢行。其有到者，並託疾，帝欲除署孝廉，而秀才如前制。坦奏議曰：「……宜下以來，涉歷三載，累遇慶會，遂未一試。揚州諸郡，接近京都，懼累及君父，多不敢行。其遠州邊郡，掩誣朝廷，冀於不試，冒昧來赴，既到審覩，遂不敢會。……愚以王命無貳，憲制宜信，去年察舉，一皆策試，如不能試，可不拘，到遣歸，不署。又秀才雖以事策，亦汜問經義，苟所未學，實難闇通，不足復曲。……下崇修學校。普延五年，以展講習。……」帝納焉。聽孝廉申至七年，秀才如故。（晉書卷七十八）

馬端臨曰：孝廉諸科，自東漢以來，皆有策試之事。夫以文墨小技，而定其優劣，已不足稱其科名矣。今觀東晉之事，則應舉者皆不能試之人，且以孝廉秀才自名，而必遲以五歲，待其講習，乃能與於試，不亦有靦面目乎？然觀惠帝永寧初，王接舉秀才，報友人書曰：「今世道交喪，將遂剝亂，而識智之士，鉗口掮筆，非榮此行，欲極陳所害，冀有覺悟。……會是歲三王舉義，惠帝復祚，以國有大慶，天下秀才孝廉，一皆不試，接以爲恨。」然則上下相蒙，姑息其文，其來久矣。宜其皆僥倖於不試也。(通考卷二十八)

案晉時九品中正之制盛行，不唯弊端漸生，且侵及察舉，當於下文專述之。

(3)宋之取士

據宋書，有秀才孝廉科，各有策試。蓋其時中正之弊興，不得不借考試，以防抑之。

宋武帝永初二年(西四二一)二月己丑，車駕幸延賢堂，策試諸州郡秀才孝廉，揚州秀才顧練，豫州秀才殷朗所對稱旨，並以爲著作佐郞。(宋書卷三)

宋文帝元嘉二十三年(西四四六)九月己卯，車駕幸國子學策試，諸生問答，凡五十九人。(宋書卷五)

孝武孝建元年(西四五四)詔四方秀孝，非才勿舉。(宋書卷六)

宋制：丹陽，吳會，會稽，吳興，四郡；歲舉二人，餘郡各一人。凡州秀才，郡孝廉，至皆策試，天子或親臨之。及公卿所舉，皆屬於吏部，敍才銓用。凡舉得失，各有賞罰。失者其人加禁錮，年月多少，隨郡議制。文帝元嘉年中，

限年三十而仕，……及孝武卽位，仕者不復拘老幼。（通典卷十四）

（4）齊之取士

齊舉士考校，定策秀才格，而選官限年歲，復有甲族後門之分，採取階級制度。

齊武帝永明五年（西四八七）冬，太子臨國學，親臨策試。（南齊書卷二十一）

永明八年（西四九〇）詔公卿已下，各舉所知，隨才授職，進得其人，受登賢之賞；若非其才，獲濫舉之罰。（南齊書卷三）

今昭明文選卷八策問，有永明九年及十一年策秀才文。各五首。所問皆精審簡約，與後世帖括文不同

建武中，詔舉士，……帝欲試以百里，慰祖辭不就。（南齊書卷五二崔慰祖傳）

建武四年（西四九七）（休源）州舉秀才，太尉徐孝嗣省其策，深善之。（梁書卷三六孔休源傳）

齊東昏侯永元元年（西四九九）詔研策孝秀，考課百司。（南齊書卷七）

謝超宗傳：都令史駱宰議策秀才，考格五問，並得爲上，四三爲中，二爲下，一不合。與弟超宗議，以爲片辭折獄，寸言挫衆，魯史褒貶，孔論興替，皆無俟繁，而後秉裁。夫表事之淵，折理之會，豈必委牘，方切治道。非患對不盡

間，悉以恆文弗奇，必使一通皎正，寧劣五通。而常與其俱奇，必使一亦宜採，詔從宰議。（南齊書卷三十六）

案此爲考察秀才之格。據北史：

齊制：……諸郡，俱得察孝廉。其博士助教，及游學之徒，通經者，推擇充舉，射策十條，通八以上，聽九品出身。其尤異者，亦蒙抽擢。（北史卷八一儒林傳序）

以博士助教，而始得九品出身，其輕待士人可知。然猶不止此也，因甲族後門之不同，而登仕與試吏，顯分兩途。

齊因習宋代限年之制，……鄉舉里選，不覈才德，其所進取，以官婚胄籍爲先，遂令甲族以二十登仕，後門（即寒門）以三十試吏，故有增年矯貌以圖進者。其時士人，皆厚結姻援，奔馳造請，浸以成俗。（通典卷十四）

進取如此其易，不根才德，無惑乎博士助教，僅以九品出身也。

（5）梁之取士

梁初無中正，限年入仕，量才取錄，門第之風稍息。然至敬帝太平二年，復置中正。則拘於門第之勢，不問可知。

和帝時，梁武爲丞相，上表曰：「前代選官，皆立選簿，應在貫魚，自有銓次。胄籍升降，行能臧否，或素定懷抱，或得之餘論，故得簡通賓客，無事掃門。頃代陵夷，九流乖失，其有勇退忘進，懷質抱眞者，選部或以未經朝謁，難於進用；或有晦善藏聲，自埋衡蓽。又以名不素著，絕其階緒；必須畫刺投狀，然後彈冠，則是驅迫廉撝，獎成澆競。愚謂自今選曹，宜精隱括，依舊立簿，使冠履無爽，名實不違。庶人識崖涘，造請自息。且聞中間立格，甲族以二十登仕，後門以過立試。求之愚懷，抑有未達。何者，設官分職，惟才是務。……若限歲登朝，必增年就宦。故貌實昏童，籍已踰立；滓穢名敎，於斯爲甚。……」詔依高祖表施行。（梁書卷一）

梁武之言，可謂能悉其弊者矣。然特其未登極前之言論耳。及其自爲天子，又復限年。

梁武帝天監四年（西五〇五）正月詔曰：「今九流常選，年未三十，不通一經，不得解褐。若有才同甘顏，勿限年次。」（梁書卷二）

八年詔曰：「朕思闡治綱，每敦儒術，……有能通一經，始末無倦者，策實之後，選可，量加敍錄。雖復牛監羊肆，寒品後門，並隨才試吏，勿有遺隔。」（同上）

普通三年（西五二二）五月壬辰朔，日有蝕之。……公卿百僚，各上封事，連率郡國舉賢良方正直言之士。（梁書卷三）

七年，詔在位羣臣，各舉所知。凡是清吏，咸使薦聞。州年舉二人，大郡一人。（同上）

梁元帝遍問朝宰，今天下始定，極須賢才，卿各舉所知，羣臣未有對者。（陳書卷九歐陽頠傳）

案不拘寒品後門，隨才試吏，蓋亦未嘗不知門第之害，此後既復立中正，則蟲者之言當然不行，甚矣積弊之難挽也。

敬帝太平二年（西五五七）詔諸州各置中正，依舊訪舉，不得輒承單狀序官，皆須中正押上，然後量授。（梁書卷六）

此外梁代考試之法，有射策者；大半爲國子生。

王訓年……十六，召見文德殿，應對爽徹，上目送久之，……補國子生，射策高第，除秘書郎，遷太子舍人。（梁書卷二十一）

徐勉，國子生，射策舉高第，補西陽王國侍郎。（梁書卷二十五）

張綰初爲國子生，射策高第，……遷太子舍人。（梁書卷三十四）

南海王大臨字仁宜。……入國學，明經射策甲科，拜中書侍郎。（梁書卷四十四）

有對策者則屬於秀才。

裴邃舉秀才，對策高第。（梁書卷二八）

劉之遴十五舉茂才，對策。（梁書卷四十）

何遜弱冠舉秀才南鄉范雲見其對策，大相稱賞。（梁書卷四九）

此外對策者尚多，不及備錄。隋書經籍志載梁有策孝秀文十二卷，昭明文選有任彥升天監三年策秀才文（卷八策問），可知其時策試頗盛也。

（6）陳之取士

陳制據陳書，有賢良秀才之舉，有射策對策之試。特以前此離亂，衣冠殄盡，進舉者蓋寡。

陳文帝天嘉元年（西五六〇）詔王公以下，其各進舉賢良。（陳書卷三）

陳宣帝大建四年（西五七二）詔曰：「舉善從諫，在上之明規；進賢謁言，爲臣之令範。朕以寡德，嗣守鴻圖，……傍闕爭臣，下無貢士，何其闕歟！……凡厥在位，……各舉所知，隨才明試。」（陳書卷五）

其舉秀才者，陳書卷二十一有王固。卷三十四有陸琰，州舉秀才；，陸瑜亦州舉秀才，。而陸玠舉秀才，對策高第。陸深以詞采知名，亦舉秀才，起家爲衡陽王主簿。陳制見於陳書者，大概止此。其他唯國子學生，凡一二見而已。推其原因，殆如儒林傳序曰：

高祖創業開基，承前代離亂，衣冠殄盡，寇賊未寧，既日不暇給，弗遑勸課。世祖以降，稍留學官，雖博延生徒，成業蓋寡。（陳書卷三十三）

惟陳亦有限年之制，見於隋書。

陳依梁制，年未滿三十者，不得入試。惟經學生策試得第，諸州光迎主簿，西曹左奏，及經爲挽郎，得仕。（隋書卷二六百官志上）

（7）北魏之取士

北魏取士，初置中正，兼行考試，後遂廢之。

後魏州郡皆有中正，掌選舉，每以季月，與吏部銓擇可否，其秀才對策，第居上下，上表敍之。（文獻通考卷二八）

後魏天賜元年（西四〇四）文官五品以下，才能秀異者，總比之造士。（後魏書卷一〇三官氏志）

魏文帝和平三年（西四六三）詔曰：「今選舉之官，多不以次，令班白處後，晚進

居先，豈所謂彝倫攸敘者也。諸曹選舉，宜各先盡勞舊才能。」（後魏書卷五）

魏孝文帝太和十六年（西四九二）帝臨思義殿，策問孝秀，（魏書卷七下）

宣武帝正始二年（西五〇五）詔曰：「任賢明治，自昔通規，宣風贊務，實惟多士。而中正所銓，但存門第，吏部彝倫，仍不才舉。」（後魏書卷八）

北魏雖有策試，而中正之勢大盛，策試亦徒有其名而已。故其末造，特罷中正。

韓顯宗曰：「……今之州郡貢察，徒有秀孝之名，而無秀孝之實。而朝庭但檢其門望，不復彈坐，如此則可別貢門望，以敘士人，何假冒孝秀之名也。」（後魏書卷六十）

魏宣武帝正始元年（西五〇四）十一月，罷郡中正。（後魏書官氏志）

（8）北齊之取士

後齊每策孝秀，中書策秀才，集書策考貢士，考功郎中策廉良。皇帝常服乘輿，出坐於朝堂中楹，秀孝各以班草對。其有脫誤，書濫，孟浪者，起立席後，飲墨水，脫容刀。（隋書卷九禮儀志）

案此已顯有後世場規之萌，於時不但策試孝秀如此，即正會日宣詔勞諸郡，皇上計勞訖，付紙遣陳土宜，字有脫誤者，亦呼起席後立，書迹濫劣者，飲墨水一升，其他罰規，皆與策試孝秀同。（隋書卷九）

可知是種森嚴之制，並施之於考績矣。惜其爲時不久也。

(9)後周之取士

後周有一特點，即改從蘇綽之議，破除門資之制，廣收遺逸。大有矯正門第風尚之意。於是選舉之法，爲之一變。

後周文帝霸府時，蘇綽爲六條詔書，其四曰：擢賢良，綽深思本始，懲魏齊之失，罷門資之制，其所察舉，頗加精愼。(參册府元龜卷六三九周書卷二三)

周武帝建德六年(西五七六)既滅齊，……三月壬午，詔山東諸州，各舉明經幹治者二人。若有奇才異術，卓爾不羣者，弗拘多少。……七月己丑，詔山東諸州，舉有才者，上縣六人，中縣五人，下縣四人。赴行在所，共論政治得失。……九月壬辰，詔東土諸州儒生，明一經已上，並舉送州郡，以禮發遣。(周書卷六)

周宣帝宣政元年(西五七八)八月，詔制九條，宣下州郡。其八曰：詔州舉高才博學者爲秀才，郡舉經明行修者爲孝廉，上州上郡歲一人，下州下郡三歲一人。(周書卷七)

案册府元龜卷六三九引此條，作「上州上郡歲三人下州下郡歲一人。」與今本周書不同，錄此備考。

至於隋代制度，前已說明，不再贅述。

總上魏晉南北朝之制，蓋魏欲以考試爲經常之制，因兵事不果。晉策賢良，至於再試，並曾用經學取士，其時士人浮薄，皆欲僥倖不試，因亦不常行。梁有射策對策，後齊之飲墨水，約略有場規矣，雖謂考試濫觴於此時可也。然後周及隋，考試之事，反無聞焉。故謂科舉確定於唐者此也。蓋此魏晉南北朝數百年間之舉士，多被籠罩於九品中正之下；雖行考試，亦不過偶一爲之，非至李唐，眞正考試制度終未成立也。今將略述中正之制。

二，九品中正之沿革得失

中正之制設立年代，魏志不詳。通典稱「魏文帝時，尙書陳羣以選舉不實，乃立九品官人之法。」（通典卷十四）然考魏武帝時，何夔曾疏言：

自軍興以來，制度草創，用人未詳其本，是以各引其類，……自今所用，必先核之鄉閭，使長幼順敍，無相踰越，……則賢不肖之分，居然別矣。（三國魏志卷十二）

是九品之制，在陳羣之前，已雛具規模，羣惟據之稍加變通，始見諸實行耳。其設立原因，蓋以兩漢察舉之法，日久弊生，貨緣勢力，猥濫益甚。此一因也。東漢桓靈之際，主荒政謬，國命委於閹寺，士子羞與爲伍，故匹夫抗憤，品覈公卿，海內之士，互相標榜，危言深論，不隱豪強，自公卿以下，莫不畏其貶議。（參後漢書卷九七黨錮傳序。）如許劭兄弟，好品評鄉黨人物，至有所謂汝南月旦評。日後九品中正，乃由此種習氣以促成，此二因也。漢末之時，政局混亂，人世流離，考詳無地，故立九品之制，粗具一時選用之本，（晉書卷三六衛瓘傳）此三因也。宋書恩倖傳序亦曰：

漢末喪亂，魏武始基，軍中倉卒，權立九品，蓋以論人才優劣，非爲世族高卑，因此相沿，遂爲成法。（卷九四）

其法鄭樵通志所述，最爲簡明。氏謂：

晉依魏氏九品之制，內官吏部尙書，司徒，左長史；外官州有大中正，郡國有小中正，皆掌選舉。若吏部選用，必下中正，問其人居，及祖父官名。（卷五八選舉略）

而趙翼廿二史劄記，言之更明。

魏文帝初定九品中正，郡邑設小中正，由小中正品第人才以上大中正、大中正核實以上司徒，司徒再核，然後付尙書選用。（卷八）

中正之任，必須德望兼資者。或公卿自相推舉，（參魏書卷三七縣亮傳）或由司徒選召，（參晉書卷四五裴頠傳）或由州郡辟舉，（參晉書卷九四任旭傳）或由太守辟召，（參魏書卷六九裴延儁傳）或由大中正推薦。(參晉書卷七六劉毅傳)其職上有尚書，司徒，左長史以爲統帥；下有主簿，功曹以爲輔佐。其敍自公卿以下至於郎吏功德材行取任(三國魏志卷二三常林傳)凡吏部選用，必下中正徵其人居及祖父官名，序官必須中正押上，然後量用。吏部用人之權，幾全操於中正之手。故崔亮答劉景安書曰：『昔有中正，品其才第，上之尚書；尚書據狀，量人授職，此乃與天下羣賢共爵人也。』(魏書卷六六崔亮傳)

此種制度，自魏至晉，罕有更改。『梁初無中正制，年二十有五，方得入仕。天監(西五〇二—五二〇)中，(又詔)……州置州重，郡置郡崇，鄉置鄉豪各一人，專典搜薦。……敬帝大平二年，復令諸州各置中正。』(通典卷十四)『依舊訪舉，不得輒承單狀序官，皆須中正押上，然後量授。』(梁書卷六)行至北朝後魏正始元年(西五〇四)罷諸郡中正。又正光元年(西五二〇)罷諸州中正，「郡縣定姓族後，復。」(魏書卷一一三官氏志)行至隋開皇中，方行廢除。按此記載，僅見於通典(卷十四)及通考卷二八：謂「至開皇中方罷，」隋書北史及通鑑，皆無明文，不知所本。而其沿革大略，要亦如斯。語其末流，百弊叢生，論者非之。更考其初，分別流品，注重清議，亦有可取者。晉書載記有曰：

魏始建九品之制，三年一清定之。雖未盡弘美，亦緇紳之清律，人倫之明鏡，從爾以來，遂用無改。先帝創臨天下，黃紙再定，至於選舉，銓爲首格。自不清定，三載於茲。主者其更銓論，務揚清激濁，使九流咸允也。（卷一百六石季龍上）

是歷魏至晉，其制尙佳。秦蕙田曰：

九品中正之制，其弊至於毀譽失實。然考晉宋諸史所載，以內行不謹，被清議者甚衆。知士大夫尙以孝悌廉節爲重，有三代直道之遺焉。……當時九等之高下，原有公論，而所謂大小中正者，亦必擇名德之士而授之，非盡失實也。（五禮通考卷一七三）

顧炎武日知錄曰：

陳壽居父喪，有疾，使婢丸藥，客往見之。鄉黨以爲貶議，坐是沉滯者累年。阮簡父喪，行遇大雪寒凍，遂詣浚儀令。令爲他賓設黍臛，簡食之以致清議，廢頓幾三十年。溫嶠爲司空使勸進，母崔氏固留之，嶠絕裾而去。迄於崇貴，鄉品猶不過也。每爵皆發詔，謝惠連先愛會稽郡吏杜德靈，及居父憂，贈以五言詩十餘首。文行於時，坐廢不豫榮伍。張率以父憂去職，其父侍妓數十人，善謳者有色貌，邑子儀曹郎顧玩之求聘焉，謳者不願，遂出家爲尼。嘗因齋會鄰宅，玩之爲飛書言與鄰姦，南司以事奏聞。高祖惜其才，襃其美，然猶致世論，服闋後久之不仕。官職之升沉，本於鄉評之與奪，其猶近古之風乎。（日知錄集釋卷十三）

日知錄所舉者外，尚有陳慶之之子「暄，以落魄嗜酒，不爲中正所品，久不得調。」（南史卷六一）華恆爲大中正，鄉人任讓無行，爲恆所黜，及讓在峻（蘇峻）軍中任勢，多所殺害，見恆輒恭敬不肆其害。（晉書卷四四）是窮兇極惡如任讓者，亦知有所敬畏，是猶有鄉品餘風也。且其時已服官之人，亦可隨時貶黜。

廿二史劄記曰：并有已服官而仍以淸議升黜者：長史韓預强聘楊欣女爲妻，時欣有姊喪未經旬，張輔爲中正，遂貶預以淸風俗。（輔傳）陳壽因張華奏，已官治書侍御史，以葬母洛陽，不歸喪於蜀，又被貶議，由此遂廢。（壽傳）：是已入仕，尚須時加品定，其法非不密也。（卷八）

此種嚴密之檢定方法，亦不能謂非九品中正制度之一得也。若語其缺失，則劉毅段灼等，言之深切，亦有可以互相發明者焉。

劉毅傳：毅以魏立九品權時之制，未見得人，而有八損。乃上疏曰：…今立中正，定九品，高下任意，榮辱在手。操人主之威福，奪天朝之權勢。愛惜決於心，情僞由於已。……用心百態，求者萬端，廉讓之風滅，苟且之俗成，天下訩訩，但爭品位，不聞推讓，竊爲聖朝恥之！……今之中正，不精才實，務依黨利，不均稱尺，務隨愛憎，……一人之身，旬日異狀。或以貨賂自通，或以計協登進，……有私於己，必得其欲：是以上品無寒門，下品無勢族，……所疏則削其長，所親則飾其短。……雖職名中正，實爲姦府，事名九品，而有八損。……臣以爲宜罷中正，除九品，……復古鄉議里選。帝竟不施行。（晉書卷四十五八本傳）

段灼亦謂：今臺閣選擧，徒塞耳目，九品訪人，唯問中正。故據上品者，非公侯之子孫，則當塗之昆弟，……則蓽門蓬戶之俊，安得不有陸沉者哉！（晉書卷四

晉書熊遠傳奏曰：

「選官用人，不料實德，惟在白望，不求才幹。鄉擧道廢，請託交行，有德而無力者退，修望而有助者進，稱職以違俗見譏，虛資以從容見貴。……」（晉書卷七一）

宋書恩倖傳曰：

州都郡正，以才品人，而擧世人才，升降蓋寡。徒以憑藉世資，用相陵駕，都

正俗士，斟酌時宜，品目多少，隨事俯仰。劉毅所云：「下品無高門，上品無賤族」者也。歲月遷譌，斯風漸篤，凡厥衣冠，莫非二品，自此以還，遂成卑庶。周漢之道，以智役愚；臺隸參差，用成等級。魏晉以來，以貴役賤，庶士之科，較然有辨。（宋書卷九四）

觀以上數家之言，魏晉南北朝門第階級之盛，已於考試史中寓其因果。後周以前，雖欲革除其弊，終未果行。至於有唐，一以考試爲準繩，而後平民有參與政治之機會，階級觀念，賴以破除焉。

第二編　本論

歷代考試概述

唐以前之取士法，已於第一編略有說明。如堯典之敷奏明試，三載考績，周禮之三年大比，賓興賢能，漢之賢良方正，孝廉茂才，皆已述於前。魏文時，尚書陳羣，以選舉不實，立九品官人之法，州郡皆置中正，以定其選。晉武帝嘗策賢良，而九品中正，猶沿魏制。士人浸以門資閥閱爲序，東晉元帝，歲舉孝秀，不復策試，尚書陳羣爭之，復試經，不中科者坐舉主。由是孝秀多不敢行，到者並託疾。孔坦議請普延五歲，許其講習，乃詔孝廉申至七年，而秀才如故。宋制凡州舉秀才，郡舉孝廉，至皆策試，天子或親臨之。凡舉得失，各有賞罰。齊因習宋代限年之制，然鄉舉里選，不覈才德，其所進取，以官婚胄籍爲先。梁初無中正，頗申限年之制。既而令州置州重，郡置郡崇，鄉置鄉豪各一人，專典搜薦，無復膏粱寒素之隔。敬帝復令諸州，各置中正。陳依梁制，限年入仕；惟經學生，策試得第，乃能入仕。後魏州郡，皆有中正，掌選舉。其秀才對策，第居中上，表敍之。北齊亦沿魏制，而課試之法特嚴。書有濫劣者，飲墨水一升；文有孟浪者，奪席脫容刀。周武既平齊，廣收遺逸，詔舉明經幹理，宣帝詔亦乘羅。隋文帝開皇中罷中正，制諸州歲貢三人，工商不得入仕。煬帝大業二年，又師周禮，立進士科，其時舉人春還秋往，略有後世科舉考試之狀。然諸事草創，未遑稿定。門閥階級之勢，猶有存餘。

至於李唐，始將門閥階級之風習，加以掃除。其取士也，不賴於鄉評，不委於中正，惟令天下士人，投牒自進，公同競爭。皆憑考試，合格則取，不合則去，高低貴賤，一準於此。惟制舉，由天子特召，以待非常之才，尙有兩漢辟召之遺風焉。

唐之試制，以地域別之，有解試省試之名：在州縣受試者曰解試；尙書省受試者曰省試。以出身別之，有生徒貢舉之名：由京師及州縣學館出身，而送於尙書省受試者曰生徒；不由學館而先經州縣考試，及第後再送尙書省應試者曰鄉舉。其科目，有秀才，有進士，有明經，有明法，而又有明字明算；有一史，有三史，有開元禮，有道舉，有童子。而明經之別，有一經，有三經，有二經，有學究一經，有三禮，有三傳，有史科。科目雖多，而有司取士之法，亦因時增損，各有不同。初，秀才科最高；貞觀中，有舉而不第者，坐其州長，由是廢絕。自是士族所趨，惟向明經進士。晚唐則專以進士爲重。其考試文藝，因科而別，秀士試以方略策五道，進士試雜文二篇，時務策五道。明經先帖經，然後口試；每經問大義十條，答時務策五道。其帖經之法，以所習經，掩其兩端，中開一行，裁紙爲帖，任意增損其字句，以驗章句之生熟。及其爲弊，明經不明義理，而進士不識經史。於是玄宗時，進士試文策外，加試帖經；明經加試時務策，及大義十帖。進士經策全通爲甲第；策通四，帖過四以上爲乙第。否則不合。凡及第於禮部試者苟欲爲官，尙須試之於吏部，以「身言書判」爲準。身者體格，言者言語，書謂書字，判者批判之詞；四者入格，而後可以臨民。

五代考試，與唐相同。所異在科目之簡，帖經之重。蓋時土宇分割，朝代屢易，人士流離，文學廢墜，舉筆能文者寡也。

宋之考制，仁宗以前，多沿五代之舊。科目有明經，三史，三傳，制科等；試藝爲帖經墨義。惟進士加試詩賦，制科專試策論。仁宗以後，以墨義只課記誦之能否，於經典大義，無所發明。於是神宗熙寧三年始專以策取士。四年王安石欲罷科舉，專取人於學校，故罷明經，三傳，諸科，唯留進士一科。又罷詩賦帖經墨義，專以大義問進士。其後議臣力爭，乃分經義詞賦爲二科。其中幾經廢興，卒以二科並行。自是科目試藝，皆日趨簡單。但考試方法，則日形複雜。以種類言之，有殿試，省試；以方法言之，有彌封編號，謄錄易書，保舉連坐，初考覆考等。惟於禮部試後，直接入官，不須再試於吏部，此則與唐制特異者。初，禮部貢舉，皆秋取解，冬集禮部，春考試，合格及第者，列名放榜於尚書省。英宗治平三年（西一〇六六）乃詔三歲一舉，遂為定制。至覆試始於開寶六年（西九七三），殿試始於八年，賜第慶於太平興國，糊名昉於淳化，（唐惟詔舉糊名）易書起於祥符。殿試不黜，在嘉祐之初，「特奏名」之立，在開寶之歲，此皆科名盛典，視之嚴且重也。若制舉無常，天子每親策之，太祖始置三科，景德二年，增科為六；仁宗時，又增為天聖十科，先後中第多名臣。自王安石惡孔文仲對策切直，遂奏罷制科，元祐中復行，紹聖又罷。既而改置弘詞科；大觀中，改立詞學兼茂科，歲附貢士院試取。高宗時，雖復賢良，未有應者，嘉熙而後，復立詞學科焉。

遼金元之考試，仍分經義詞賦二科。其後遼聖宗時，祇以詞賦法律取士，詞賦為正科，法律為雜科，考試有鄉試，府試，省試，三種。鄉中曰鄉薦，府中曰府解，省中曰及第，稱進士。金之設科又因遼宋之制，有詞賦經義策試律科經童之目，世宗大定十一年，設女眞進士科，專試女眞文字，其試辭賦經義中選者謂之進士；律科經義中選者曰舉人；舉人至此，始有一定名義，其在唐宋乃應試人之通稱也。元太宗取中原，用耶律楚材言，開科取士，分論及經義辭賦為三科，行之一次而罷。世祖定天下，王鶚獻計，許衡立法，事未果行。至仁宗延祐二年（西一三一五）始斟酌舊制而行之，每三歲一開科，舉人以德行爲首，試藝以經術爲先，考試有鄉試會試御試之別，取人有蒙古色目人與漢人南人之分。蒙古色目人[illegible]場試經義，第二場時務策；漢人南人多試詞賦一門，第一場經義，二場詞章，三場時務策，共分二榜。其經義專以朱子四書義爲主，沿至明清而不息，此堪注意者也。然當時銓衡無定，吏道雜而多端，順帝至元元年（西一三三五）詔罷科舉。至元六年（西一三四〇）詔復行之。二十六年特優其禮秩，而元之設科，亦止於是歲矣。

至於明清，中國考試制度之發達，已臻極境，兩朝制度，相差甚微，今統述之。明太祖洪武三年，始下開科詔，六年詔罷之，十七年復舉，以後皆三年一開科，歷明至清，罕有間斷；至光緒三十一年（西一九〇五）始行罷除。其制有童試歲試科試鄉試會試廷試之別，童試先由縣應試，取錄後送府，府試取錄再送督學院受試，及第者，名曰秀才，或稱附生，第二次督學使者按臨時第一年須應歲試，第二年須應科試，第三年爲大比之年須應鄉試。歲試係試已入學之廩增附生，文字有無進步，科試則爲次年大比，先以此試考覈優劣，錄取若干人以備次年赴鄉試。鄉試行於子午卯酉之年，試於各省省會，每試三場。其在明，第一場試四書義及五經義，第二場試論及判，三場經史時務策。在清第一場試四書藝及五言六韻詩，後改八韻；二場五經義，三場策論。中試者第一曰解元，合次四名爲經魁，通稱曰舉人。舉人至京師，禮部試之曰會試，亦三年一次，辰戌丑未年行之。中式者第一曰會元，其次十七名曰會魁，通稱曰貢士。貢士天子再試於殿中曰殿試，亦曰廷試。試僅一場，時務策一道。中式者，分一二三甲。一甲三名：曰狀元，榜眼，探花；賜進士及第。二甲若干人賜進士出身。三甲若干人賜同進士出身。狀元授脩撰，榜眼探花授編脩。二三甲選用庶吉士者，皆入翰林。其會試不中式者，送國子監肄業，俟再舉，屢舉不第，以監生資入官。其歲貢法，令天下州府縣學，歲各貢其食廩生員，赴禮部試，試中補國子監生。所試命題，皆取四子書，及易，詩，書，春秋，禮記。其文略仿宋經義，體用排偶，通稱謂之制義，流俗謂之八股，此中國考試之概略也。

今以唐五代承兩漢南北朝之選舉，開後世科舉之先河，五代沿用唐制，相差無幾，故爲一章。宋承五代之制，減科目，增試法，年代悠長，事體複雜，獨爲一章，遼金元爲異族，雖互有異同，而於民族同化一點，饒有興趣，統爲一章。明清兩代，制度相同，合章述之，以省繁文。總分四章，斷代爲史。然後綜合事實，略評得失，置於結論。

第一章　唐及五代之考試制度

中考試概況

考試之制，爲一代掄才大典，沿革變遷，甚爲複雜。册府元龜與古今圖書集成選舉典，皆按年敍述，令人難明。緣先簡括述之，俾得概念，然後及其變遷。

一應試人之來源

唐朝應試人之來源，簡言之，可分爲二：即一，由學館出身者。二，不由學館出身者。然史書分爲三，今仍之。其一，即由京師及各地學館出身者，曰生徒。其二，普通士人，試於州縣，及格後，送試禮部者，曰鄉貢。其三，不由學校出身，及州縣考試，而直接由天子自詔者，曰制舉。所以待非常之才。（制舉之試無定期，科無定名，皆由天子隨時徵召，隨意定名。故其名目，嘗稱數十，今可考者已逾百，後列表詳之。）

二考試程序

每歲仲冬，州縣館監舉其成者，送之尚書省。其非生徒者，則皆投牒自列於州縣。「試已，長吏以鄉飲酒禮，會屬僚，設賓主，陳俎豆，備管弦，牲用少牢，歌鹿鳴之詩。」（新唐書卷四四選舉）送至尚書省，此蓋仿周禮「以禮禮賓之」也。「既至省，皆疏名列到，結款通保，及所居；始由戶部集閱，而關於考功員外郎試之。」（同上）

後以其權輕，乃以禮部侍郎主之。其考試程序，韓愈送張童子序言之最明。其詞曰：

…始自縣考試，定其可舉者，然後升於州若府，其不能中科者，不與是數焉。州若府總其屬之所升，又考之如縣，加詳察焉；定其可舉者，然後貢於天子，而升之有司。其不能中科者，不與是數焉；謂之鄉貢。有司者，總州府之所升，而考試之，加詳察焉；第其可進者，以名上於天子，而藏之；屬之吏部，歲不及二百人，謂之出身。（昌黎先生集卷二十）

於此，知唐考試程序，先縣試，次州試，次試於有司，即禮部試；再次試於吏部，然後出身授官。是禮部乃天下士人之總試所，與後代之會試同。太宗廣德二年，以時艱歲歉，始令赴尚書者就試兩都，（即東都西都）代宗大歷十二年東都舉停，自是不置。

三科目及試藝

唐代試藝，變遷最繁。今爲簡約，列表明之。

（1）唐代科名試藝及取錄標準等第表

科名	試藝及取錄之標準等第

秀　才　試方略策五道，以文理粗通，爲上上，上中，上下，中上，凡四等，爲及第。

明　經　先帖文，然後口試，經問大義十條，答時務策三道，亦爲四等。

開元禮　通大義百條，策三道者，超資與官。義通七十，策通二者及第。散試官能，通者依正員。

三傳科　左氏傳問大義五十條，公羊穀梁傳三十條。策皆三道。義通七以上，策通二以上爲第。白身視五經有出身，及前資官視學究一經。

史　科　每史問大義百條，策三道，義通七，策通二以上爲第。能通一史者白身視五經，三傳有出身，及前資官視學究一經，三史皆通者獎擢之。

童子科　十歲以下，能通一經，及孝經論語卷誦文，十通者予官，通七與出身。

進　士　試時務策五道，帖一大經，策全通爲甲第，策通四，帖過四以上，爲乙第。

明　法　試律七條，令三條，全通爲甲第，通八爲乙第。

書　學　先口試通，乃墨試說文，字林二十條，通十八爲第。

算　學　試九章海島，孫子，五曹，張邱建，夏侯陽，周髀五經，綴術，緝古。

取明數造術，辨明術理者爲通。（此條據唐六典卷四，禮部侍郎條）

道舉　亦名崇玄，習老子，莊子，文子，列子。其生京都各百人，諸州無常員，官秩蔭第，同國子舉，課試如明經。

、

孝廉　在鄉閭有孝悌廉恥之行，五經之内，精通一經，兼能對策，達於治體者，並量行業授官。（此條據通典卷十五）

觀此表，可知唐代科目及試藝之大概。但制科不在其内。表係根據新唐書選舉志，（卷四四）而選舉志乃根據唐六典卷二考功員外郎，與禮部侍郎之職，加以增省而成者。其算學一條，唐志原文如下：

凡算學，錄大義本條爲問答，明數造術，詳明術理，然後爲通。試九章三條，海島，孫子，五曹，張邱建，夏侯陽，周髀五經算各一條。十通六，記遺三等數，帖讀十得九爲第。試綴術緝古，錄大義爲問答者；明數造術，詳明術理無注者；合數造術，不失義理，然後爲通。綴術七條，緝古三條，十通六，記遺三等數，帖讀十得九爲第。落經者，雖通六不第。

案此條似有重複訛舛之處。表中不從，而採用唐六典。册府元龜卷六三九載天寶十一年試文格，亦與六典同，而與志大異。

五代科目，與唐略同。惟試藝甚簡，亦列表明之。表據册府元龜卷六四二周太祖廣順三年（西九五三）徐合符奏。原文錄在明經所試之變遷一節，可參閱也。

（2）五代科名種類及考試條格表

科名	原來考試條格	周太祖廣順二年改試條格	三年再改條格
九經	帖經百二十，對墨義汎義口義共六十道，策五道。	能帖書汎義口義，共對墨義一百五十道。	去汎義口義，都對墨義六十道，其帖書對策依元格。
五經	帖書八十帖，對墨義五十道。	能帖書，對墨義一百道。	對墨義十五道，其帖書對策依元格。
明經	帖書五十。	能帖書，對墨義五十道。	（遺漏）
明法	帖律令十，對律令墨義二十道，策試十條。	能帖律，對義六十，策試如舊。	并依元格
學究	念書二十，對義二十，策五道。	能念書，都對墨義五十道。	依去年例
三禮	對墨義九十道。	添四十道	依元格
三傳	對墨義一百一十道。	於公羊穀梁傳，各添對義二十。	依元格
開元禮	對墨義三百道，策五道。	加對義五十道	并依元格
三史	對墨義三百道，策五道。	加對義五十道	并依元格
進士	試雜文詩賦，帖經二十帖，對義五道。	別試雜文二首，代帖經對義，策仍舊。	帖書對義依元格
童子	念書二十四道	添念書通前五十道，通三十者及第。	依去年格
毛詩	對墨義六十道	（註：世宗顯德元年，竇儼上言，有毛詩依舊爲一科，對墨義云云。）	

觀此表，五代科目，似較唐爲多，其實較少。蓋五經三禮學究等，在唐統屬明經一科也。唐之書算道舉，五代無之。但毛詩科，唐亦無之。其試藝，五代僅帖經墨義，因其時朝代屢易，兵戈擾攘，少執鉛能文之人也。

四考試分場及試期

唐初行科舉，試期無一定。據文獻通考登科記總目，大抵每年一次。時有以米貴，或其他原因，停一二年者。其月日及場數，徐松言之頗明。辭曰：

鄉貢進士，例於十月二十五日集戶部，生徒亦以十月送尙書省，（據溫庭筠牓爲十月六日）正月乃就禮部試。試三場，先雜文，次帖經，次再策。每一場已，即牓去留，通於二月放牓，四月送吏部。

然閻濟美之試東都，則在十一月十二日，邱爲有省試夏日可畏詩，敬括有省試七月流火詩，或東都試與西都事異，抑有事改期也。

明經亦試三場：先雜文，次口試，次答策三道。其試期，史無明文。河南記載韋丹舉五經元長史，言於明年五月及第。疑試明經在進士放牓後。（登科記考凡例）

制舉試期無定，據册府元龜卷六四三，有調露二年十二月壬子，有開元九年四月甲戌，有五月乙亥，有十四年七月癸巳，有天寶元年十月，有代宗寶應二年五月等，皆無定期。疑隨舉隨試，故至如此。

五代試期，亦每年一次，計五代五十二年（西九五九—九〇七）其間惟梁與晉，各停貢舉二年。其月日，史無明文，場數亦三場，觀三傳三禮之試可知。

試期與分場既明，而唐是否夜試，尚爲待考之問題。

後唐明宗長興二年（西九三一）二月，禮部貢院奏當司奉堂帖，夜試進士，有何條格者。敕旨，秋來赴舉，備有常程，夜後爲文，曾無舊制。王道以明規是設，公事須白晝顯行。冀盛觀光，猶敦勸善。每取翰林學士，往例皆試五題，共觀筆下摛詞，不俟燭前搆思。其進士幷令排門齊入就試，至門開時試畢，內有先了者，上歷晝時，旋令先出。其入策，亦須晝試，應諸科對策，幷依此例。餘准前後敕格處分，夜試進士，非前例也！（元龜卷六四二）

是唐無夜試之事。然據舊五代史明宗紀八：

長興二年二月癸巳，詔貢院舊以例夜試進士，今後晝試。排門齊入，即日試畢。（卷四二）

是兩相矛盾，未審孰是？

晉末帝開運元年（西九四〇）十一月，工部尙書權知貢舉竇貞固奏，進士考試雜文，及與諸科舉人入策，歷代已來，皆以三條燭盡爲限。長興二年改令晝試，伏以懸科取士，有國常規，沿革之道雖殊，公共之情難失。若使就試兩廊之下，揮毫短景之中，視晷刻而惟畏稽遲，演詞藻而難求妍麗，……既非師古之規，恐失取人之道。今於考試之時，准舊例以三條燭盡爲限。……施行。（元龜卷六四二）

是唐有夜試。而元龜所載，互相矛盾。然非元龜之誤，乃禮部貢院之誤。元龜所載，惟存眞耳。案五代人才缺乏，大臣章奏，帝王詔諭，多鄙俚之辭。通攷所採，加以潤色，尙覺可觀，元龜所載，一存其眞，多難卒讀。貢院信口奏唐無夜試，失在不學不愼也。今考唐摭言載劉虛白詩，有「二十年前此夜中，一般燈燭一般風」之句；及「三條燭盡」之說。摭言卷十二有『鄭光業常言及第之歲，策試夜，有一同人突入試鋪，爲吳語，謂光業曰：「必先必先，可以相容否？」光業爲輟半鋪之地，……』又徵之白居易集「禮部進士例許用書册兼得通宵」。（卷四三論考試進士事宜狀）是唐不但有夜試，而且得通宵矣。可無疑義。至後唐明宗二年，採用晝試；行之九年，至晉末帝開運元年，又復行夜試。是唐及五代，皆有夜試，即後來所謂繼燭也。

以上爲此期考試概況，其中變遷最多，述之於後。

乙 沿革及變遷

唐有天下二百九十年（西六一八—九〇七）關於考試沿革，頗爲複雜。今分一，一般變遷，紀立制之始；二，科目變遷，紀其興廢；三，試藝變遷，紀其增減。

一、一般之變遷

唐行科舉之始

高祖以神武靜天下，用文致貞萬姓，武德五年（西六二二），詔有司以進士爲選士之日，仍古道也。自鄉升縣，縣升州，升府，皆歷試行藝。秋會貢於文昌，咸達帝廷，以光王國。（玉海卷一一五引趙傪登科記序）

王定保曰：斯我唐貢士之始也。（摭言卷一）

帖經之始

高宗調露二年（西六八〇）考功員外郎劉思立，始奏二科（明經進士）并加帖經，又加老子孝經，使兼通之。（通典十五）

徐松案此爲帖經之始。（登科記考卷二）

殿前試人之始

唐武后載初元年（西六八九）二月十四日，試貢舉人於洛城殿，數日方了，殿前試

人自此始。（通典卷十五）

馬氏端臨曰：武后所試諸路貢士，蓋如後世之省試，非省試之外，再有殿試也。唐自開元以前，試士未屬禮部，以考功員外郎主之；武后自論文墨，故於殿陛間，下行員外郎之事。（通考卷二九）

進士三場試之始

中宗神龍元年（西七〇五）始定進士三場試。（摭言卷一）

糊名考校之始

案糊名考校，難定其年。通典卷十五曰：「武后以吏部選人多不實，乃令試日自糊其名暗考，以定等第，糊名自此始。」唐書選舉志曰：「初試選人，皆糊名，令學士考判。武后以爲非委任之方，罷之。」（卷四十五）是一曰，始於武后。一曰，罷於武后。唐會要卷七五曰：「玄宗開元十五年九月，敕今年吏部選人，宜依糊名考判，臨時考第奏聞。」是前已行之，中或廢用，殆無疑問。以通典與唐書較，通典唐人所作，當從通典。但既有異說，毋寧並存之，以爲缺疑也。惟唐糊名考校之法，曾行於吏部試，而未行於禮部；此則吾人當爲注意者也。

禮部選士之始

玄宗開元二十四年(西七三六)考功員外郎李昂，爲舉人詆訶。帝以員外郎望輕，遂移貢舉於禮部，以侍郎主之。禮部選士自此始。(新唐書卷四四選舉志)

五代時，或以兵部侍郎，或以戶部侍郎，刑部侍郎爲之，不專主於禮部矣。(文獻通考卷三十)

制舉試詩賦之始

天寶十三年(西七五四)御含元殿，親試博通宏典，洞曉玄經……等舉人，……問策外更試詩賦各一首。制舉試詩賦，自此始也(冊府元龜卷六三九)

是段並見舊唐書卷一一九楊綰傳。惟文較冗長，故用元龜詞句。然禮部詩賦之試，高宗時已行之。當時所謂雜文，即一詩一賦也。

兩都試人之始

代宗廣德二年(西七六四)賈至爲侍郎，建言歲方薦歉，舉人赴省者，兩都試之。兩都試人自此始。(新唐書卷四四)

案兩都即東都西都，亦即今之洛陽長安也。

恩科

唐昭宗光元三年(西八九〇)韋莊奏，詞人才子，時有遺賢，伏望追賜進士及第。

次年，天復元年，又令中書下，選擇新及第進士中，有久在名場，才沾科級，年齒已高者，不拘常例，各授一官。於是禮部侍郎奏：陳光問年六十九，曹松年五十四，王希羽年七十三，劉象年七十，柯崇年六十四，鄭希顏年五十九，特授官制。時謂此舉爲五老牓（此段據摭言卷三，容齋三筆卷七，通攷卷二十九。）

二、科目之變遷

科目可大別爲二，其明經，明算，史科，道舉等，舊稱諸科，如「諸科舉人」等文；今恐難明，特稱之爲常科。制舉亦稱制科，無定期定名，亦稱特科，今仍舊。

（1）常科

據新唐志，唐之科目，有如下表：

唐科目
- 秀才
- 明經
  - 五經
  - 三經
  - 二經
  - 學究一經
  - 三禮
  - 三傳
- 進士
- 俊士
- 明法
- 明字
- 明算
- 一史
- 三史
- 開元禮
- 道舉
- 童子
- 史科

此歲舉之常科也。從此表，可知唐科目之多，雖可推知其取士之廣，然常行者，惟進士明經；不常行者，殆爲俊士。據通典所述，初以秀才科爲最高，「貞觀中(西六二七—六四九)有舉而不第者，坐其州長，由是廢絕。」(卷十五選舉典)新唐志及玉海卷一一五引登科記，則謂「高宗永徽二年(西六五一)始停秀才科。」文獻通考載唐登科記總目亦然。是當以秀才停於永徽二年爲確。

開元二十四年(西七三六)以後，復有秀才舉，其時進士漸難，而秀才本科無帖經及雜文之限，反易於進士，主司以其科廢久，不欲收奬進者，多落之，三十年來無及第者。至天寶初，禮部侍郎韋涉，始奏請有堪此舉者，令官長特薦，其常年舉送者並停。(通典卷十五)

案秀才科既罷於永徽二年，至開元二十四年已八十六年，自開元二十四年至天寶元年，爲時僅七年，至天寶末年(西七五六)亦僅二十年，通典謂「三十年」疑誤。又案顧氏炎武曰：「冊府元龜言代宗朝楊綰爲禮部侍郎，請置五經秀才科，事寢不行，而舊唐書儒林傳，馮伉大歷初(西七六六—七七九)登五經秀才科。則是嘗行之，而旋廢耳。」(日知錄集釋十六)容齋五筆曰：『唐楊綰爲相，以進士不鄉舉，且試辭賦浮文，非取士之實，請置五經秀才科，李栖筠賈至以綰所言爲是，然亦不聞施行也。』(卷」宋人不聞施行，而顧氏謂嘗行而旋廢，頗滋疑惑。檢新書韓思復傳，舉秀才高第，復在永徽後。舊唐書杜正倫傳，唐代舉秀才止十餘人。職官志秀才有唐已來無其人。唐登科記總目，秀才共二十九人。永徽二年停止後，無再舉者。全唐文載送某某秀才書序，將近百人，思初不得其解，及閱李肇國史補謂「進士通稱，謂之秀才。」徐松登科記考凡例，更明言「唐之秀才，罷於永徽；孝廉停於建中，中葉以還，則以秀才爲進士之稱，孝廉爲明經之號，凡此之類，不可以文害義。」然則永徽以後，稱秀才者乃進士之別名；人以其科高，而沿用之也。韓思復之舉秀才高策，徐松謂「卽進士科。」（登科記考卷二）馮伉之舉五經秀才，徐氏列於明經科，謂「卽五經登第也。」（卷十）是秀才罷於永徽二年後；開元二十四年雖議復之，而均未見再舉。但柳宗元爲韋夏卿祭杜確文有云：「大曆之歲，詔徵茂才。」舊言秀才爲避漢光武諱，改茂才；是秀才卽茂才。此則秀才科已罷之後，大曆中又曾詔徵茂才，實不可解。意者茂才與秀才實爲兩科，舊說避光武諱，始改秀才爲茂才，殆有疑義，不揣愚陋，特爲考訂，附於本節之後。

秀才科既停，自後士族所趨，惟明經進士二科而已。二科之中，又以進士爲最貴，得人亦最多。其他科目，廢興年月，頗難致考。玄宗御撰之唐六典，僅有秀才，明經，明法，進士，及書算六科，知其餘科目，實創於玄宗以後，今檢新書選舉志，道舉立於開元二十九年，史科及三傳科，立於穆宗長慶三年。（西八二三）據唐會要，孝廉科停於德宗建中元年，（西七八〇）而冊府元龜以為二年六月敕。此外科目廢興，不易得知矣。（懿宗咸通四年（西八六三）皮日休上疏，請以孟子為學科，未獲允許，知唐時不重孟子，更無所謂四書之名。）至五代後晉高祖天福五年（西九四〇）停拔萃，明算，道舉，百篇等科，（元龜卷六四二）周世宗顯德二年（西九五五）罷明經童子，同年准毛詩依舊為一科，（參舊五代史卷一四八選舉志）是毛詩立於五代，而不知在何年。總觀以上科目變遷，皆有日趨簡略之勢。

（2）制科

制科亦名制舉

唐封演曰：國朝於常舉取人之外，又有制科，搜揚拔擢，名目甚衆，則天廣收才彥，起家或拜中書舍人，員外郎；次拾遺，補闕。元宗御極，特加精選，下無滯才。（封氏聞見記卷三）

新書選舉志曰：天子自詔者曰制舉，……所謂制舉者，其來遠矣。自漢以來，天子常稱制詔，道其所欲問，而親策之。唐興，世崇儒學，雖其時君賢愚好惡不同，而樂善求賢之意，未始少怠。故自京師，外至州縣，有司常選之士，以時而舉。而天子又自詔四方德行才能文學之士，或高蹈幽隱，與其不能自達者；下至軍謀將略，翹關拔山，絕藝奇伎，莫不兼取，其爲名目，隨其人主臨時所欲，而列爲定科者，如賢良方正，直言極諫，博通墳典，達於教化，軍謀宏遠，堪任將率，詳明政術，可以理人之類。其名最著，而天子巡狩行幸，封禪太山梁父，往往會見行在，其所以待之之禮甚優，而宏才偉論，非常之人，亦時出於其間，不爲無得也。（卷四四）

此唐制舉之意義，及其大概情形也。蓋常科開科舉之先河，制科承兩漢之召徵。其沿革，始於高宗永隆元年（西六八〇）岳牧舉武陟縣尉，員半千及第，上御武臣殿親問（唐會要七六）玄宗開元九年（西七二一）（按册府元龜與舊唐書本紀皆載於是年四月，獨玉海卷一一五列於八年，疑誤。）親策應試舉人，十四年，二十六年亦然，至憲宗元和元年（西八〇六），以制舉人先朝所徵，不欲親試，乃命宰相，監視制舉人於尙書省，以前殆皆親試也。唐蘇鶚曰：『上每臨朝，（案觀前後文氣上係指德宗）多令徵四方丘園才能學術直言極諫之士，由是提筆貢藝者，滿於闕下；上親自考試，用絕請託之門。……或有詞章乖謬者，即濃筆抹之至尾。如輒稱旨者，必翹足朗吟，翌日則徧示宰臣學士曰：此皆朕門生也。是以公卿大臣已下，無不服上。』(見杜陽雜編卷上)從此，知皆皇帝親試制舉，至憲宗始變其例也。

制科之目，玉海卷一百十五，謂自志烈秋霜而下凡七十六科，困學紀聞卷十四，謂多至八十有八，今可考者，已百有餘矣。詳後列唐制舉科目表。

此表所列唐制科科目，已得百有一十餘，他如徐松登科記考凡例所舉，以不能繫年，因未入表者，尚有孝弟廉讓，(見孝子郭思訓墓誌)有穿楊附枝，(見李邕臧懷亮碑)有燮理陰陽，(見元和姓氏纂)有牧宰，(見登科記)是此表所列，尚非完備。容齋隨筆卷十二曰：『唐世制舉，科目猥多，徒異其名爾，其實與諸科等也。』蓋制科之設，純依天子所好，隨時定名，鮮有成例。每一科目，非必與其他各名，顯然有別，如文藻宏麗，與文詞清麗，則最相近。又有一人連中數科者，如員半千舉八科皆中，裴守貞六科連中是也。其時制科得人，頗爲繁盛，名相如牛僧孺李宗閔王起等；名文人如白居易元稹等，皆由制科出身也。

常舉外，復有通五經，一史，及進獻文章，並上著述之輩，或付本司，或付中書考試，亦同制舉，開元中有唐穎上啓典一百三十卷，……李鎮上注史記一百三十卷，史記義林二十卷，……馮中庸上政事錄十卷，……高嶠上注後漢書九十五卷

，……如此者，並畢事授官，或錫賞賚，亦一時之美。（封氏見聞記卷三）

五代亦有制舉，惟至周始設，科目亦不如唐之繁。五代會要曰：

周顯德四年（西九五七）十月詔曰：制策懸科，前朝盛事，莫不訪賢良於側陋，求讜正於箴規，殿庭之間，帝王親試，其或大裨於國政，有益於時機，則必待以優恩，縻之好爵，豈可使懷才抱器者鬱而不伸，隱曜韜光者晦而不出，遂致翹翹之楚，多至於棄捐；皎皎之駒，莫就於縻縶。遺才滯用，闕孰甚焉。應天下諸色人中有賢良方正，能直言諫諍，經學深優，可爲師法，詳閑吏理，達於教化者，不限前資見任職官，黃衣草澤，並許應詔，其逐處州府，依每年貢舉人式例，差官考試，送解尙書吏部，仍量試策論三道，共三千字以上。當日內，取文理具優、人物爽秀，方得解送，取來年十月集上都，其登朝官亦許上表自舉。（原注：先是兵部尙書張昭上章，請設制科，故有是詔。）（卷二十二）

然不滿三年，五代之局已告終矣。覈考其實，雖謂五十餘年中無制科可也。

附茂才秀才疑非一科考

「舊言秀才避漢光武諱」語發自應劭，（見漢書武帝紀元封五年註）先是元朔五年，公孫弘請置博士弟子五十人，中言「卽有秀才異等，輒以名聞。」至元封五年，『令州郡察吏民，有茂材異等，……及使絕國者。』於是『應劭謂舊言秀才避光武諱，稱茂材異等者，超等軼羣，不與凡同』也。夫「秀」爲避諱改「茂」，「才」何以作「材」？蓋漢書之茂材異等，皆用此「材」；非如公孫弘所言之「才」也。

「秀才」二字之起源，有三說：其一，即楊愼之說：『趙武靈論胡服云：俗辟民易，則是吳越無秀才也。』秀才之名始此。（丹鉛總錄卷十）其二，即顧炎武之說：謂原出史記賈生傳（按卽賈誼），『年十八，以能誦詩屬書，聞於郡中，吳廷尉爲河南守，聞其秀才。』（顧說見日知錄集釋卷十六，賈傳見史記卷八十四，）其三，即王先謙說：『秀才所由命名，蓋出管子小匡篇，其秀才之能爲士者，則足賴也之文。』（見元封五年漢書補註）今不深究二字之起源，而問人君避諱，當從何時起，至何時止？若謂避某君主之諱，其已前之書，必須改正，則「秀才」二字，一見於前漢公孫弘奏，二見於史記賈誼傳，三見於管子小匡篇，……何以不改？而其他皆爲茂材異等也。此可疑秀才茂才非一科者一。

若謂避諱止限本朝，史記賈誼傳不足據，而漢書賈誼傳仍稱「秀材」。周壽昌謂獨此二字尚存，殆未覯公孫弘傳讀茂材與秀才之別也。且後漢書中舉茂才者雖多，而卷二十九，鮑永即舉「秀才」者，何以又不改？他如東觀漢紀卷二十九，魯丕亦於建初中舉「秀才」，謝氏後漢書，雷義亦州舉「秀才」（見北堂書鈔卷七十九）何以皆不改？此可疑秀才茂才非一科者二。

若謂避諱止及本朝，而不及後代，則魏晉南北朝舉「秀才」者雖多，然亦有舉「茂才」者：如三國吳志卷四，劉繇舉茂才。唐余知古渚宮舊事卷四，魏石偉，字公操，舉茂才不就。梁書卷四十，劉之遴年十五，舉茂才對策。晉書卷五十一，束皙舉茂才不就。……是可疑秀才茂才非一科者三。

至於唐代，則大明矣。自高宗永徽二年罷秀才科後，其以進士爲秀才之通稱者不算，有舉茂才或茂才異等者矣。若檢徐松登科記考，可得每年所舉之人，此可疑秀才茂才各自爲科者四。

或曰：茂才異等，與秀才容或有別；然非秀才與茂才有別也。則應之曰，有。唐趙匡舉選人條例曰：『其有通禮記，尙書，論語，孝經之外，更通道德諸經，通元經，孟子，荀卿子，呂氏春秋，管子，墨子，韓子，謂之「茂才舉」。……其有學兼經史，達於政體，策略深致，其詞典雅者，謂之「秀才舉」。……又曰：其茂才秀才，請授畿尉之類。』（見通典卷十六）蘇氏演義亦曰：「夫秀才茂才孝廉之科，其來尚矣。」（卷上）是秀才茂才，顯然各自爲科也！

舊說茂才秀才，同爲一科，蓋已久矣。而徵之唐代事實，乃有不然者，雖不必即斷舊說爲誣，而異義自可參證，故爲論列之如此。

三 試藝之變遷

上節述科目變遷，謂唐中葉後，士人多趨於明經進士兩途，故唐代書籍所載試藝，亦多關於此二科者。其言開元禮者，德宗貞元二年（西七八六）詔「習開元禮者，同舉一經例。」（見唐書卷四四選舉志）九年，『敕習開元禮，人問大義一百條，試策三道，全通者爲上第，大義通八十條已上，策兩條以上爲次。』（通典十五）其言三禮者，貞元五年，敕每經問大義三十條試策三道，全通爲上第，大義通二十五條以上，策通兩道爲次第。」（摘錄新書志）捨此以外，殆多屬於明經進士二科焉。今分（1）習經之變遷（2）明經所試之變遷（3）進士所試之變遷，而加以說明：

（1）習經之變遷

太宗即位，重儒術。貞觀九年（西六三五）敕「明經兼習周禮，若儀禮者，於本色內量減一選。」（册府元龜六三九）是二者須兼習，而重周禮也。高宗『永徽四年（西六五三）頒孔穎達五經正義於天下，每年明經，令依此考試。』（新唐書卷四）是爲科舉制度範圍學術思想之濫觴。儀鳳三年(西六七八)敕「貢舉人須兼通道經孝經。」(舊唐書卷五)長壽二年(西六九三)令貢舉人習則天所撰臣軌，停老子道德經(元龜卷六三九)。此則更爲束縛士人之思想，而使之爲忠於一人之工具矣。幸僅行之十三年，至中宗神龍元年(西七〇五)乃令貢舉人停習臣軌，依舊習老子。(舊唐書卷七)玄宗開元二十二年(西七三四)御注老子成，制令士庶家藏老子一本，每年貢舉人量減尚書論語兩條策，加老子策。(按册府元龜與通典載此事，稱減尚書，本紀謂量減，新唐志載此條於開元七年，證之元龜通典與紀，誤。)開元二十六年(西七三八)國子祭酒楊瑒奏，其時明經『習左氏者，十無一二；恐左氏之學廢。又周禮，儀禮，公羊，穀梁，亦請量加優獎，遂下制，明經習左氏，及通周禮等四經者，出身免任散官。』(元龜卷六三九)此又考試制度按時代之需要，有獎勵學術之功能也。天寶元年(西七四二)明經進士習爾雅，(舊唐書卷二四禮儀志)十二年，又敕「道舉停老子，加周易。」(唐書卷四四)德宗貞元五年詔「明經舉人，所習爾雅多是草木蟲魚之名，無益理道，宜令習老子道經，以代爾雅。」(元龜卷同上)貞元九年(西七九六)復令兼習爾雅及老子，此唐代經典與子書變遷之大略也。總計唐代所試之經，有周禮，儀禮，尚書，論語，左氏，公羊，穀梁，孝經，周易，及爾雅；雖以孔穎達五經正義，玄宗御注老子，束縛士人思想；然較宋元明清，專以四子書取士者，不可同日而語矣。特唐不重詩經禮記，及論語中庸孟子，與後世又稍有別焉。

五代除有毛詩科外，無他特點可述。

(2)明經所試之變遷

明經所試，蓋有三法：一曰，帖經。二曰，墨義。三曰，口義。帖經者，據通典所云：『以所習經，掩其兩端，中間開，唯一行，裁紙為帖，凡帖三字，隨時增損，可否不一。』(卷十五)墨義者，馬端臨曰：『嘗見東陽麗澤呂氏家塾有刊本，呂許公夷簡應本州鄉舉試卷，因知墨義之式，蓋十餘條。有云：「作者七人矣。」請以七人之名對？則對云：「七人某某也，」謹對。有云：「見有禮於其君者，如孝子之養父母也，」請以下文對？則對云：下文曰，「見無禮於其君者，如鷹鸇之逐鳥獸也，」謹對。」有云，「請以註疏對？」對者則對云，「註疏曰云云，」謹對。有不能記憶者，則只云，「對未審。」……其上則具考官批鑿。如所對善，則批一「通」字；所對誤及未審者，則書一「不」字。大概如兒童挑誦之狀。』(通考卷三十)今案以上二法，殆統稱帖經，帖時以口答者，曰「口義」；以筆書者，曰墨義。帖經不顧文義，其餘頗涉義理，此三者之分別也。

帖經之法既明，請略述其變遷。

初，明經止試策，高宗調露二年，始行帖經，於時尚無及格標準。至永隆二年（西六八一）乃「詔明經試帖，取十帖得六已上，然後令試策，（唐大詔令集卷一百六）是帖經重於試策也。玄宗開元八年（西七二〇）從李瓘言，令習周禮儀禮公羊穀梁者，並請帖十通五，然後許其入第。（通典卷十五）十六年，以其時主試明經者，不詳述作之意，每至帖經，必取其年頭年月孤經絕句以難之，國子祭酒楊瑒乃請自今以後，考試帖平文，以存大典。二十五年制，每經帖十取通五已上，免舊試一帖，仍按問大義十條，通六已上，免試經策十條，令答時務策三道。明經帖大經十帖取通四以上，然後準試雜文及策考。（同上）案所謂雜文，即詩賦之類，所謂策試，即時務策也。天寶十一年七月，『敕舉人帖經及口試，並宜對衆考定，便唱通否，其年十二月，敕禮部，比來試人，頗非允當，帖經首尾，不出前後，復取者也之乎頗相類之處下帖，爲弊已久，須有釐革。禮部起請每帖前後，各出一行。相類之處，並不須帖。』（唐會要卷七五）緣帖經本旨，在驗經書之生熟，其後舉人積多，故其法益難，務欲落之，至有帖孤章絕句，疑似參互者以惑之。矯枉過正，因有是敕。其時明經舉人，惟務習帖，至於義理，少有能通。於是德宗建中二年（西七八一）趙贊乃奏請以所問錄於紙上，各令直書其義，不假文言，此殆墨義之始也。宋李上交近事會元卷三，謂

「貞元二年（西七八六）禮部舉人試，罷口義，試墨義十條。」意謂墨義始於是年，蓋失之細察，不足爲據。貞元十三年，顧少連爲權知貢舉，奏考試之時，獨令口問，對答之失，覆試無憑，請准建中二年十二月敕，以所問錄於紙上，各令直書其義，不假文言。是其中曾停止施行，而後有此奏請。從茲以降，時停時復，靡有定規。如憲宗元和二年（西七八〇）明經停試口義，依前試墨義十條，七年，又停墨義，依舊格問口義。（元龜卷六四〇）大抵唐中葉後，進士之科漸重；而此科又重詩賦，故騷人墨客，多鄙帖經之學。然亦未嘗全廢。明經雖重帖經墨義，亦須兼考詩賦策論也。至於五代，人才缺乏，後唐雖有詩賦之試，然再後則皆趨於帖經墨義。故其條例頗多，而其罰規亦重。所謂罰者，如帖經時，一場十否者殿五舉，二場三場十否者殿三舉。蓋以區區記問，猶不通悉，則無所取材故也。關於此類規程，後再述之。今先述帖經條例：

後晉高祖天福五年（西九四〇）以每歲明經一科，少至五百已上，多及一千有餘。然多不究義理，唯攻帖書，其時有童子科，每當就試，止在念書。「背經，則雖似精詳；對卷，則不能談諷。」（元龜卷六四二）其爲弊也，可想而知。至後周太祖廣順二年（西九五三）從禮部侍郎趙上交奏，將泛義口義，改試墨義。

三年九月，翰林學士……權知貢舉徐合符奏，……九經元格帖經一百二十帖，對墨義汎義口義共六十道，策五道。去年知舉趙上交起請，罷帖書汎義口義，都對墨義一百五十道，合今請去汎義口義，都對墨義六十道，其帖書對策依元格，五經元格帖書八十帖，對墨義五十道，臣今請對墨義十五道，其帖書對策依元格。

明法元格帖律令一十帖，對律令墨義二十道，策試十條，去年罷帖，對墨義六十道，策試如舊，臣今請并依元格。

學究元格念書對墨義各二十道，策五道，去年罷念書，都對墨義五十道，今請依去年起請。

三禮元格對墨義九十道，去年添四十道，臣今請并依元格。

三傳元格對墨義一百一十道，去年對四十道，臣今請并依元格。

開元禮，三史，元格各對墨義三百道，策五道，去年加對五十道，臣今請并依元格。

進士，試雜文，詩賦，帖經二十帖，對墨義五道，去年代帖經，對義，別試雜文二首。臣今請依起請，別試雜文，其帖書對義，請依元格。

童子元格念書二十四道，起請添念書都五十道，及三十通者放，臣請依起請。

（冊府元龜卷六四二）

案徐合符屢稱去年趙上交奏請事，蓋因趙氏有改定帖經條例之文。其內容雖微有差別，盡在此奏中，故可省略。

（3）進士所試之變遷

進士所試，初同明經，亦止試策。王定保摭言曰：『進士科與俊秀同源異派，所試皆答策而已。太宗貞觀八年，詔加進士試，讀經史一部。至調露二年，考功員外郎劉思立，始奏二科，並加帖經。高宗永隆二年（西六八一）以進士試時務策，恐傷膚淺，乃加試雜文兩首，識文律者，然後並令試策。（卷一）唐封演曰：「舊例試雜文者，一詩一賦，或兼試頌論。」（聞見記卷三）秦蕙田曰：「所謂雜文，即詩賦之類也。……進士試有雜文，始於高宗之世，而說者謂隋以詩賦取士，亦誤矣。」（五禮通考卷一七三）時『進士改帖六經，加論語，舉司多有聱牙，孤絕，倒拔，築注之目；文士多於經不精，至有白首舉場者。故進士多以帖經爲大患。天寶初，達奚珣，李巖相次知貢舉，進士文名高而帖落者，時謂試時放過，謂之贖帖。』（見聞記卷同上）然終非帖經不可。天寶十一年，『敕進士所試一大經，及爾雅，帖既通，而後試文試賦各一篇，文通而後試策，凡五條，三試皆通者爲第。」（元龜卷六四〇）初，中宗神龍元年，始定進士三場試，觀此，知初場試帖經，二場試文賦，三場試策論。德宗建中二年（西七八一）趙贊奏進士先時試詩賦各一篇，時務策五道，今請以箴論表贊代詩賦，仍試策二道，是詩賦罷於是年，第不知何年始復。考文苑英華載貞元四年，試曲江亭望慈恩寺杏園花發詩，大約貞元之初，即復舊制，故文宗太和八年禮部奏「進士舉人，自國初以來，試詩賦，中間或暫改更，旋即仍舊」是也。（元龜卷六四一）先是太和十一年，制停詩賦，（同上）八年，以禮部奏，復罷進士議論，而試詩賦。（新唐卷四四）後則少有變動，是進士試藝，初止試策，貞觀八年加帖經，永隆二年，加試雜文，天寶以後，有帖經，詩賦及策論。詩賦雖幾經廢罷，旋即仍舊，太和八年以後，無大更改，此其變遷大略也。

考唐代試詩賦，初止命題，尚無定韻。至五代時，乃有定韻定格。故洪氏容齋曰：

唐以賦取士，而韻數多寡，平側次敘，元無定格。故有三韻者，花蕚樓賦，以題爲韻是也。有四韻者，蓂莢賦，以呈瑞聖朝。舞馬賦，以奏之天庭。丹甑賦，以國有豐年。泰階六符賦，以元亨利貞爲韻是也。有五韻者，金莖賦，以日華川上動爲韻，是也。有六韻者：止水，魍魎，人鏡，三統，指歸，信及豚魚，洪鐘待撞，君子聽音，東郊朝日，蜡日祈天，宗樂德訓，胄子諸篇，是也。有七韻者：日再中，射己之鵠，觀紫極舞，五聲聽政，諸篇是也。八韻有二平六側者，六瑞賦，以儉故能廣，被褐懷玉；日五色賦，以日麗九華，聖符土德；徑寸珠賦，以澤浸四荒，非寶遠物，爲韻是也。有三平五側者：宣耀門觀試舉人，以君聖臣肅，謹擇多士。懸法象魏，以正月之吉，懸法象魏。玄酒，以爲天明德，有古遺味。五色土，以王子畢封，依以建社。通天台，以洪台獨出，浮景在下。幽蘭，以遠芳襲人，悠久不絕。日月合璧，以兩曜相合，候之不差。金柅，以直而能一靜可制動爲韻是也。有五平三側者，金用礪，以商高宗命傅說之官是也。有六平二側者，旗賦，以風日雲舒軍容淸肅爲韻是也（宋吳曾能改齋漫錄卷二曰：「至開元二年，王邱員外知貢舉，試旗賦，始有八字韻脚，所謂風日雲舒，軍容淸肅，」當注意此始字。）自太和以後，始以八韻爲常。唐莊宗時，嘗覆試進士，翰林學士承旨盧質以后從諫則聖爲賦題，以堯舜禹湯傾心求過爲韻，舊例賦韻四平四側，質所出乃五平三側，大爲識者所誚，豈非是時已有定格乎。（容齋續筆卷十三）

案莊帝乃後唐之主，五代不但有定格，且於明宗長興二年（西九三一）命學士撰詩賦各一首，以爲舉人模式，科舉之束縛人心，殆由書限經，文限字，詩賦限韻而起也。

丙考試法規

唐初行科舉，弊少而防弊之法亦疏。因而法規亦少。降至五代，人文淺薄，弊增而防弊之法，亦隨之俱增。今分二節述之：

一 唐

(1)考試方法

唐曾於吏部行糊名考校，前已言之矣。此外科場布置，亦甚簡單，僅如通典所云：『於就試之日，皆嚴設兵衛，薦棘圍之，搜索衣服，譏訶出入，以防假濫』而已。非如後代明淸之嚴重也。且當時場中，尙有許閱參攷書者：

肅宗乾元初，中書舍人李揆兼禮部侍郎言，主司取士，多不考實，徒峻其堤防，索其書策，……深味求賢之意，及試進士日，於庭中設五經諸史，及切韻本於牀，而引貢士，謂之曰：大國選士，但務得才，經籍在茲，請恣尋檢。（唐會要卷七六）

案白居易集亦有云：『禮部進士，例許用書策，兼得通宵。得通宵，則思慮必周；用書籍，則文字不錯。』（卷四三）

唐有別頭試，即後世之迴避所由昉也。時大臣子弟，至少原則上須避免與平民爭勝。如舊書王蕘傳，蕘苦學，善屬文，以季父鐸作相，避嫌不就科試。若欲就之，必須再加覆試，故唐書卷四四選舉志曰：「禮部侍郎親故，移試考功，謂之別頭。」其廢興無常：貞元十六年，中書舍人高郢奏罷，議者是之。元和十三年，禮部侍郎承宣奏復考功別頭試。太和三年高鍇爲考功員外郎，取士有不當，監察御史姚中立又奏停考功別頭試。六年，侍郎賈餗又奏復之。有唐立制，殆皆興廢無常也。

此外開元中，禮部考試畢，有將試卷送中書門下詳覆之制，覆後始放牓。此殆如清之鄉會試卷，送部磨勘，非別命題覆試也。

(2)考試之罰規

(一)私懷文策之罰　唐玄宗天寶十年九月辛卯，御勤政樓試懷材抱器科，命有司供食，有舉人私懷文策，坐殿三舉，並貶所保之官(元龜卷六四三)

(二)容情隱蔽之罰　唐文宗開成元年(西八三六)中書門下奏舉人於禮部納家狀後，望依前五人相保，……如有缺孝弟之行，資朋黨之勢，跡由邪徑，言涉多端者，並不在就試之限。如容情故，自相隱蔽，有人糾舉，其同舉人並三年不得赴舉。(唐會要卷七六)

(三)洩漏題目之罰　唐大中元年(西八四七)吏部宏辭舉人，漏洩題目，爲御史臺糾劾，侍郎裴稔改國子祭酒，郎中周敬復罰兩月俸料，考試官刑部侍郎唐扶出爲虔州刺史，監察御史馮韜罰一月俸料，其登科十人，並落下。(唐會要卷七六)

此外趙匡有議舉選人條例，唐書紀志，，都未引用，疑未施行，故從略。

二　五代

(1)後唐之考試法規

明宗長興四年(西九三三)禮部貢院奏新立條件：

一．九經，五經，明經，是帖經之時，試官書「通不」後，有不及格者，唱落後，請留筆硯，將所納貼出分明，却令自看，或是試官錯書「通不」，當與改正，如懷疑者，使許請本經書，面前檢對，如實是錯誤，卽更於帖上書名而退。

一．五科常年駁牓出，多稱屈塞。今年並明書所對經書墨義，云第幾道不第，幾道粗第，幾道通任，將本經書疏炤證。如考試官錯書「不」「粗」，請別將狀陳訴，當再加考較，如實錯誤，妄陳文狀，當行嚴斷。

一．舉人有抱屈落第者，許將狀投訴貢院，當與重試，如貢院不理，卽詣御史臺訴請。御史臺差人受舉人訴屈文狀，並引本身勘問，所論事件，或知貢舉官及考試官已下，取受貨賂，昇擢親情，屈塞藝能，應副囑託，及不依格去留，一事有違，即行朝典。

一・懷挾書籍，舊例禁止，請自今年後，入省門搜得文書者，不計多少，准例扶出，殿將來一舉。上鋪後，搜得文書者，准例扶出，殿將來兩舉。

一・迯口授人，迴授試處，及抄義題帖書時，諸般相救，准例扶出，請殿將來三舉。

一・藝業未精，准格落下出外，及見駁牓後，糺見同人，妄扇屈聲，擬為將來基址；及別人帖對，過場數多者，便生誣玷墜陷，或羅織毆罵者，並當收禁，牓送御史臺，請賜勘窮。(通考作鞫)如知貢舉官，及考試官，事涉狥私，屈塞藝士，請行朝典。若虛妄者，請痛行科斷。(據通考作嚴)牒送本道，重處色役，仍永不得入舉場。同保人亦請連坐，各殿三舉。奉敕宜依。(冊府元龜卷六四二)

案上文所舉與文獻通考所採者，微有不同，殆由刪節之故。長興元年，張文寶試士，不得精當。罰一季俸，則較唐為重矣。

(2)後周殿舉之罰

世宗顯德二年五月，尚書禮部侍郎知貢舉竇儀奏：

……其不及第人，以文藝優劣，定為五等：取文士乖舛，詞理紕繆最甚者，為第五等，殿五舉。其次者為第四等，殿三舉。以次稍優者為第三第二第一等，並許次年赴舉。

其諸科舉人，請一場十否者，殿五舉。第二場三場十否者，殿三舉。其三場內有九否者，並殿一舉。其進士及諸科所殿舉數，並於所試卷子上朱書，封送中書門下，請行指揮，及罪發解試官監官等，其監官試官如受取解人情禮財物，請今後並准枉法贓論。……詔從之。（册府元龜卷六四二）

馬端臨曰：「貢舉而以墨義之通否為升黜，淺陋殊甚，有同兒戲。然否之多者，殿亦如之，猶略有儆不率者，示罰之遺意云。」（通考卷三十）　案五代舍墨義以外無學問，區區記憶之功，而不能；則其殿舉之罰，亦有所不得已者歟。

丁　待遇與出身

一，唐代之銓選沿革略

據通典唐代士人及第不易，而入仕尤不易。其進士大抵千人，得第者百一二；明經倍之，得第者十一二。開元以後，四海晏安，士無賢不肖，恥不以文章達。其應詔而舉者，多則二千人，少猶不減千人，所取百纔有一，可見其及第之難矣。初，武德中，天下兵革新定，士不求祿，官不充員，有司移符州縣課人，赴調遠方，或賜衣給食，猶辭不行；至則授用，無所黜退。自高宗麟德以後，承平既久，人康物阜，選人漸多，取用不給，遂累增郡縣等級之差。其折衝府亦有差等。時內外官闕，共萬八千八十五員，而合入官者，自諸學生已降，凡十二萬餘員，其外文武貢士，或恩賜出身，而不爲常員者，不可悉數。大率八九人爭官一員，可知其入仕之難矣。於是禮部試中以後，尙須試於吏部，然後可以入仕。其擇人標準有四：一曰「身」。取其貌豐偉，即如今之體格測驗。二曰，言。取其言辭辨正，如今之口頭測驗。三曰，「書」。取其楷法遒美。四曰，「判」。取其文理優長，略如漢之牋奏，今之公文實習。沈既濟選舉雜議，所謂『州郡以德行貢士，禮部以文詞揀才，試官以帖問求學，銓曹以書判擇吏』者是也。如是全可，然後擬官。

二、一般之待遇與出身

士人經過如許周折，然尙不能得一美官高爵也。容齋洪氏曰：

唐世文人，初登科，或未仕者，多以從諸藩府辟置爲重，觀韓文公送石洪溫造二處士赴河陽幕序，可見禮節。然其職甚勞苦，故亦不屑爲之。杜子美從劍南節度嚴武辟爲參謀，作詩二十韻，呈嚴公云：「胡爲來幕下，只合在舟中，束縛酬知己，蹉跎效小忠。周防期稍稍，太簡遂怱怱，曉入朱扉啓，昏歸畫角終；不成尋別業，未敢息微躬，會希全物色，時放倚梧桐。」而其題曰：「遊閤」，意可知矣。韓文公從徐州張建封辟爲推官，有書上張公云：「受牒之明日，使院小吏持故事節目十餘事來，其中不可者，自九月至二月，皆晨入夜歸，非有疾病事故，輒不許出，若此者，非愈之所能也。若寬假之，使不失其性，寅而入，盡辰而退，申而入，終酉而退，率以爲常，亦不廢事。苟如此，則死於執事之門，無悔也。」杜韓之旨，大略相似云。（容齋續筆卷一）

其他一般出身，如舊書所云：

有唐以來，出身入仕者，著令有秀才，明經，進士，明法，書算。……天寶二載，又置崇玄學，習道德等經，同明經例。其秀才有唐已來無其人。……秀才出身，上上第正八品上，上中第正八品下，上下第從九品上。明經出身，上上第從八品下，上中第從九品上。進士明法出身，甲第從九品上，乙第從九品下，若通二經已外，每一經加一等。（舊唐書卷四二職官志）

案「秀才有唐已無其人」一語，從登科記總目考之，得二十九人，似不確。但所載品級，與唐六典同，當爲可據。從此志中，知唐世科目之高，首秀才，次明經，再次方爲進士。而明經出身，亦易於進士。歐陽詹與鄭伯義書云：「目視進士出身，十年二十年而終於一命者，明經諸色入仕，須臾而踐卿相者有之。」（見全唐文卷五九七）如裴行儉狄仁傑等，皆以明經而爲名相者也。雖然，是殆中葉以前之情形，中葉以後，又當以進士爲最貴矣。

三，進士之待遇與出身

唐國史補卷下曰：「進士爲時所尙久矣。是故俊乂實集其中，由此出身，終身爲聞人。」「搢紳雖位極人臣，不由進士者，終不爲美，以至歲貢常不減八九百人」。（按封氏聞見記卷三，「玄宗時，士子殷盛，每歲進士到省者，常不減千餘人。」然所取者甚少。始歲取四十人，才益少；詔減十人，猶不能滿，此新唐書所載也，但登科記開成元年，中書門奏進士元額二十五人，請加至四十人，奉敕依奏。是年及二年三年，每衆所放各四十人，至四年，始令每年放三十人爲定，則唐書所云誤矣。摭言卷二，又載華良夫嘗爲京兆解不送，良夫以書讓試官曰：「聖唐有天下，垂二百年，登進士科者，三千餘人，」以此證之，韓愈附張童子序，言「天下之以明二經舉，其得升於禮部者，歲不下三千人，…第其可進者，屬之吏部，歲不及二百人，」而以華良夫之言算之，則每歲不及二十人，韓說亦誤矣。雖然，唐之進士，常不減九百或千人，而登第者爲三十人左右，可知其及格之難，及尊貴之故矣。）其推重謂之白衣公卿，又曰一品白衫，其艱難謂之三十老明經，五十少進士，…其有老死於文場者，亦無所恨，故有詩云：「太宗皇帝眞長策，賺得英雄盡白頭。」（摭言卷二）因此，唐代君主如宣宗者，更有直稱「進士」。（見北夢瑣言卷一）可謂尊崇之至矣，然尙不止此也，其謝恩，報喜，題名，等待遇，關係於後世社會風俗甚大，今因立制之始，稍事說明，此後各朝，則多從略焉。

（1）進士之待遇與社會風俗

（一）進士放牓

進士牓頭，豎貼黃紙四張，以氈筆淡墨，袞轉書曰：「禮部貢院」四字，或曰：「文皇」，頃以飛帛書之，或象陰注陽受之狀。（摭言卷十五）

（二）放牓時地

進士舊例於都省考試，南院放牓。（原注：南院乃禮部侍郎主事受領文書於此，凡板樣及諸色條流，多於此列之。）張牓牆，乃南院東牆也。別築起一堵，高丈餘，外有壖垣，未便色，卽自北院將牓就南院張掛之，元祐六年，爲監生郭東里決破棘籬，（原注：籬在牆垣之下，南院正名外亦有之。）折裂文牓，因之，後來多以虛牓，自省門而出，正牓張亦稍晚。（摭言卷十五）

承天門街之東，第五橫街之北，從西第一左領軍衛（原注：街北有兵部選院，）次東左威衛，（街北有刑部格式院）次東吏部選院（以在尙書省之南，亦曰吏部南院，選人看牓名之所也。）次東禮部南院，（四方貢舉人都會所也）院東安上門橫街，抵此而絕。（宋敏

求長安志七）

（三）牓後謝恩

放牓後，狀元已下，到主司宅門下馬，綴行而立，斂名紙，通呈入門，並敘立於階下，北上東向，主司列席褥東面，西向主事揖，狀元已下，與主司對拜。拜訖，狀元出行致詞。又退著行，各拜；主司答拜。拜訖，主司云：「請諸郎君敘中外，」狀元已下，各各齒敘，便謝恩，餘人如狀元禮。禮訖，主事云：「請狀元曲謝名第：」第幾人謝衣鉢。謝訖，即登階。狀元與主司對座。於時公卿來看，皆南行敘座，飲酒數巡，便起，赴期集院。三日後，又曲謝其主司，方一一言及薦導之處，俾其各謝挈維之力，苟特達而處，亦要言之矣。（摭言卷三）

（四）報喜

新進士每及第，以泥金書帖子，附於家書中，至鄉曲親戚，例以聲樂相慶，謂之喜信。（唐王仁裕開元天寶遺事喜信條）

（五）游宴

大凡謝後，便往期集宴，院內供帳宴饌，卑於輦轂，其日狀元與同年相見後，便請一人爲錄事，其餘主宴，主酒，主樂，探花，主茶之類，咸以其日辟之。

……當宴則小科頭；主張大宴，則大科頭。……曲江大會，則先牒教坊請奏，上御紫雲樓，垂簾觀焉。……曲江之宴，行市羅列，長安幾於半空，公卿家率以其日揀選東牀，車馬闐塞，莫可殫述。（摭言卷三）

（六）題名

神龍以來，杏園宴後，皆于慈恩寺塔下題名，同年中推善書者紀之。他時有將相，則朱書之。及第後知聞，或遇未及第時，題名處則爲添前字。（摭言卷三）

此乃進士題名碑所由昉。惟末一語，易致誤會。徐松登科考凡例，『舉進士而未第者，曰進士，曰舉進士。得第者曰進士第，曰前進士，』不可混而爲一。李肇國史補亦曰：『得第謂之前進士，互相推敬謂之先輩，俱捷謂之同年，有司謂之座主，京兆府考而升者謂之等第，外府不試而貢者謂之拔解，將試各相保任謂之合保。羣居而賦，謂之私試。造請權要，謂之「關節」。激揚聲價，謂之「還往」。既捷列書其姓名於慈恩寺塔，謂之「題名會」。大讌於曲江亭子，謂之「曲江會」。籍而入選，謂之「春關」，不捷而醉飽，謂之「打毷氉」。匿名造謗，謂之「無名子」。退而肄業，謂之「過夏」。執業而出，謂之「夏課」。挾藏入試，謂之「書策」。此其大略也。』（卷下）

（2）進士之出身與特別地位

舊書職官志言進士品級，在秀才明經之下，然其實在地位，則甚清高。封氏聞見記曰：「當代以進士登科，爲登龍門，解褐多拜清緊，十數年間，擬迹廟堂。」（卷三），又曰：『制舉出身，名望雖高，猶居進士之下，宦途之士，自進士而歷清貫（一作貫），有八儁者：一曰，進士出身，制策不入。二曰：校書正字不入。三曰：畿尉不入。四曰：監察御史，殿中不入。五曰：拾遺補闕不入。六曰：員外郎郎中不入。（原闕）言此八者，尤爲儁捷。直登宰相，不要歷餘官也。同寮遷拜，或以此更相譏弄。御史張瓌兄弟八人，其七人皆進士出身，一人制科擢第，親故會集，兄弟連榻，令制科者別坐，謂之「雜色」，以爲笑樂。』無怪乎當時輕薄者語曰：「進士初擢第，頭上七尺焰光。」（見同書）所謂八儁，所謂直登宰相，不歷餘官，及日制科出身爲雜色，即進士出身之清高，與其地位之特別也。

五代士人之待遇與出身，與唐微異者，約有二端：及第以後，即可除官；所謂進士科已及第，「其中文藝灼然可取者，便與除官」一也。可免徭役，爲唐代所未聞，所謂『童子科名成貢部，身返故鄉，但尅日以取官，更無心而習業，濫蠲徭役，虛占官名』二也。（並參舊五代史卷一四八選舉志）斯種待遇，亦殊不惡。明季生員之橫行，遠習所踵，其在斯歟？

戊、科舉制度之得失

唐代科舉，得人之盛，非後世所能及；晚年積弊，亦開後世之先河，要而論之，得失蓋參半焉。

一·其爲得者

（1）階級制度之剷除

魏晉以九品中正，考核人物，結果重閥閱而輕孤寒，前編已屢言之。自唐以科舉取士，待天下士人，一律平等，無論何人，除有罪犯及其他服賤役者外，皆可投牒自進，自由應考，一旦及第，皆同名貴，因此寒畯得向上之路，政治得多數人才，共理國事，而非前此爲少數世祿所把持。又以自由競爭，教化亦因之普及，人人皆可致身通顯。然此亦不過指與魏晉之比較而言，亦非能眞正平等。彼權勢高貴姑無論應試之時何若，即放官之日，亦有蔭品高低之別，如本蔭高者，秀才明經上第加四階（唐六典卷二），而唐代國子四門等學生，殆皆三四品以上之子弟。禮部應試之人，又以生徒居多，是無形之中，已寓階級之意矣。故宋太祖嘗語近臣曰：「昔者科名，多爲勢家所取，朕親臨試，盡革其弊矣。」而容齋四筆卷五曰：『唐世科舉之柄，顓付之有司，仍不糊名。又有交朋之厚者爲之助，謂之通牓，故其取人也，畏於刺，多公而嗇。亦有爲於權勢，或撓於親故，或累於子弟，皆常情所不能免者。」斯言雖較平允。要亦足見非眞正平等。而晚唐之弊，關節交通，則又盡系經營，全非考覈矣。

(2)科舉之得人及學術之進步

唐代科舉，有二特點：卽一科目繁多；二，國家考試與學校課程，合而爲一，故學術發達，人才輩出。如狄仁傑徐有功以明經舉；白居易，楊綰，顏眞卿，裴垍以進士舉。而祝欽明，元稹，李宗閔，牛僧儒之徒，亦與其選。當時經學，遠比之，雖不及兩漢，然其治經者，如孔穎達，賈公彥，徐彥，楊子勛，陸德明等，規律謹嚴，說理樸實，如五經正義，經典釋文等書，雖無甚新穎之發明，抉微言而申大義，亦甚可觀。唐去漢不遠，受此一度整理，治經者亦多有脈絡可尋。前淸經學之燦爛，不能謂非唐代經學一部分之影響。他如明法，明算，明字，歷史等科，兼試詩賦策文，使人各有專長，亦各有普通技能，故中國法律，唯唐最精。內開宋元明諸律例之祖，外爲日本高麗等國所宗。如開元天寶律，其最著者也。算學，因屬幼稚，然遠約千年，卽有此天算以爲先導，此日本高麗百濟新羅等國所以相繼遣子弟入學也。其明字一科，有鍾法道麗之規定，故世爭習書，以擅勝長。如虞世南，褚遂良，歐陽詢，張旭，顏眞卿，柳公權等，鍾王而後，各代罕有其儔，曾通人士，亦皆書法可觀。宋朱弁曲洧舊聞卷九曰：『唐以身言書判設科，故一時之士，無不習書，猶有晉宋餘風。今間有唐人遺蹟，雖非知名之士，亦往往有可觀。本朝此科廢，書遂無用於世，非性自好之者不習，故工者益少，亦勢使之然也。』（卷四）而宋朱翌亦曰：『唐百官志有書學，故唐人無不善書，遠至邊裔書吏里儒，莫不書字有法，至今碑刻可見也。往往勝於今之士大夫，亦上之所好，有以勸誘之。』（猗覺寮雜記卷上）至於史學，如李延壽之南北史，韓愈之順宗實錄，劉知幾之史通，詩賦人才，如陳子昂，杜甫，李白，王維，孟浩然，韋應物，元稹，白居易，杜牧，李商隱，溫庭筠等：皆中國文學界之驕子也。論文如韓愈柳宗元之沈雄修潔，李翺皇甫湜孫樵杜牧皮日休等之自成一家，各出心才，發揮特性，人才如此之盛，無怪太宗嘗私幸端門，見新進士綴行而出，喜曰：「天下英雄，盡入吾彀中矣。」（摭言卷一）

（3）士趨於科舉之一途

沈旣濟詞科論曰：『國家自顯慶以來，高宗聖躬多不康。而武太后任事，參決大政，與天子並。太后頗涉文史，好雕蟲之藝。永隆中，始以文章選士。及永淳之後，太后君天下二十餘年，當時公卿百辟，無不以文章顯。因循遐久，浸以成風，以至開元天寶之中，上承高祖太宗之遺烈，下繼四聖理平之化，賢人在朝，良將在邊，家給戶足，人無苦窳，四夷來同，海內晏然，雖有宏猷上略無所措，奇謀雄武無所奮，百餘年間，生育長養，不知金鼓之聲，烽燧之光，以至於老故。太平君子，唯門調戶選，徵文射策，以取祿位，……父教其子，兄教其弟，無所易業，大者登臺閣，小者任郡縣，資身養家，各得其足，五尺童子，恥不言文墨焉。是以進士爲士林華選，四方觀聽，希其風采。每歲得第之人，不浹辰而周聞天下。故忠才儁彥，韜才毓行者，咸出於是。』（全唐文卷四七六）夫天下士人既皆趨於名祿一途，父子兄弟相教，皆念茲在茲；因而宏猷上略，奇謀雄武，無所措施，故禍亂當可減少。今觀唐自武韋亂後，至開元天寶貞元，皆天下承平，政治開明，學術發達，劉知幾，李，杜，顏眞卿等：皆生於其時，博纂群書，經籍逾六萬餘卷。太宗以科舉爲籠絡英雄之具，文宗不用宰相鄭覃罷進士科之言，昭宗將至亡國，而猶授進士以官；皆有所見而然矣。黃巢以進士不第而造亂；郭子儀以武舉出身而效忠；其故可長思也。

（4）任官之謹嚴與吏治之澄清

唐代考試制度之第三特點，卽科舉及第，不卽解褐入官，必須吏部再加考試，方許入仕。蓋禮部考試重文藝，吏部考試重身言書判。文理優者，不一定能任事；故須再加考覈。雖其時人多位少，亦可知其謹嚴。韓愈三試於吏部無成，十年猶爲布衣，更可想見吏部考試之難矣。(參昌黎先生集卷十六上宰相書答崔立之書) 時『有進士王如泚者，妻公以伎術供奉明皇，欲與改官，拜謝而請曰：臣女壻王如泚見應進士舉，伏望聖恩回授，乞一及第。」上許之，宜付禮部，宜與及第。侍郎李暐以諮執政。右相曰「王如泚文章堪及第否?」暐曰：「與亦得。」右相曰：「若爾，未可與之。明經進士，國家取材之地，若聖恩優異，差可與官，今以及第與之，將何以觀材。」即合奏聞。居二日，如泚賓朋讌賀，車騎盈門，忽中書門下牒禮部「王如泚可依例考試，」聞之，罔然自失。』(唐語林卷一) 觀此故事，可知任官之不苟，考試之嚴格，與夫考試權之獨立。雖貴爲天子，有不容妄許妄取者。且當時士人初登第，多任藩府小職，待其練習吏事，通達民情，然後遷入京官。故唐代官制，內外遷轉，無上下隔閡之患。貞觀開元之治，良有以也。比諸宋明之科舉，朝及第而夕得官，驅書生於簿書錢穀之途，殆不可同日而語矣。然科第人才，往往有出身二十年不得祿，亦矯枉過正之失。

二，其爲失者

(1)雜文帖經養成膚淺浮薄之習

唐以帖經詩賦取士，士唯鈎心鬥角於文章。至代宗朝已現膚淺浮薄之弊。寶應二年(西七六三)禮部侍郎楊綰上疏，謂自高宗朝劉思爲考功員外郎，奏進士加雜文，明經加帖經，從此積弊，寖轉成俗。『能就學者，皆誦當代之失；長而傳文，不越諸家之集。六經則未嘗開卷，三史則皆同挂壁。……試學者以帖字爲通經，而不窮義旨；……考文者以聲病爲是非，而唯擇浮豔。』(新唐書卷四)『考帖之時，預有歌括；問義之日，……皆誦本疏，別無新意。』(牛希濟薦士論，全唐文卷八四六)故唐之經學，終困於訓詁註疏，又專務鈔略，臨試射倖，標竊僞造，取售試官。如白居易集有奏狀，駁放盧公亮等敕文，以爲孤竹管賦，出於周禮正義，閱其程試之文，多是不知本末，即此類也。士人浮薄如斯，此趙匡選舉十弊之譏，所以沉痛；楊綰所以請停明經，進士，及道舉；鄭覃以經術位宰相，所以深嫉進士浮薄，屢請罷之；李德裕所以深惡進士，謂其不根藝實，不習事業者也。新唐書選舉志曰：『德裕之論，偏異蓋如此。然進士科當唐之晚節，尤爲浮薄，世所共患也。』

(2)關節之盛行與風俗之敗壞

李唐設科舉以網羅天下英豪，方其盛時，爲國掄才，志在公議，不遺分契。厥後世變，弊緣法生，扇奔競之風，開請託之路。其所以如此者，如趙匡所云：『收人既少，則爭第急切；交馳公卿，以求汲引；毀訾同類，用以爭先。……勢使然也。』（見通典卷十六）張文成亦曰：『乾封（高宗時）以前選人，每年不越數千；垂拱（武后）以後，每歲常至五萬。人不加衆，選人益繁，……選司考練，總是假手冒名，勢家囑請，手不把筆，即送東司，眼不識文，被舉南館。……檢校之官，財貨縱橫，贓汚狼籍。……皆不事學問，惟求財賄。是以選人冗冗，甚於羊羣；吏部喧喧，多於蟻聚。若銓實用，百無一人，積薪化薪，所從來遠矣。』（朝野僉載卷一）從斯以觀，可知關節鑽營之因，及其敗壞之情。然尙不止此也。其時舉人，『論策第喧競於州府，祈恩不勝於拜伏。……馳驅府寺之門，出入王公之第。上啓陳詩，惟希咳唾之澤，摩頂至足，冀荷提攜之恩，故俗號舉人，皆稱覓舉。』（舊唐書卷一〇一薛登傳）故王世禎曰：『其時主司，關節交通，不以爲怪，乃至宗族，亦不迴避。』（香祖筆記卷十二）『互相爭勝，多務奔馳，定高卑於下第之初，決可否於差官之日。曾非考覈，盡系經營。奧學雄才，捨於貞才寒素，增年矯日，盡取於黨比羊羣，中選者曾不足云，而爭名者益熾其事。』（東觀奏記卷上）此韋澳之所以欲廢除等級，以免爭競之風也。他如曲江，題名，等宴，一春所費，輒萬餘貫錢，（見唐大詔令集一〇六唐僖宗乾符二年敕）至有貧苦子弟及第，典質行裝，尙無以應之者。又如韓愈引致後進，爲求科第，其措辭之巧，請託之切，雖賢者亦復不免。所謂主司關節交通，不以爲怪者此也。是故江陵項氏曰：『風俗之弊，至唐極矣。王公大人，巍然於上，以先達自居，不復求士。天下之士，什什伍伍，戴破帽，騎蹇驢。未到門百步，輒下馬奉幣刺，再拜以謁於典客者，投其所爲之文，名之曰求知己，如是而不問，則再如前所爲者，名之曰溫卷。如是而又不問，則有執贄於馬門自贊曰，某人上謁者。嗟乎風俗之弊，至此極矣！此不獨爲士者可鄙，其時之治亂，蓋可知矣。』（通考卷二九）

（3）秉國者之有意抑制

夫項氏之言，乃在天下之諂也。當時人主，至有以進士市恩者。如劉鄴韋保義皆賜進士及第，論其非由場屋，自不應濫入千佛名經。又如開元二十四年，考功員外郎李昂，爲舉人詆訐。天寶六載，上欲廣求天下之士，命通一藝以上皆詣京師。李林甫恐草野之士，言其惡，建言舉人多卑賤愚憒，恐有俚言，汚濁聖德，乃令郡縣長官，精加試練，具名送省，委尚書覆試。御史中丞監之，皆試以詩賦論，遂無一人及第者。高鍇知貢舉，裴思謙以宦官仇士良關節，取狀頭。溫廷筠詞賦詩論，冠絕一時，連舉進士竟不能及第，至謫爲九品吏。諸如此類，皆爲有意抑制，及衡鑒不公之例也。

(4)交結營緣之風與通榜之惡習

關節請託之風既盛，而又益以在上者之有意抑制，以予奪爲恩怨，於是上下結爲朋黨，以爲政爭羽翼。唐語林曰：『進士有十哲之號，皆通連中官，郭纁，羅蚪皆其徒也。每歲有司，無不爲其干撓。根蔕牢固，堅不可破。』(卷三)於時有私爲盟歃以取科第。或釣摭隱慝，嘲爲篇詠，以列於道路，迭相談訾，無所不至。此種弊病，當唐穆宗之時，已甚顯著。長慶元年(西八二一)四月詔曰：『…訪聞近日浮薄之徒，扇爲朋黨，謂之關節，干擾主司。每歲策名。無不先定。』(舊唐書卷十六穆宗紀)自後劉允章韋澳等人，雖欲革除其弊，終以根深蔕固，莫可如何。此卽所謂通榜也。章俊卿山堂考索曰：「唐初貢舉，屬之考功，至開元移之禮部。所謂主司，皆有常人，則既預知之矣；不惟預知也，亦可預謁之；不惟預謁也，亦可預托之。貴者以勢托，富者以財托，情故者以情托，此豈復有眞貢舉哉。故有因權勢以相傾奪如牛李之黨，由於錢徽典舉之日，至於互相磨軋者四十餘年。於是又有畏嫌自私，而矯時以爲公者：則有嫌於貴而不舉者矣；如韓退之之序齊皞是也。有嫌於富而不得舉者矣；如柳子厚與王參元書是也。幸而不出於私，則又不幸而入於矯，夫其矯者必有所懲也；故觀其矯而思其所懲之由，則通榜取士，弊且如此，此唐名臣多由此出果何以致之耶，豈其有徇私之弊，而猶不失其收時望之利耶。若夫崔罕之第緣梁肅，杜牧之第緣吳武陵，李商隱之第緣令狐綯，盧肇之第緣李德裕，每每類此，亦何惡於請託試【哉】。』（續集卷二八）

三，五代考試制度之得失

（1）其爲得者—考試不受政治之影響

五代當朝代屢易，干戈擾攘之際，其間惟梁與晉，因舉子學業未精，各停考試二年。是後宋明各朝，定期考試，少有間斷，殆即本此。此其爲得者。其他若後唐明宗新立條格，帖經落地之時，令舉人閱卷對經，以驗主司批評之得失，亦爲公允之制。而晉天福三年（西九三八）權知貢舉崔棁奏，言之更明。略謂『今年就舉，比常歲倍多，科目之中，兇豪甚衆。……或云，「主司不公」，或云，「試官受賂」，……今臣欲請令舉人落第之後，或不甘心，任自投狀披陳，却請所試，與疏義對證；兼令其日一甲同共校量，若獨委試官，恐未息詞理，儻是實負抑屈，則主司固難逭憲章，如其妄有陳論，則舉人乞痛加懲斷，此際免慮遭謗議，亦將來可久遠施行，……從之。』（舊五代史卷一四八選舉志）再次恩門門生之習，曲江題名之宴，五代曾經禁止，觀其風俗，已不若唐代之奢侈，蓋亦時勢使然也。

（2）其爲失者—膚淺奔競之習及能文者少

周世宗顯德二年，竇儀奏曰：『比來取藝，州府貢士，祇合薦能，……其舉子之弊也，多是纔諜習業，便切干名，周儀未詳，赴三禮之舉。公穀不究，應三傳之科。經學則偏試帖由；進士則鮮通經義。取解之處，請張妄說於辛勤；到京之時，奔競惟求於薦託。其舉送之弊也，多是明知荒淺，具委兇疵。新差考試之官，利其情禮之物，……凡對問題，……惟狗人情，僅同兒戲。……近年場中，多有詐僞，託他人之著述，竊自己之聲光，用此面欺，將爲身計。』（元龜卷六四二）觀此數語，五代考試之弊，如膚淺，奔競，假冒等，可謂合盤托出矣。案册府元龜記五代考試之制，較舊五代史選舉志，及五代會要，皆爲詳盡。讀其敕文詔書，多鄙俚之詞，未追文事可知。再觀五代之詩，亦少佳搆。馬氏端臨曰，『喪亂以來，文學廢墮，爲士者往往從事乎帖誦之末習，而舉筆能文者，固罕見之。』（通考卷三十）宋徐度郤掃篇卷上曰：「五代之亂，天下無復學校，」人才缺乏，蓋有由也。

唐制舉科目表

中歷	西歷	制科名目及第姓名	備攷	材料出處
高宗永徽三年	六五二	制科及第		趙彥衛雲麓漫鈔卷六

顯慶三年	六五八	志烈秋霜科	韓思彥		唐會要卷七六
四年	六五九	洞曉章程科			
		材稱棟樑志標忠梗科			
		政均卓魯字俗之化通高科		疑通字誤	
		安心畎畝力田之業夙彰科	李巢　張昌宗		
		道德資身鄉閭共挹科	秦相如　崔行功		
		養志邱園嘉遁之風載遠科	郭待封五人		
		材堪應務科			
		學綜古今科		案本紀載是年試舉人九百五人居上第冊府元龜載是年制科五人第統首制科不知某人舉某科今附於此科之下以俟考	以上皆見雲麓漫鈔
麟德元年	六六四	茂材異行科			同上
		銷聲幽藪科	嚴善思		同上
		藏器下僚科	平貞昚		徐松登科記考卷二
		經明行修科	李思訓		同上

乾封元年	六六六	幽素科	蘇瓌 解琬 苗神客 格輔元 徐昭 劉訥言 崔谷神 郭敬同 王勃 等十二人	記纂淵海作十三人	唐會要 冊府元龜卷六四五
		詞贍文華科			漫鈔
		直言極諫科			同上
上元元年	六七四	英材傑出科	李迥秀		唐書李大亮傳
三年	六七六	策詞殫文律科	崔融	十一月改元儀鳳	冊府元龜
			陳該		登科記考卷二
		文學優贍科	馬懷素		唐書本傳
		八科	員半千 陽嶠 裴守貞	徐松案八科舉在是年而不知其科俟考	唐書本傳
儀鳳二年	六七七	下筆成章科	張鷟 姚元崇 韓思彥 王無競		登科記考
中宗嗣聖九年	六八四	抱儒素科			漫鈔
		絹鈐科	郭敬之		登科記考卷三
則天垂拱四年	六八八	詞標文苑科	房竹 畠甫瓊 王旦		唐會要元龜
永昌元年	六八九	蓄文藻之思科	彭景直		并見會要及元龜
		抱儒素之業科	李文府		同上
		賢良方正科	張柬之 孔季翊 林元泰		各見唐書本傳

		明堂大禮科	趙叙冲		登科記考卷三
天授二年	六九一	孝弟鯁直科			漫鈔
長壽三年	六九四	臨難不顧徇節寧邦科	薛稷 寇珽		會要 漫鈔
證聖元年	六九五	超拔群類科	賀知章		新唐書本傳
		長才廣度沈迹下僚科	張漪	按册府元龜作張河，文苑英華作張倚，注云登科記作漪	會要 漫鈔
萬歲通天元年	六九六	文藝優長科	韓琬		同上
		賢良方正科	崔沔 崔渾 蘇頲		登科記考卷四
二年	六九七	絕倫科	蘇頲 崔九萱 袁仁敬 何鳳 沈兼禮 洪子輿 盧從愿 趙不欺		會要
聖曆三年	七〇〇	經邦科	劉幽求		漫鈔 登科考四
		疾惡科	馮萬石	雲麓漫鈔載大足二年誤	同上
		文壇詞場科	楊志誠 王敬從 王昜從 席豫		登科記考卷四
長安二年	七〇二	騕黃科	馮克歷		元龜卷六四五
中宗神龍元年	七〇五	賢才科	嚴挺之	新唐書本傳挺之於神龍元年制舉及第，是年僅有此科	漫鈔
二年	七〇六	才膺管樂科	張大求 魏啟心 魏愔 盧絢 張袞 褚璆 成 庾業 郭璘 趙不爲	容齋續筆引登科記作元年誤	元龜 會要

		才高位下科	馮萬石、晁良貞　張敞　張鷟	張鷟見大唐新語	同上
		孝弟廉讓科	郭思訓　郭思謨	吳麓漫鈔作廉讓	登科記考
三年	七〇七	材堪經邦科	張九齡　康元瓌		元龜
		賢良方正科	蘇晉、宋務光　寇泚　盧怡　呂恂		同上
			韓琬　蘇說		新唐書本紀
		草澤遺才科			漫鈔
		宰臣科			同上
		武藝超絕科			登科記考
景龍二年	七〇八	抱器懷能科	夏侯銛		唐會要
		茂才異等科	王敬從　盧重元		同上
		文學優長科			漫鈔
		藏器晦迹科			同上
睿宗景雲二年	七一一	文以經國科	袁暉　韓朝宗		會要
		藏名負俗科	李俊文	會要作俊之	元龜
		賢良方正科	張鷟		容齋續筆
		明三經通大義科			漫鈔

		抱一史知其本末科	王楚玉等人		玉海卷一一五
		通三教宗旨究其精微科			漫鈔
玄宗先天元年	七一二	文可以經邦科	韓休		會要
			獨孤楷　鄭少微　晁良貞　康惟良		登科記考卷五
		材可治國科			同上
		材堪刺史科		元龜會要皆不載	容齋隨筆引登科記
		賢良方正科	韓休　王擇從　趙冬曦		同上
		藻思清華科	趙冬曦　楊仲宣		登科記考漫鈔
		寄以宣風則能興化變俗科	郭璘之		元龜
		道侔伊呂科	張九齡		同上
		手筆俊拔超越流輩科	杜昱　張子漸　張彥明　常無名　趙君正　賈登		同上
			荊巨　席豫		新書本傳
		文章俊拔超越流輩科			漫鈔
開元二年	七一四	直言極諫科	梁昇卿　袁楚客		會要
		哲人奇士隱淪屠釣科	孫逖		同上漫鈔
			李元成　沈琮		文苑英華

		良材異等科	邵潤之　崔翹		同上
五年	七一七	文儒異等科	崔佑　褚庭誨		會要
		文史兼優科	李昇期　康子元　邊奚珣		同上
六年	七一八	博學通藝科	鄭少微　蕭璥		登科記考卷五
		超拔羣類科	馮萬石　席豫		同上
七年	七一九	文詞雅麗科	邢巨等八人		同上及册府元龜
八年	七二〇	知合孫吳可以運籌決勝科	楊若虛　張仲宣　馬季龍		登科記考卷七
十年	七二二	文藻宏麗科			舊書文苑本傳
十二年	七二四	將帥科	婁敦復　房自謙		册府元龜
十四年	七二六	賢良方正科	袁映　尹暢　孫逖	孫逖見新書本傳	文苑英華
十五年	七二七	武足安邊科	鄭昉　樊衡		會要漫鈔
		高才草澤沈淪自舉科	鄧景山		同上
			樊詠　王縉		舊書本傳
十七年	七二九	才高未達沈迹下僚科	吳鞏		元龜漫鈔
			薛僅		登科記考卷七
十九年	七三一	博學宏辭科	蕭昕　陶翰		會要

			王昌齡		唐才子傳
二十一年	七三三	多才科	李史魚		會要
二十二年	七三四	博學宏辭科	王昌齡等五人		登科記考卷八
		宏辭超絕流輩科			漫鈔
二十三年	七三五	王霸科	劉璀　杜綰		會要
		智謀將帥科	張重光　崔圓　李廣深		元龜
二十六年	七三八	文詞雅麗科	郭納　姚子彥		同上
			馮萬石	廣卓異記引登科記開元二十六年萬石登文詞雅麗科	
二十九年	七四一	明四子科	姚子彥元載等五人	舊書本紀作明四子舉子唐大詔令集作四子舉人	登科記考
天寶元年	七四二	文詞秀逸科	崔明允等二十人		元龜
		儒學博通科	劉彭等八人		同上
		軍謀越衆科	令狐朝等七人		同上
		賢良方正科	蕭正		登科記考卷九
四年	七四五	高蹈不仕科	馬曾等三人		同上
六年	七四七	風雅古調科	薛據	雲麓漫鈔列於四年今不取	會要

八年	七四九	有道科	高適		登科記考
十年	七五一	博通墳典科	歸崇敬		同上
		才可宰百里科	顏允臧　歸崇敬		同上
十三年	七五四	詞藻宏麗科	楊綰	舊書楊綰傳載是年制科甚詳可參閱	會要
		洞曉元經科	獨孤及		唐才子傳
		軍謀審衆科			登科記考
肅宗至德三年	七五八	才兼文武科	王炯		舊書本傳
代宗大曆二年	七六七	樂道安貧科	楊膺		會要
		茂才異行科	韋夏卿　正卿　杜確		登科記考卷十
			高郢		舊書本傳
六年	七七一	諷諫主文科	郭珣瑜　李益	新書本傳珣瑜大曆中以諷諫主文科高第授大理評事	元龜
		茂才異等科	陳潤		登科記考
		博學專門科			同上
德宗建中元年	七八〇	賢良方正能直言極諫科	姜公輔　元有直等四人		元龜會要
		文詞清麗科	奚陟　梁肅等六人		同上

		經學優深科	孫玨等三人		同上
		高蹈邱園科	張紳等三人		同上
		軍謀越衆科	夏侯審等六人		同上
		孝悌力田聞於鄉閭科	郭黃中等三人		同上
貞元元年	七八五	賢良方正能直言極諫科	韋執誼　鄭利用等十三人		同上
			穆贄　韋純　錢徽　倍陵		登科記考卷十二
		識洞韜略堪任將帥科	許贄		會要
		博通宏典達於教化科	熊執易　劉簡甫		同上
			陸亘		登科記考
		超絕科			漫鈔
二年	七八六	韜晦奇才科	朱放	唐才子傳朱放貞元二年詔舉韜晦奇才科	
四年	七八八	賢良方正能直言極諫科	崔元翰等十五人		元龜
		清廉守節政術可稱堪任縣令科	李巽	元龜作李巽舊書本傳亦作巽但不言應制科疑誤	元龜會要
		孝弟力田聞於鄉閭科	張皓		同上
十年	七九四	賢良方正能直言極諫科	裴垍　王播等十四人		同上
		博通墳典達於教化科	朱潁		同上

		詳明政術可以理人科	張平叔　李景亮		同上
十一年	七九五	隱居邱園不求聞達科	蔡廣成　劉明素		登科記考
憲宗元和元年	八〇六	才實兼用明於體用科	元稹　白居易　崔韶　韋惇　元修等十六人		會要
		達於吏理可使從政科	蕭睦　陳岵		元龜會要
十二年	八一七	賢良方正能直言極諫科	牛僧孺　皇甫湜　王起　李宗閔等十一人	舊書牛僧孺李宗閔本傳皆登制舉賢良方正科廣卓異記稱王起元和三年賢良方正能直言極諫科爲十一人登科疑二科爲一特稱呼有繁簡不同耳	同上
		博通墳典達於教化科	馮芑　陸亘		同上
		軍謀宏遠才任將帥科	樊宗師		同上
穆宗長慶元年	八二一	賢良方正能直言極諫科	龐嚴　任畹　呂述等十一人		同上
		詳明政術可以理人科	崔郢		同上
		軍謀宏遠才任將帥科	吳思　李商卿		同上
		博通宏典達於教化科	李思元		同上
二年	八二二	山人科			漫鈔
		日試百篇科	田夷吾　曹璠		漫鈔　登科記考
三年	八二三	道舉科			漫鈔

		日試萬言科			同上
敬宗寶曆元年	八二五	賢良方正能直行極諫科	唐伸　楊魯士　韋端符　楊儉等　舒元褒　十八人		元龜
二年	八二六	長念九經科			漫鈔
文宗太和二年	八二八	學究周易科		案是科應屬明經科之一	同上
		賢良方正能直言極諫科	李郃　裴休等十九人		會要
		草澤應制科			漫鈔
自高宗永徽二年至文宗太和二年	共一九二年	制科名目一百十一	及第人數約四百一十五	科目重複者不計	

第二章　宋之考試制度

宋之考試，初與唐代及五代略同。其後幾經變遷，科目日趨簡單，考試之法則日趨複雜，兩相比較，大同而小異，敍述之時，自難劃一。今略循上章體例，先述考試概況。然後就實際情形，分別言之。

甲、考試概況

一　科目及試藝

宋之科目，有進士，有諸科，有武舉。常選之外，又有制科，有童子舉，而進士得人爲盛。據宋史卷一五五選舉志進士與諸科科目，及其試藝，有如下表：

科目	試藝
進士	試詩，賦，論，各一首，策五道，帖論語十帖，對春秋或禮記墨義十條。
九經	帖書一百二十帖，對墨義六十條。
五經	帖書八十帖，對墨義五十條。
三禮	對墨義五十條。(【又云】凡三禮對墨義九十條)(案此句疑重複)
三傳	一百一十條。
開元禮	對三百條
三史	同上

學究毛詩　對墨義五十條，論語十條，爾雅孝經共十條，周易尚書各二十五條。

明法　對律令四十條，兼經並同毛詩之制。

觀此表，知宋初重帖經墨義，惟進士兼試詩賦策論。故與其謂「宋承唐制」，毋寧謂宋承五代之制也。神宗時，罷諸科，僅留進士。此殆有科無目矣。後世沿之，而科目之稱不改，何也？王安石變法之後，以經義詩賦試進士，終宋之世，少有變更焉。若宋之制舉，行罷無常。眞宗增科爲六：曰，賢良方正，博通宏典，才識兼茂等。所試重策論。得人以仁宗時爲盛。南渡以後，雖復行之，而應試者寡矣。

二　考試時期

(一)年限　宋初年限無定，多爲每年一貢舉，袁文甕牖閒評曰：「國初事簡易辦，科舉與奏薦，皆逐歲有之。」(卷三)檢續資治通鑑長編及文獻通考卷三二，可知其言之不誤。自太平興國三年(西九七八)後，方間一年或二年乃貢舉。如興國三年開科後，至五年再開科，此間歲一貢舉也；六年七年皆停貢舉，此間二歲一貢舉也。仁宗嘉祐二年(西一〇三五)改爲間歲一貢舉，英宗治平三年(西一〇六六)，議者以間歲貢士法不便，迺詔三年一開科場。(玉海卷一一六)三年一試之制，即始於此。

(二)月日　據選舉志一「初禮部貢舉，皆秋取解，冬集禮部，春考試。」(宋史卷一五五)　蘇東坡云：「國朝試科目，亦在八月中旬，頃與黃門公既將試，黃門公忽感疾臥病，相關韓魏公……奏……展期以俟，上許之。旣聞安全，乃引試。凡比常展期二十日，嗣後試科目，并在九月，蓋始於此。』（宋李廌師友談記頁十一）高宗紹興二十四年（西一一五四）始定試期，并用中秋日，「四川則用春季，而仲秋類省。」（宋史卷一五六）此或以後又由九月改至中秋日也。光宗紹熙初，『以省試春淺，天尙寒，遂展至二月朔。……殿試於四月上旬。』（同上）是宋考試月日，時常變動，無一定也。大抵禮部及殿試考試在春季，鄉試類試在秋冬。

(三)試程　唐考試夜以繼燭，宋初亦然，禮部考試雖嚴禁用燭，而州郡則用之如故。度宗初，『以雷同假手之弊，多由於州郡試院繼燭達旦，或至次日辰巳，猶未出院。其所以間日者，不惟止可以惠不能文之人，適足以害能文之士，遂一遵舊制，連試三日。』（卷一五六選舉志二）於此知州郡有夜試，及試期共三日，初連試，後則間日一試，至宋末又連試矣。宋袁文謂宋初無繼燭之制。有之蓋五代時之事，（甕牖閒評卷八）其說不甚可憑，述之備考。

三　考試場數

宋制場數亦無定，當初有試十五場，有試三十場者，如太宗淳化四年（西九九四），舊制三史通禮各試三十場，每場墨義十道，今減試十五場，（玉海一一五）有試七場者，如眞宗景德二年（西一〇〇五）七場雜問義疏文各一道。仁宗慶歷四年（西一〇四四）范仲淹更定科舉法，更為三場，先策，次論，次詩賦。神宗熙寧四年（西一〇七二）王安石變法改為四場。終宋之世，以三場四場為準。而行三場者較多。

四　考試官吏

（一）州府試　諸州判官試進士，錄事參軍試諸科，如錄事參軍不通經藝，即遴選次官代之。

（二）禮部試　據紹興十八年題名錄，有知貢舉一人，同知貢舉一人，參詳官六人，點檢試卷官二十人。

（三）殿試　初考官三人，覆考官三人，詳定官三人，編排官三人，初考點檢試卷官二人，覆考點檢試卷官八人。

此外有檢點雷同官，未見此錄，又有彌封謄錄等官，因官小亦未錄。

五　考試情形

宋吳自牧著夢粱錄，有諸州府待解士人赴省闈一文，讀之可明瞭宋朝考試之整個情形。但吳氏為南宋末年人，所記或非宋初事。然宋制當以後宋為完備，則吳氏之言不可忽也。今錄之，其詞曰：

三月上旬，朝廷差知貢舉，監試、主文，考試等官，幷差監大中門官，諸司彌封，謄錄等官，就觀橋貢院，放諸州府郡得解士人，幷三舍生得解生員，諸路轉運司得解士人，有官人及武舉得解者詣赴院，排日引試，國子監牒試中解者並行引試，如有避親者就別院引試，朝廷待士之重，差官之際，並令快行宣押，所差官員入內，到殿聽敕，其知貢舉，監試主文，並帶羞帽，穿執乘馭，同諸考試等官，迎引下貢院，然後鎖院擇日放試。

諸州士人自二月間前日到部，各尋安泊待試，逐經部呈驗解牒，陳乞納卷用印，並收買試籃桌椅之類，試日已定，隔宿於貢院前，賃房待試；就看坐圖。（案宋朝會要曰：「大中祥符四年五月，晁迥奏引試進士，預令貢院納卷子，試前一日，貢院出榜曉示，逐人排坐位處所，則引試之，有坐位榜，自此爲始，今亦謂之混榜，」見事物紀原卷三，故先看坐位圖也。）

其士人各引試三場，正日本經，次日論，第三日策。預試人照合試日，分集於貢院外竹門之外，（案唐考院用棘籬，從此知宋用竹籬。）伺候開門放試，士人各入院內，依坐位分廊占坐訖，知貢舉等官，於廳前備香案，穿秉而拜，諸士人皆答拜，方下簾幙，出示題目於廳額，題中有疑難處，聽士人就簾外上請，主文於簾中詳答之。訖，則各作文，隨手上卷；至晡後，開門放士人出院，納卷於中書門外，書知姓氏，試卷入櫃而出。

其士人在貢院中，自有巡廊軍卒，齎硯水，點心泡飯，茶酒，菜肉之屬，貨賣亦有八廂。

太保巡廊事所納卷子，徑發下彌封。所封卷頭，不要試官知士人姓名，恐其私取故也。却於每卷上打號頭。三場共一號，方發往謄錄所謄錄卷子，依字號書寫，對讀無差，方納入考試官各房考校。如卷子考中，發過別房覆考，如稱衆意，方呈主文，却於謄錄所，弔取眞卷，點對批取，定奪魁選，伺候申省，奏號揭榜，候取旨，差官下院，拆號放榜。

中省魁者，殿試陞甲，恩例，前十名亦如之。補試中榜者，參太宗武三學爲生員。舉人中省闈者，俟候都堂，點請覆試，不過一論冒而已；覆試畢，然後到殿也。

此科舉試三年一次，到省士人，不下萬餘人，騈集都城，舖席買賣如市，俗語云，趕試官生活，應一時之需耳。（夢粱錄卷二）

乙　沿革變遷

自來搜集選舉材料者，如文獻通考，古今圖書集成等，皆以宋代爲最多，蓋以其年代攸長，而其變遷亦複雜也。今以王安石更改之科舉法爲中心，安石以前，即宋太宗至仁宗，爲沿唐五代之舊法時期。此期專試帖經墨義，惟進士添試詩賦策論。仁宗至神宗，爲王氏變法時期，罷詩賦及帖經墨義，專以經義取士，將諸科併歸進士一科，又以春秋有三傳難通，亦罷之，此後或爲王學反動時期，或爲王學全盛時期，如元祐間，罷詞賦，増春秋，以經義與詩賦并行；紹聖時又復詞賦，去春秋。欽宗時，再復元祐制；卽經義詩賦二者並用，此宋考試之主要變遷。其制科及考試方法之沿革，則於另節略述之。

一　常科及試藝之變遷

(1)宋太宗至仁宗時之狀況諸科試帖經墨義進士加詩賦策論

宋沿五代制，進士試詩賦策論，及帖經墨義。諸科如明經史科等，專試帖經墨義，已述於考試概況節。行之六十餘年，其變動者，惟太宗太平興國三年（西九七七），詔律賦以平側，依次用韻，（呂祖謙歷代制度詳說卷一）八年，進士諸科，始試律義十道。（宋史選舉一）淳化四年（西九九四）命三史通禮各試十五場，舊制各試三十場，每場墨義十道，（玉海一一五）眞宗景德二年，詔易尚書學究，問經注四，疏義六，爲定式；明法六場如學究，七場雜問義疏文各五道。（同上）此等變易，固未出乎帖經墨義之範圍也。

(2)王安石改革之科舉法罷諸科及詩賦帖經墨義專問大義

在王安石變法以前，已有三次改革：其一，卽仁宗欲諸科添試策，未實行；其二，范仲淹罷帖經詩賦，問大義，行之一年而罷：其三，卽熙寧三年親試進士，始專以策。

(一)仁宗之企圖改革　天聖元年（西一○二三）『宋興六十有二載，天下乂安，……時晏殊言唐明經，并試策問，……令諸科專記誦，非取士之意，請終場試策一篇。詔近臣議之，咸謂諸科非所習，議遂寢。』（宋史選舉志一）

(二)范仲淹之臨時改革　時范仲淹參知政事，意欲復古勸學，數言興學校本行實。乃詔近臣議，宋祁等然其言。於是慶歷四年（西一○四四），詔天下州縣立學，更定科舉法。（宋史紀十一）其法分三場：『先策，次論，次詩賦，通考爲去取，而罷帖經墨義。士通經術，願將大義者試十道。』仲淹既去，『而執政者皆異。……言初令不便者甚衆，以爲詩賦聲病易考，而策論汗漫難知。……請如舊法。』（選舉志一）於是慶歷五年，詔進士諸科經義，并如舊法考之。（玉海一一六）是范仲淹之改革，僅行一年而罷也。

(三)熙寧三年之策論　據選舉志一，『神宗熙寧三年（西一○七二）親試進士，始專以策，定著限以千字。舊制特奏名人試論一道，至是亦制策焉。帝謂執政曰：「對策亦何足實盡人材，然愈於以詩賦取人爾。」』案宋初殿試進士詩賦論三篇，至是始專用策。元祐八年，中書議復祖宗舊制，會紹述議起，不果行。自後相沿，遂爲定例。

（四）王安石之改革　以前三次改革，爲安石變科舉法之先聲。至神宗時，篤意經學，深憫貢舉之弊，且以西北人材，多不在選，遂議更法。安石乃上仁宗皇帝言事書曰：「課試之文，非博誦強學窮日之工則不能；及其能工也，大則不足以用天下國家，小則不足以爲天下國家之用，故雖白首於庠序，窮日之力以師上之教，及使之從政，則茫然不知其方者皆是也。……今復古制，則患於無漸，宜先除去聲病偶對之文，使學者得專意經術，以俟朝廷興建學校，然後講求天下所以教育之法。……庶幾可以復古。」（荆公全集卷三十九）時蘇軾不然其言，上議學校貢舉狀以駁之，略謂選舉有道，不必由學；且自文章言之，則策論爲有用，詩賦爲無益。自政治言之，二者皆無益，詩賦何負於天下，而必欲罷之。（原文見東坡文集卷九奏議）神宗初讀軾奏，首肯其說；繼聆安石言，謂「今少壯，正當講求天下正理，乃閉門學作詩賦，及其入官，世事皆所不習，此科法敗壞人才，致不如古。」（選舉志一）於是神宗熙寧四年（西一〇七二）詔改法，罷詩賦帖經墨義及諸科，「士各占治易，詩，書，周禮，禮記，一經，兼論語孟子，每試四場；初大經，治兼經大義凡十道。（後改論語孟子義各三道）次論一首，次策三道，禮部試卽增二道，中書撰大義式頒行。……又立新科明法，試律令，刑統大義，斷按。所以待諸科之所以不能業進士者。」（選舉志一）

八年『頒王安石書詩周禮義於學官，是名三經新義。令天下士，非從三經者，不預選舉之列，又以春秋有三傳難通，罷之。』（歷代制度詳說卷一）此王安石改革科舉法之大略也。

秦蕙田案，熙寧之經義，卽八股文所由昉也。唐時明經試以墨義，祇以課記誦之能否，於經典大義無所發明，宋初猶承之。故其時進士科特重，而有志之士，鄙學究而不爲。至是中書撰文義頒行天下，主於疏解理趣，不爲章句之陋，立法非不甚善，顧乃廢歷代專家之學，而以荆公一家之說，立於學官，則未免師心而蔑古耳。自是迄於宋世，詩賦或興或廢，經義與詩賦，或分兩科，或爲一科，至元明而詩賦之文不復施於應舉矣。（五禮通考卷一七四）

（3）改革後之反動復詞賦及春秋科

哲宋時，蘇軾司馬光知貢舉，光上起請科場劄子曰：『……有司以帖經墨義試明經，……其弊至於離經析句，……以詩賦論策試進士，……致舉人專向辭華，不根道德；涉獵鈔節，懷挾剿剽，以取科名。……神宗……深鑒其失，於是悉罷詩賦，及經學諸科，專以經義論策試進士，……但王安石不當以一家私學，欲蓋掩先儒，令天下學官講解，及科場程試，同己者取，異己者黜。……至於律令勅式，皆當官所須，……使爲士者，…果能知道義，自與法律冥合，何必置明法一科？』（温公文集卷五十二）此司馬光對安石所立新科明法之反動也。元祐元年（西一〇八六），『禮部請置春秋博士，侍御史劉摯請進士增詩賦，復置賢良茂才科，新科明法兼經大義，減其額，集議進士罷試律義，八月置春秋科。』（玉海卷一一六）此對安石罷春秋科及詩賦之反動也。但所謂反動者，非極端改革，乃兩相調和，於是元祐元年十一月，立經義詞賦兩科，（太平治迹統類卷二十八）用侍御史劉摯之言也。（燕翼貽謀錄卷一）案該二科之立，選舉志一，列於元祐四年，證以上述兩書，殆誤。又據宋史卷十七哲宗紀，元祐四年，止有試進士四場法之制，所謂四場卽「第一場試本經義二道，論語孟子義一道，二場試賦及律詩一首，三場論一首，四場子史時務策二道。」（太平治迹卷二八）自復詩賦，士多鄕習，而專經者十無一二，諸路奏以分類名取非均，其後遂通定去留，經義毋過三分之一，於此可驗經義與詞賦二科之軒輊。

（4）反動後之復興及其結果分經義詞賦二科

紹聖初，哲宗親政，羣臣多言元祐所更學校科舉制度非是，乃於紹聖元年（西一〇九四）五月，罷進士，試詩賦，專習經義；廷對仍試策。初，神宗念字學廢弛，詔儒臣探討，而王安石乃進其說，學者習焉，元祐禁勿用，至是除其禁。二年正月，立宏詞科，四年二月，詔罷春秋科（太平治迹統類卷二十八）。元符元年（西一〇九八）令學官試三經，（宋史紀十八）徽宗崇寧元年（西一一〇二）罷春秋博士，（紀卷十九）崇甯三年，詔天下取士，悉由學校升貢，其州郡發解及禮部試法幷罷，自此歲試上舍，悉差知舉如禮部試，（紀卷十九）四年，倣周官大比爲歲貢之制，（玉海）五年詔大比歲更參用科舉取士一次，其亟以此意使遠士即聞之，時州縣悉行三舍法，得免試入學者多當官子弟，而在學積歲月累試乃得應格，其貧且老者甚病之；故詔及此而未遽廢科舉也。（宋史選舉一）按安石改革科舉之法，至此已登峯造極，所有理想，悉施行之，其三舍法之行，（即分學生爲三舍，始入爲外舍生，月考試其業稍優等，以次升內舍上舍，上舍試分三等，上等不須殿試，而命以官，中等免禮部試，下等免解試。）幾致科舉爲之廢除。但物極必返，大觀四年（西一一一〇），以星變，詔更行科舉一次，宣和三年（西一一二一），詔罷天下三舍法，並以科舉取士，惟太學仍存三舍，欽宗靖康元年（西一一二六），復以詩賦取士，禁用老莊及王安石之學說。

高宗建炎二年（西一一二八），王唐公爲禮部侍郎，建言復以詞賦取士，自紹興二年（西一一三二），科場始復，……十三年國學初建，高司業（抑崇）言士以經術爲本，請頭場試經義，次場試詩賦，末場試子史論時務策各一首，許之。十五年詔經義詩賦分爲兩科，（以上參建炎以來朝野雜記卷十三）此後或因偏重詞賦，或偏重經義，有欲合而爲一之變動，然終以紹興三十一年，從禮部侍郎金安節言，復立兩科，永爲定制。蓋自神宗熙寧四年，始罷詞賦，專用經義取士，凡十五年，至元祐元年復詞賦與經義並行。至紹聖元年，復罷詩賦，專用經義，凡三十三年。靖康元年，復以詩賦取士。至建炎二年，又專用經義，紹興十五年，經義詩賦分爲兩科，後雖或分或合，終以三十一年分兩科爲永制。

二、制科之沿革變遷

宋之制科，一名「大科」，意義與唐同；惟科目不如唐代之複雜，而得人亦不若唐代之盛。選舉志曰：『制舉無常科，所以待天下之才傑，天子每親策之；然宋之得才，多由進士，而以是科應詔者少。』（宋史卷百五十六）其後一罷於景德，二罷於熙寧，三罷於紹聖，南渡以後，雖復舉故事，而應者寥寥矣。

（1）制科之興廢

宋太祖乾德二年（西九六四）以兵部尚書張昭之請，初設制科，別其目爲三，許投牒自薦，未有應者。開寶元年（西九七七）諸道舉孝弟力田者凡七百餘人，試之，文武皆不行，乃悉罷去。

眞宗時，盛度建言，請建四科取士，乃於景德二年（西一〇〇五）詔復賢良方正能直言極諫等六科，緣度議也，（案涑水紀聞卷三引晁平曰：「宋初以來，至眞宗方設制科，陳越王曉爲之首。」）及議封禪，科目皆廢，此一罷也。

仁宗天聖七年（西一〇二九）夏竦執政，請復制舉，廣置科目，上從之，增高蹈丘園，書判拔萃等，通爲十科。

神宗初，以進士試策，與制科無異，（案其實爲孔仲文對策，指陳時政，王安石惡之。）遂詔罷之，此二罷也。案進士試策在熙甯三年，疑制舉之罷在四年，時安石能諸科，惟留進士也。

哲宗元祐二(四)年（西一〇八五）復制科，（案宋史紀十七作元祐元年，疑復在元年，舉行在二年，故從志。）詔聖元年（西一〇九四）九月，又罷之，此三罷也。其理由據志，哲宗謂制科試策對時政得失，進士策亦可言，因詔罷制科。」（宋史卷一五六）旣而改置宏詞科，以兼收文學博異之士。

高宗紹興二年（西一一三二）復制科，「自復制科七十年，但得李仲信垕一人而已。」（建炎以來朝野雜記卷十三）然前此宋代制科中第者，亦有名臣。如富弼中茂才異等，余靖尹洙中書判拔萃，蘇軾蘇轍兄弟，並中賢良選是也。

（2）制科科目及試藝之變遷

制科科目及制藝，宋徐度言之頗詳，今先採其言，而後補充之。

國朝制科，初因唐制，有賢良方正，能直言極諫；經學優深，可爲師法；詳明吏理，達於敎化；凡三科。應內外職官前資見任，黃衣草澤人幷許諸州及本司解送上吏部，對御試策一道，限三千字以上。咸平中又詔文臣於內外幕職州縣官及草澤中，舉賢良方正各一人。景德中，又詔置賢良方正，能直言極諫；博通墳典，達於敎化；才識兼茂，明於體用；武足安邊，洞明韜略；運籌決勝，軍謀宏遠，材任邊寄；詳明吏理，達於從政等六科。天聖七年，復詔應內外京朝官不帶臺省館閣職事，不曾犯贓罪及私罪情理輕者，幷許少卿監以上奏舉，或自進狀乞應前六科仍先進所業，策論十卷卷五道候到下兩省看詳，如詞理優長，堪應制科，具名聞奏，差官考試論六首，合格卽御試策一道。又置高蹈邱園，沉淪草澤，茂才異等三科，應草澤及貢舉人，非工商雜類者，幷許本處轉運司逐(及)州長吏奏舉，或於本貫投狀乞應，州縣體量有行止別無玷罪者，卽納所業策論十卷卷五道看詳，詞理稍優，卽上轉運司，辨察鄉名譽，於部內選有文學官再看詳，實有文行可稱者，卽以文卷送禮部，委主判官看詳，選詞理優長者，具名聞奏。餘如賢良方正等六科，熙甯中悉罷之，而令進士廷試。罷三題，而試策一道。建炎間，詔復賢良方正一科，然未有應詔者。(卻掃編卷下)

案徐氏謂賢良方正復於建炎間，證以玉海及朝野雜記，知復於紹興二年。而未有應詔者一語，亦欠妥當。蓋從朝野雜記已得李垕一人。其後胡銓，亦舉賢良者。至於試藝，徐氏言之頗簡要，知制舉無帖經墨義，僅詩賦策論或間有經義而已。太宗以來，所試皆詩賦，頌策，制誥；或三篇或一篇，中格則授以館職。神宗罷詩賦，更以策論。哲宗元祐二年，奏論六首，御試策一道。紹聖元年，制科罷後，改置宏詞科，試章表，露布，檄書，用駢儷體；頌，箴，銘，誡諭，序記，用古體，或駢儷；而詔誥赦敕不以爲題。時因進士純用經義，不得不以宏詞科習朝官應用之文。徽宗大觀四年(西一一一四)改立詞學兼茂科，於舊試格內，除去檄書，增入制詔內二篇，以歷代史故事爲題。孝宗乾道二年(西一一六六)詔制科權罷注疏，舉人稱便。是南宋孝宗以前，試題出自經史，幷及注疏也。

三、一般立制之變遷

宋考試制，新增甚多。如特奏名恩例，廷賜袍笏，三歲一貢舉，以及謄錄易書之制，皆宋所新立，或至宋而後普遍施行。今擇其最要者述之。

（1）特奏名恩例

宋制省試進士合格者，謂之正奏名。其屢經鄉貢，絀於禮部，或廷試，積前後舉數參其半而差等之；遇親策士，則別籍其名以奏，徑許附試，謂之特奏名。正如有淸會試不中式，而特恩賜進士令其一體殿試，故又名恩例，或稱恩科。雲麓漫鈔卷十四，「國朝進士累舉不第者，限年許赴特奏名，號爲恩科。」蓋特奏名與正奏名爲對待詞，而恩科與特奏名，乃二而一者也。其立制之始有二說：選舉志謂始於太祖開寶三年（西九七〇）；徐度却掃篇卷上謂始於眞宗景德二年（西一〇〇六）。宋王栐之言曰：

> 唐末進士不第，如王仙芝輩唱亂，而敬翔李振之徒，皆進士之不得志者也，蓋四海九州之廣，而歲上第者，僅一二十人，苟非才學超出倫輩，必有絕意於功名之塗，無復故籍。故聖朝廣開科舉之門，俾人人皆有覬覦之心，不忍自棄於盜賊奸宄。開寶二年三月壬寅朔（案開寶三年三月朔爲壬寅，云二年誤。）詔禮部閱貢士十五舉以上曾經終場者具名以聞。庚戌詔曰，貢士司馬浦等一百六人，困頓風塵，潦倒場屋，學固不講，業亦難專，非有特恩，終成遐棄，宜各賜本科出身，此特奏所由始也。自是士之潦倒不第者，皆覬覦一官，老死不止。至景德二

年三月丁巳，因賜李迪等進士第，賜特奏名五舉以上本科六十四人，三傳十八人，同學究二十二人，三禮四十四人，年老授將作監主簿三十一人，此特奏之名所由立也。至景祐元年正月癸未，詔進士諸科十取其二，進士三經殿試，諸科五經殿試，或進士五舉年五十，諸科六舉年六十，雖不合格，特奏名，此特奏名所以漸多也。至大中祥符八年二月丙子，則命進士六舉，諸科九舉，特奏名，并赴殿試，此則以人多而裁抑之也。況進士入官，十倍舊數，多至二十倍，而特奏之多，自是亦如之。英雄豪傑，皆汨沒消靡其中而不自覺，故亂不起於中國而起於夷狄，豈非得御天下之要術歟。蘇子曰：「縱百萬虎狼於山林而饑渴之，不知其將噬人」，藝祖皇帝深知此理者也。豈漢唐所可仰望哉。（燕翼貽謀錄卷一）

讀此文知特奏名之事，始於開寶三年，其名立於景德二年，則前二說不衝突矣。

（2）覆試與殿試

唐武后曾試貢舉人於洛城殿前，又唐嘗有中書門下詳覆之制，天寶二年，玄宗親試登科舉人于花萼樓，而開元九年已親策試應制舉人於含元殿，然據馬端臨所考，則謂覆試殿試始於宋。而據宋人李攸等與宋史之言，亦謂自宋始。

宋李攸曰：開寶六年因徐士廉伐鼓訴訟，太祖御講武殿覆試，覆試自此始。（宋朝事實卷十四）

宋李燾曰：開寶六年，上以進士武濟川，三傳劉濬，材質最陋，應對失次，黜去之。濟川，翰林學士李昉鄉人也，昉時權知貢舉，上頗不悅，會進士徐士廉等擊登聞鼓，訴昉用情取舍，非當。上以問翰林學士盧多遜，多遜曰：「頗亦聞之」，上乃令貢院籍終場下第者姓名，得三百六十人，癸酉，皆召見，擇其一百九十五人，并準以下及士廉等各賜紙劄，別試詩賦，命殿中侍御史李瑩，右司員外郎侯陟等爲考官，乙亥，上御講武殿親閱之，得進士二十六人，士廉預焉。五經四人，開元禮七人，三禮三十八人，三傳二十六人，三史三人，學究十八人，明法五人，皆賜及第，又賜準錢二十萬，以張宴會，責昉爲太常少卿，考官右贊善大夫楊可法等，皆坐責，自茲殿試，遂爲常式。（續資治通鑑長編卷一四）八年覆試進士於講武殿，賜王嗣宗等三十一人（案玉海亦作三十一人，惟通考作三十六人，誤。）諸科紀自成等三十四人及第。（宋紀卷三）

馬氏端臨曰：按殿前試士，始於唐武后。唐制以考功郎中任取士之責，后不過下行其事，以取士譽。非於考功已試之後，再試之也。開元以後，始以禮部侍郎知貢舉，選中書門下詳覆，然惟元和間錢徽爲侍郎知貢舉，宰相段文昌言其取士不公。覆試多不中選，徽坐免官。長慶以後，則禮部所取士，先詳覆而後放榜，則雖有詳覆之名，而實未曾再試矣。五代以來，所謂詳覆者，間有升黜。入宋太祖乾德六年，命中書覆試，則以帝疑陶穀之子不能文而中選，故覆之；亦未嘗別爲之升黜也。至開寶六年，李昉知舉，放進士後，下第人徐士廉等打鼓論牓，上遂於講武殿命題重試，御試自此試始。昉等所取十一人，重試共取二十六人。然於昉等所取十一人內，只黜武濟川一人，徐十人則高下一依元次。而續取二十六人，不過附名在此十人之內。共爲一牓。然則是年雖別試而共爲一牓，亦未嘗有省試殿試之分也。至八年覆試禮部貢院合格舉人王式等，於講武殿內出試題，得進士三十六人，而以王嗣宗爲首。王式者，禮部所定合格人，則居第四，蓋自是年御試始別爲升降，始有省試殿試之分，省元狀元之別云。(通考卷三十)

案以上各說，自有其立論之根據。玆姑無論殿試覆試，是否始于唐，以吾人在前章所見五代唐莊宗因嘗庶試進士，而明宗且新立條格，帖經落第之時，令舉人閱卷對經，以驗主司批評之得失。晉天福三年，從崔棁奏令舉人落第者，任自投狀披陳，卻請所試與疏義對證，兼令其日一甲共同較量。此皆開寶以前事，似覆試亦不自宋始，無已其謂始於唐，行於五代，而完成於宋乎。

(3)糊名易書

糊名之制，唐已有之，惟僅行于吏部試。至宋乃普遍行之。既糊名，恐主司認識文字，乃將原卷加以謄錄，名曰易書。其始也據玉海一一六『糊名之制，始於淳化；而諸州糊名，自明道二年始。易書之制，立於祥符；而諸州易書，自景祐四年始。』

丙考試方法

宋代考試方法，較唐爲精密，要而述之，無增加考試種類，增加防弊方法，增加科場規則。

一、考試種類

考試種類，據宋趙升朝野類要所載，如堂試，補試，簾試等名，不下一二十種，大抵多關學校考試之名，今擇其最要者述之。

(1)解試與附試

宋之鄉舉曰解試，或曰漕試，贛州府志曰：鄉試在宋爲漕試謂之發解。(見日知錄卷十六引)故普通多稱解試，經鄉試而送於禮部者曰得解，或曰取解，或曰取送，其在學及格，或遇特恩，不經鄉試，而直接試於禮部者，曰免解，其因事在他鄉而未歸本貫者，皆就轉運司考試曰附試。其解送不當者有罰。真宗天禧二年詔曰：『今鎖廳應舉人，所在長吏先考試藝業，合格始聽取解。如至禮部不合格，當停見任官。其前後考試官舉送長官，皆重置罪。至天聖時除其法。」（選舉志二）按鎖廳試者，言現任官鎖其官廳而往應試也。

(2)省試與類試

省試即唐之禮部試，亦即明清之會試。朝野類要卷二曰：「諸州就漕司解試，就禮部貢院鎖試，名曰省試。」時有因地遠及其他原因，不須禮部試，而以地方長官或朝廷差官執行之，名曰類試。如四川以州軍解士，只就安撫制置司類試畢，徑赴殿試。陝西亦併於四川之類。

(3)殿試與覆試

殿試，後世亦稱廷試。但在宋，少見廷試之名。朝野類要卷二曰：『本朝例，就崇政殿鎖試考試策一道。畢日唱名。曰殿試。「往年遇主上即位，第一次謂之「龍飛榜」。又嘗因諒陰，皆得免試，祗謁唱名。」謂之「免殿試」。』蓋宋制禮部試後，恐取士不公，天子覆試於殿廷，略有黜陟，而後臨軒唱名，賜第出身，是與唐代送中書門下詳覆之制，更加精密。於此知覆試與殿試無甚分別也。

(4)別頭試與宗室子應試法

宋別頭試，意義難明。其在唐時，開元二十四年，禮部侍郎親故，移祝考功，謂之別頭。是別頭者，卽禮部侍郎親故，移於考功郎中別試，以免嫌隙也。然在宋時，似乎不同。宋之別頭試，據選舉志一，仁宗景祐四年（西一〇三七）詔『士有親戚仕本州，或爲發解官及侍親遠官，距以本州二千里，令轉運司類試，以十率之取三人。於是諸路始有別頭試。』（卷一五五）『先是崇政殿說書賈昌朝言：舉人有親戚在本貫守官，及隨侍遠地，并發解官之親戚，令轉運司差官類試，每十人解三人，其距本貫二千里內者，令歸赴秋試，學士丁度等議，謂二千里內舉人赴試不及，故有是詔。』（玉海卷一一六）是別頭與類試相彷彿。而別頭試限止於舉人有親戚在本貫守官，及隨侍遠地，並發解官之親戚也。神宗熙寧十年（西一〇七六）始立宗子試法。『凡祖宗袒免親以命者，附鎖廳試。非袒免親以外，例許應舉國子監。禮部皆別試別取，十人取五，試者雖多，解毋過五十人。廷試策問，與進士同。而別考累舉不中，年及四十以聞，而錄用之。』（通考卷三二）此所謂宗子入試法也。『初，皇祐元年六月三日乙丑，叔韶進所爲文，試學士院，賜進士及第，仁宗曰：「前此未有。」五年五月二十六日，詔宗室通一經者試之。元豐二年三月丁亥，詔以經義論試宗室，六月十五日，祕閣考試宗室，七月三日，叔盎賜出身，四年七月，汎之等祕閣試文論，六年十月，令綿等祕書省試經義。』（玉海卷一一六）從此，知宗室子應試法者，即皇帝宗親，分別考試，而考試科目，又較一班考試爲簡略。此種方法，名爲避免與普通士人爭勝，實則有所優待也。

二、防弊方法

（1）書家狀對筆蹟

眞宗景德間，貢院言，『昨詳進士所納公卷，多假借他人文字，或用舊卷，或爲傭書人易換文本，是致考校無準。請自今幷令舉人親自投納，於試紙前，親書家狀，將來程式與公卷全異，及所試文字與家狀書體不同，並駁放之。或假用他人文字，辨認彰露，即依例扶出，永不得赴舉。其知舉官亦望先一月差入貢院，考較公卷，分爲等第。如事業殊異者，至日更精加試驗。所冀抱藝者，不失搜羅；躁進者難施僞濫。』（通考卷三十）案公卷乃士子平日所作之文，先期納之禮部。知舉官先加考校，分爲等第，蓋恐士子一日之間，不能盡其所長，而欲參之以素業，斯固良法美意也。不料公卷多假借他人文字，於是書家狀，對筆蹟。然或仍不能防弊，乃有封彌謄錄之法。但此法行，而對鎖讀如故。至宋甯宗開禧二年（西一二〇六）仍參對字讀也。

（2）封彌編號

宋高承事物紀原卷三曰：「封彌卽糊名也。唐初以試有官人。……今貢舉發解，皆用其事曰封彌。」是唐曰糊名，宋曰封彌，始於唐，盛於宋也。（集宋史陳靖傳云：「糊名考校起於靖。」（卷四二六）老學庵筆記云：「本朝進士，初亦如唐制，兼採時望。眞廟時，周安惠公起，始建糊名法，一切以程文爲去留。」（卷五）今皆不從。）玉海卷一一六曰：「殿試糊名自淳化三年始。」禮部貢院糊名，自眞宗景德四年始。（通考卷三十）玉海又曰：「糊名之制，始於淳化，而諸州糊名，自明道二年始。」淳化景德皆宋真宗年號。淳化三年，當西歷九九二，景德四年，一〇〇七。明道仁宗年號，二年一〇三三。立法之始及其盛行之年代旣明，進言其法。

眞宗大中祥符四年（西一〇一一）新定條制，舉人納試卷，內臣收之。先付編排官，去其鄉貫狀，以字號第之。付封彌官。謄錄校勘，用御書印，方付考官定等訖。又彌封，送覆考官再定。編排官閱其同異，未同者再考之。如復不同，卽以相附近爲定。始取鄉貫字號合之。乃第其姓名差次，幷試卷以聞。遂臨軒

唱第，賜進士。（太平治迹統類卷二十八）

案此事，選舉志列於景德四年（西一〇〇七）據通考是年禮部始行糊名法，或難如此詳盡。今從太平治迹統類，蓋宋人作品也。詳觀其法，兩次彌封，兩次覆勘，其謹嚴處，有過於後代矣。

(3)謄錄易書

夫既彌封編號，主考官或能認識舉子文字。於是眞宗祥符八年（西一〇一五）「始置謄錄院。令封印官封試卷，付之集書吏錄。」（宋史選舉一）「供帳內侍二人監焉。命京官校正，用兩京奉吏印訖，復送印院，始送知考官考校。」（太平治迹統類卷二十八）是其謹密慎重，更進一層。但前祥符四年，所謂「付封彌，謄錄校勘，」殆即謄錄。而八年置謄錄院，即使有專職責之人，亦非編號謄錄，顯爲二事也。今爲淸醒眉目，分別述之。自謄錄之法行，主司已不能見原來之試卷，從而門生故舊，難以認識。然而公卷之效亦失矣。

(4)雙重定等第之法

「舊制御試舉人，設初考官，先定等第。復封彌之。以送覆考官，再定等第。乃付詳定官，發初考所定等第，以對覆考之等第。如同卽已，不同則詳其程文，當從初考或覆考爲定，則不能別立等第。」（夢溪筆談卷一）此制續資治通鑑長編，言之更詳。云「天禧三年，初上累定考試條制，舉人納試卷，卽先付編排官，去其卷首鄉貫，定以字號，第之封彌官，謄寫校勘，始付考官再定等訖，後封彌，送覆考官，再定等，乃送詳定官，啓封閱其同異，參驗著定，始付編排官，取鄉貫狀字號，合之卽第其姓名差次并試卷以聞，遂臨軒放牓焉。大抵欲考校，詳定官不獲見舉人姓名，謄錄編排官雖見姓名，而不復升降，用絕情弊。」（卷九三）從此知宋考試之嚴密。夫等第之定，雖至今日科舉發達之時，猶難避免主觀之見。宋先定於初考，再定於覆考，皆封彌之，不使明悉。則閱卷之官，不敢草率從事，循情徇私。兩次既定，然後對校，再加考核，是一篇試卷，已經三人詳察；其防弊之周嚴，考核之精密，可謂爲最客觀，最科學者。惜行之不久，至嘉祐六年，『王荆公爲詳定官時，以初考覆考所定第一人，皆未允當，於行間別立一人爲狀首，詳定官得別立等第，自此始。後遂爲定例。當時楊樂道守法，以爲不可。朱從道爲封彌官，謂同舍曰：「二公何用力爭，從道十日前，已聞(王)俊民爲狀元，事必前定，二公徒自苦耳。」』（夢溪筆談卷一）

三、考試規程

(1)不得應舉之規程

據宋史選舉志二，凡有篤疾者不得貢。有大逆人，緦麻以上親，及諸不孝不悌，隱匿工商異類，僧道歸俗之徒，皆不得應試。太宗端拱二年（西九八九）禁吏人入舉。然自徽宗宣和三年（西一一二一）閹隸可以登科。故馬端臨曰：「按太宗時李昉呂蒙正之子，御試入第，上以勢家不當與孤寒爭進，黜之。顏明遠等四人，以見任官舉進士，上惜科第不與，特授近藩掌書記。蓋惟恐權貴占科目，以妨寒畯也。今親王得以爲狀元。又按端拱二年，有中書堂後官及第，上奪所授勅牒，勒歸本局。詔今後吏人無得應舉。蓋惟恐雜流舉名第以玷選舉也。今閹官與其隸，皆得登甲科，蓋至是祖宗之良法蕩然矣。」（通考卷三十一）

(2)同坐之罰

(一)凡諸州長吏舉送，必先稽其版籍，察其行爲。鄉里所推，每十人相保，內有缺行，則連坐不得舉。

(二)已保任而有缺行，則州縣皆坐罪。若省試而文理紕繆，坐元考官。

(3)殿舉之罰

(一)挾書赴試者，幷同保人殿一舉。（眞宗景德五年罷之）案宋有保頭之名，「舉

人三舉終場者，得爲解試保頭。」（宋趙升朝野類要卷二）

（二）進士文理紕繆者，殿五舉。

（三）諸科初場十否殿五舉，第二第三場十不殿三舉，第一第三場九不幷殿一舉。殿舉之數，未書於殿試卷，送中書門下。案殿舉卽後世所謂罰科也。

（4）考試官之罰

（一）貢不應法，及校試不以實者，監官試官停任。

（二）受賂則論以枉法，長官奏裁。

（三）省試文理紕繆，坐原考官。

（四）考官以高下失實贖金。

（五）諸科三場內有十否，進士詞理紕繆者各一人以上，監試考試官，從違制失論。

（5）科場規則

宋王栐曰：「國初進士，科場尙寬。禮閣與州郡不異。景德二年七月甲戌，禮部貢院言舉人除書案外，不許將茶廚蠟燭等擕入。除官韻外，不得懷挾書策，犯者扶出，殿一舉。其中嚴誡是也。而元豐貢院之火，死者甚衆，則是法不行也。」（燕翼貽謀錄卷二）

選擧志一，凡就試唯詞賦者許持切韻玉篇。其挾書爲姦，及口相受授者，發覺卽黜之。

孝宗淳熙十一年（西一一八四）詔進士殿試，不許見燭。其納卷最後者降黜之。舊制，凡賜燭，正奏名降一甲。第五甲降充本甲。特奏名降一等，第五等與攝助教。

以上考試規程，首從宋史卷一五五選擧志中，輯出而整理之。其他科場故事，見於雜記及說部者尙不少。恐爲偶然之事，幷未通行，故不多錄。

四、分路取人與憑才取人問題

分路取人，卽如按省分配，每省取若干人。憑才取人，卽不拘地域額數，及格卽取。分路取人，可以普及文化。而其爲弊，文化低落之地，亦必照例取錄。憑才取人，可以吸收英彥，而其爲弊，多京師國學之人，鄙陋之鄉難及焉。兩種途徑，至於今日尙成問題。其在宋朝，司馬光與歐陽修爭論頗烈。今採入之，以爲留意考試方法者一助焉。

(1)司馬光分路取人說

英宗治平三年（西一〇六六）（從通考定）司馬光乞貢院逐路取人狀，其略曰：

……國家間歲一開科場，詔下州郡，使之鄉擧里選，遣詣京師，覈試於禮部。雖幽遠之士，咸與其進。然而天下發解，進士到省，常不下二千餘人，南省取者，纔及二百。而開封國學鏁廳預奏名者，殆將太半。其諸路州軍所得者僅百餘人爾。……於臣愚見，似有未均。……蓋以朝廷每次科場，所差試官，率皆兩職二館之人。其所好尚，即成風俗。在京舉人，追趣時好，易知體面。淵原漸染，文采自下。使僻遠孤陋之人，與之為敵，混同封彌，考較長短，勢不侔矣。……今或數路之中，全無一人及第，則所遺者多矣。國家用人之法，非進士及第者不得美官，非善為詩賦論策者，不得及第，非游學京師者，不善為詩賦論策。以此之故，使四方學者，皆棄背鄉里，……老於京師，不復更歸。其間亦有身負過惡，或隱憂匿服，不敢於鄉里取解者，往往私買監牒，妄冒戶貫，於京師取解。自間歲開科場以來，遠方舉人，憚於往還，只在京師寄應者比舊尤多。……所以然者，蓋由每次科場及第進士，大率是國子監開封府解送之人。則人之常情，誰肯去此而就彼哉。夫較美官厚利進取之塗以誘人於前，而以苛法空文禁之於後，是猶決洪河之尾，而欲以塞之，其勢必不行矣。

臣乞今後南省考試進士，將開封國學鏁廳舉人試卷，袞同糊名。其諸道州府舉人試卷，各以逐路糊名，委封彌官於試卷上題以在京師逐路字，用印送考試官，其南省所放合格進士乞於在京逐路以分數裁定取人。（下言每十人中取一人奏名，其不滿十人者六人以上，亦取一人。五人以下，更不取人。）所貴國家科第，均及中外，如允所請，伏乞下兩制詳定。（温公文集卷三十）

（2）歐陽修選才取人說

歐陽修論逐路取人劄子曰：

臣伏見近有臣僚上言，乞將南省考試舉人，各以路分糊名，於逐路每十人解一人等事。雖已奉聖旨送兩制詳定，臣亦有愚見，合具敷陳。

竊以國家取士之制，比於前世，最號至公。蓋累聖留心，講求曲盡。以謂王者無外，天下一家，故不問東西南北之人，盡聚諸路貢士，混合為一，而惟材是擇。又糊名謄錄而考之，使主司莫知為何方之人，誰氏之子，不得有所憎愛薄厚於其間。……（今）言事之人，但見每次科場東南進士得多，而西北進士得少，故欲改法，使多取西北進士爾。殊不知：東南之俗好文，故進士多而經學少；西北之人尚質，故進士少而經學多。所以科場取士，東南多取進士，西北多取經學者，各因其材性（一本無此二字）所長而各隨其多少取之。……國家方以官濫為患，取士數必難增。若欲多取西北之人，則却須多減東南之數。今東南州軍進士取解者二三千人處，只解二三十人，是百人取一人，蓋已痛裁抑之矣。西北州軍取解，至多處不過百人，而所解至十餘人，是十人取一人，比之東南十倍假借之矣。……

東南之士於千人中解十人，其初選已精矣。故至南省所試，合格者多。西北之士，學業不及東南，當發解時，又十倍優假之，蓋其初選已濫矣。故至南省所試，不合格者多。今若一例以十人取一人，則東南之人合格而落者多矣，西北之人不合格而得者多矣。……

且朝廷專以較藝取人，而使有藝者屈落，無藝者濫得，不問繆濫，只要諸路數停……諸州但據數解發，其人亦自知無藝，只來一就省試而歸，冀作攝官爾。朝廷以嶺外煙瘴，北人不便，須藉攝官，亦許其如此，今若一例與諸路十人取一人，此爲濫繆，又非西北之比。……故臣以謂且遵舊制，但務擇人，推朝廷至公，待四方如一。……（歐陽文忠公文集卷一百十三）

馬氏端臨曰：『司馬歐陽二公之論不同：司馬公之意主於均額，以息奔競之風。歐陽公之意主於覈實，以免繆濫之弊。要之，朝廷既以文藝取人，則歐公之說爲是。』（通考卷三十一）案二說之是非，兩公言之甚明，皆在各自判斷。惟歐陽修謂東南百人取一人，似與司馬光之說不符。司馬光文中舉出三年及第人數爲證。大抵國子監與開封府平均四人取一人，陝西百餘人取一人。今附表於后：

附錄一，宋仁宗時逐路取人表（據司馬光貢院逐路取人狀）

年代	仁宗嘉祐三年　西一〇三六			嘉祐五年			嘉祐七年		
區別＼額數	得免解進士額	及第額	平均額	得免解進士額	及第額	平均額	得免解進士額	及第額	平均額
國子監	一一八	二二	五	一〇八	二八	四	一一一	三〇	四
開封府	二七八	四四	六	二六六	六九	四	三〇七	六六	五
河北路	一五二	五	三十				一五四	一	
河東路	四四	無		四一	一		四五	一	
京東路	一五七	五	三一	一五〇	五	三十			
梓州路	六三	二	三一						
廣南東路	九七	三	三二	八四	二	四二	七七	無	
廣南西路	三八	一		六三	無		六三	無	
荊湖南路	六九	二	三四	六九	二	三四	六八	二	三四
荊湖北路				二四	無		二三	一	

利州路	二六	一					二八	無	
夔州路	二八	一		三二	無				
陝西路				一二三	一		一二四	二	六二

附錄二，朱子考試法

宋孝宗淳熙十四年，朱熹嘗欲能詩賦，而分經，子，史，時務，取人，定年考試。作貢舉私議。其議雖未行於宋，而天下莫不稱誦。元明之世多因之。今附於此，俾明後代之制度。其議略曰：

古者學校選舉之法，始於鄉黨。……今之為法不然，雖有鄉舉，而其取人之額不均。又設大學利誘之一塗，……以啓其奔趨流浪之意。其所以教者，既不本於德行之實，而所謂藝者，又皆無用之空言。……朝廷州縣每有一事之可疑，則公卿大夫官人百吏，愕貽相顧，而不知所出。……蓋嘗思之，必欲乘時改制，……均諸州之解額，以定其志。立德行之科，以厚其本。罷去辭賦，而分諸經，子史，時務之年，以齊其業。使天下之士，各以三年而共通其三四之一。以易書詩為一科，而子年午年試之。周禮儀禮及二戴之禮為一科，而卯年試之。春秋及三傳為一科，而酉年試之。諸經皆兼大學，論語，中庸，孟子，(本註：義各一道。)

論則分諸子爲四科，而分年以附焉。策則諸史時務亦然。（本註：諸史則左傳，國語，史記，兩漢爲一科。三國，晉書，南北史爲一科。新舊唐書，五代史爲一科。通鑑爲一科。時務則律曆地理爲一科。以次分年如經子之法，策各二道。）則士無不通之經，無不習之史，而皆可爲當世之用矣。（朱子文集卷十三）

案此篇原文甚長，今摘錄者不過二十分之一。其主要意見，大致如此。致於詳細解釋，及批評科場文弊之語，請參閱原文。

丁 待遇與出身

宋朝考試制度，與唐最大不同之點，即禮部試後，直接入仕，不須再試吏部。今先述其等第，然後略述待遇與出身。

一、考試等第

(1)三甲與五等

據通考卷三十進士分三甲，始於太宗太平興國八年（西九八三）。其後又分爲五等。選舉志一曰：『考第之制，凡五等：學賦優良，詞理精純爲第一。才思該通，文理周率爲第二。文理俱通爲第三。文理中平爲第四。文理疏淺爲第五。然後臨軒唱第，（嗣禹案殿試唱名，始於太宗雍熙二年。禮部考試唱名，自唐已然。舊唐書李揆傳云：「禮部試吏，唱名乃入，擬取之。」「上二等曰及第，三等曰出身，四等五等曰同出身。」仁宗天聖五年，始稱第曰甲。（見事物紀原卷三引宋會要）故又曰進士分五甲。終宋之世皆因之。

鄉試考校分上中下三等。初考以朱，覆考以墨。（玉海卷一一六）

（2）狀元不必廷試第一名

宋朱弁曰：『狀元之目，始自辟召。而本朝科舉取士之法，合以省試正奏第一名當之。今呼廷試第一名爲狀元，非也。元祐間，潞公在朝，因馬涓來謝，嘗言其事，自此人莫不知，而莫能改也。』（曲洧舊聞卷三）案文獻通考列宋登科記總目，皆稱榜首，榜首卽後世狀元之意。續資治通鑑長編，皆稱賜進士某某等及第。如嘉祐四年『三月丁未，賜進士劉輝等一百三十一人及第，三十二人同出身……』（卷一八九）此舉劉輝之名，卽通考之榜首，亦卽後世之狀元。從此知朱弁之說，蓋宋代一般情況也。

（3）探花或謂第二名

趙弁曰：『選年最少者二人，於賜聞喜宴日，先到瓊林苑折花迎狀元吟詩。此唐制，久廢。今人或謂第二名爲探花者，非也。』（朝野類要卷二）案夢粱錄卷三，士人赴殿唱名爲曰：『……第一名狀元及第，第二名榜眼，第三名探花。其狀元官授承事郎職，除上郡簽判。榜眼授承奉郎，探花授承務郎。」又曰：「第一甲舉人賜進士及第；第二甲賜進士出身，第三至第五甲，并賜同進士出身。」是宋代鼎甲稱謂，已與後世之制相同，非如唐代僅有狀元探花之名也。（請參上京榜後謝恩條。）然此書係從永樂大典中輯出，不識誤羼後世之制否。

（4）宋初進士第一不必有才學

宋初定狀元，或以力勝或以貌取，或以文思不敏速，不必如景德間定規，以學識優長詞理精純爲第一也。司馬光曰：

王嗣宗汾州人。太祖時舉進士，與趙昌言爭狀元於殿前。太祖乃命二人手搏，約勝者與之。昌言髮禿，嗣宗毆其襆頭墜地。趣前謝曰，臣勝之。上大笑，即以嗣宗爲狀元，昌言次之。（涑水紀聞卷三）

太宗時，親試進士，每以先進卷子者賜第一人及第。孫何與李庶幾同在科場，皆有時名。庶幾文思敏速，何尤苦思遲。會言事者上言舉子輕薄，爲文不求義理，惟以敏速相誇。因言庶幾舉子於餅肆中作賦，以一餅熟成一韻者爲勝。太宗聞之大怒，是歲殿試，庶幾最先進卷子，遂叱出之。由是何爲第一。（歐陽修歸田錄卷一）

眞宗好文，雖以文辭取士，然必視其器識。每御崇政賜進士及第，必召其高第三四人並列於庭，更察其神氣磊落者始賜第一人及第。或取其所試文辭有理趣者，……蔡齊置器賦云：安天下於覆盂，其功可大。遂以爲第一人。（同上）

二、出身授官

宋初不重高第，太宗時，始稍稍重之。仁宗時，以高第之人躁顯，又微加裁抑，然終宋之世，以高第爲重。

（1）宋初不重高第

馬端臨曰：『藝祖太宗，皆留意於科目。然開寶八年，王嗣宗爲狀元，止授秦州司理參軍。嘗以公事忤知州路沖，沖怒，禁之於獄。然則當時狀元所授之官既卑，且不爲長官所禮，未至如後世榮進素定，要路在前之說也。』（通考卷三十一）

（2）高第之出身

至太宗時，則一反前所爲，甚重高第。太平興國二年（西九七七）始命甲乙第一進士及九經，皆授將作監丞，大理評事，通判諸州，其餘亦從優授官。洪邁曰：

國朝科舉取士，自太平興國以來，恩典始重。然各出一時制旨，未嘗輒同。士子隨所得而受之，初不以官之大小有所祈訴也。太平之二年，進士一百九人，呂蒙正以下四人得將作丞，餘皆大理評事，充諸州通判。三年七十四人，胡旦以下四人將作丞，餘並爲評事，充通判及監當。五年一百二十一人，蘇易簡以下二十三人皆將作通判。八年二百三十九人，自王世則以下十八人以評事知縣，餘授判司簿尉。未幾，世則等移通判簿尉，改知令錄。明年並選守評事。雍熙二年，二百五十八人，自梁顥以下二十一人，纔得節察推官。端拱元年二十八人，自程宿以下但曾會至得光祿丞，直史館，而第三人姚揆但防禦推官。淳化三年，三百五十三人，孫何以下，二人將作丞，二人評事，第五人以下皆吏部注擬。咸平元年，孫僅但得防推。二年孫暨以下，但免選注官。蓋此兩榜眞宗在諒陰，禮部所放，故殺其禮。及三年，陳堯咨登第，然後六人將作丞，四十二人評事，第二甲一百三十四人，節度推官軍事判官，第三甲八十人，防團軍事推官。（容齋隨筆卷十三）

故宋史選舉志曰：『宋興六十有二載，天下乂安。時取才唯進士諸科爲最廣，名卿鉅公皆由此選。而仁宗亦嚮用之。登上第者，不數年，輒赫然顯貴。……仁宗之朝，十有三舉，進士四千五百七十人。其甲第之三人，凡三十有九。其後不至於公卿者五人而已。』（宋史卷一五五）於此可知高科之重。但自仁宗嘉祐三年（西一〇五八）起，以科擧旣有恩數，而高第之人驟顯，欲稍裁抑，於是嘉祐四年之制，『前三名始不爲通判，第一人才得評事簽判，代還升通判，又任滿始除館職。王安石爲政，又殺其法，恩數旣削，得人亦衰矣。』（容齋隨筆九高科得人條）然至高宗建炎，復漸侈重。建炎二年（西一一二八）『賜正奏名李易以下四百五十一人進士及第。進士出身同學究出身。同出身第一人爲左宣敎郎，第二第三人左宣義郎，第四第五人左儒林郎。第一甲第六名以下並左文林郎。第二甲並左從事郎，第三甲以下並左迪功郎。……孝宗隆興元年（西一一六三）御侍第一人承事郎，簽書，諸州節度判官。第二第三人文林郎，兩使職官，第四第五人從事郎，初等職官。第六人至第四甲並迪功郎諸州司戶簿尉。第五甲守選。乾道……二年（西一一六六）御試始推恩登極，第一名宣議郎，第二名與第一名恩例。第三名承事郎。第一甲賜進士及第並文林郎，第二甲賜進士及第並從事郎，第三第四甲進士出身，第五甲同進士出身。』（以上皆出宋史卷一五六選擧志二）宋之出身授官，大致如此。案唐時明經進士，初除不過縣尉主簿，入宋太平興國以後，其始則授將作監，大理評事，通判等，兩兩相較，高下顯然。此科擧之所以能驅天下士人於一途也耶。

（3）制科恩科之出身

宋初制科出路，易於正科。宋葉少蘊避暑錄話卷下曰：『故事制科，必先用從官二人舉上其所爲文五十篇，考於學士院，中選而後召試。得召者不過三之一，……卽用爲崇文館編校書籍，遂見進用，不復更外任，蓋猶愈於正科也。』此殆如明清之授翰林館職。魯平言舉制科之狀曰：『宋初以來……設制科，……有官者舉賢良方正，無官者舉茂材異等。……皆自投牒，獻所著文論，差官考校，中者召詣閣下，試論六首，及中選則於殿庭試策一道，五千字以上，其中選者不過一二人，然數年之後，卽爲美官。』（涑水紀聞卷三）仁宗嘉祐三年（西一〇五八）以高第之人驟顯，欲加裁抑，遂詔曰：

自今制科入第三等，與進士第一除大理評事，簽書，兩使幕職官，代還升通判。再任滿，試館職。

制科入第四等，與進士第二第三，除兩使幕職官，代還改次等京官。

制科入第五等，與進士第四第五，除試銜知縣，代還遷兩使職官。鎖廳人視此。（宋史選舉志一）

是制科出身，仍居進士之上。然宋之得才，多由進士，而以是科應詔者少。惟召試館職，及後來博學宏詞而得忠鯁文學之士，或起之山林，或取之朝籍，召之州縣，多至大川焉。如蘇子瞻兄弟，李中書邦直，孫翰林巨源，皆卓然較著者，然終宋之世制科無入一二等者，蓋靳之也。

至於特奏名恩科之出身，則居進士下。初以進士累舉推恩，特召庭試，已而唱名次，第賜進士，或同學究出身。或試監主簿，諸州文學長吏，四門助教，諸州助教等職。孝宗隆興元年（西一一六三）特奏名第一名賜進士出身，除諸州教授，第二第三名賜同進士出身，是特奏名恩例之出身，居正奏名下也。時有進士累舉推恩，「憐其老而無成，遂捐一官與之。」（卻掃編卷上）朝野類要卷二曰：『有因納粟賑糶，及助邊者，俗謂之買官，』是捐官買官之制，並行於宋矣。

三、待遇與特權

(1)狀元待遇

宋初狀元，與進士無異，甚或爲人所輕視。至後則刮目相待。燕翼貽謀錄卷二曰：『舊制進士貢選，同唱第人，皆自備錢，爲鞍馬費。而京師游手之民，亦自以鞍馬候於禁門外，雖號廷魁，與衆無以異也。大中祥符八年二月戊申，詔進士第一人金吾司差七人導從兩節前引，始與同列特異矣。』且宋初狀元不但與同列無異，甚至爲人所輕視，如王嗣宗爲狀元，出外補官。時地方官吏种放召其諸姪出拜嗣宗，嗣宗坐受之。放怒曰：『……君以手抑狀元耳，何足道也。』（涑水紀聞卷六）其所以如此者，蓋由宋初評定狀元之隨意也。此後狀元賜紫袍，金帶，靴笏，『注授畢，各歸鄉里本州，立狀元額牌於所居之側，以爲榮耀。州縣亦皆迎迓設宴慶賀。』（夢粱錄卷三）其所推崇者至矣。

（2）進士待遇

唐重進士，而宋尤重之。故宋人以進士爲宰相科，進士與明經較，迥然不同。沈括曰：『禮部貢院試進士日，設香案於階前。主司與主人對拜，此唐故事也。所設坐位，供帳甚盛。有司具茶湯飲漿。至試學究，則悉徹帳幕，氈席之類，亦無茶湯。渴則飲硯水，人人皆黔其吻，非故欲困之，乃防氈幕及供應私傳所試經義。蓋嘗有敗者，故事爲之防。歐文忠公有詩：「焚香禮進士，徹幕待經生，」以爲禮數重輕如此，其實自有謂也。』（夢溪筆談卷一）呂祖謙亦云：『到得本朝待遇不同。進士之科，往往皆爲將相。皆極通顯。至明經之科，不過如學究之類。常時之人，謂之焚香收進士，瞋目待經生，纔設進士試時，有拜跪之禮。纔到明經試時，則設棘監守，惟恐他傳議。』（歷代制度詳說卷一）明經進士待遇之不同，有如此者。餘外賜御詩，袍笏，賜聞喜宴，賜期集錢等，皆與狀元同，此種小節亦關掌故也。

太宗興國二年，親試諸科，凡五百餘人，皆賜袍笏，賜宴開寶寺，此爲一班待遇。其他各種儀節，凡屬廷試，相差無幾，不必多述。惟有一事，係共同待遇，而含有科舉出身人員之特權意味者，即爲贖罪之制。王栐曰：

（3）一般待遇與特權

舊制士人與編氓等，大中祥符五年（西一〇一二）詔貢舉人曾預省試，公罪聽贖。而所贖止於公罪徒。其後私罪杖，亦許贖論。（燕翼貽謀錄卷二）

案此事選舉志列於景德五年（西一〇〇八）宋史眞宗紀卷八有「詔貢舉人公罪聽贖」一語，列於景德四年。查景德止四年，疑志誤。紀雖列於四年，當以宋王栐之言爲可信，故從之。又贖罪之制，「初限於公罪徒」，繼展至「私罪杖」。後世士人有秀才資格，便可橫行鄉里，魚肉小民，造成特殊階級者，自五代及宋，已見其端倪。故稱之爲特權。

戊　得失略評

宋朝考試之得失，如剷除階級，造就人才，減少禍亂，結成朋黨，以及不重實際等，皆與唐代相彷彿。前章因唐代爲眞正考試之始，故言之較詳。在此節中，凡相同之得失，不再詳述。惟擇其特異之點，及本身制度，加以考察而已。

一．其爲得者

（1）罷帖經墨義開經學之新生命

宋代科舉，最足稱者，殆即帖經墨義之停罷。唐代經學雖發達，要皆拾漢人牙慧，墨守注疏，少有所見。五代承之，經學文藝，皆無足道。入宋范仲淹請罷帖義，闡大義。王安石更澈底實行之。於是士人別開門徑，注重理解，講求微言大義，發揮個人心理。乃一面爲儒學之昌明，一面爲理學之嚆矢。中國學術思想之發達，先秦諸子而外，當以宋爲最。如周，程，張，朱，陸；派別雖多，然各有精審之見。其所以然者，殆由人主之獎進，而獎進之工具，即科舉也。科舉促進經學之發達，即罷帖經墨義也。或謂帖經墨義罷後，專行王安石之三經新義，是反加以束縛，何能爲之督促。應之曰：督促之法有二，一爲正面，一爲反面。安石罷帖經墨義，雖其時敵黨如司馬光等，無不稱是；但責其不當以一家之言，掩先儒之耳目。故經義與詞賦，雖幾經反復，而帖經從未再行。由此解放，士人可別開生面，研究經義；此正面督促也。由不滿安石之經義，而再加研究，此反面督促也。如蘇洵應試不第，歸而悉焚其文，閉戶讀書；朱熹乃科舉中人才，以不滿考試制度（從貢舉私議中可知）而思有所改造，有所著述。此其著者也。是帖經墨義之罷；間接成經學之發達，昭然明甚。

(2)考試重策論令散文生光輝

宋自神宗熙寧三年，以策論取士，其後因之，少有變動。唐以詩賦取士，故唐代文學，以詩賦見稱；宋以策論取士，故宋代文學，以散文見長。中國論理之文，當以宋爲最佳。如司馬光歐陽修王安石以及三蘇二程等人之作，皆稱精密，立言有本，發論有據，精密簡括，難以駁詰。故以散文之精良，連及史學之發達。如新舊唐書，新舊五代史，資治通鑑以及紀事本末等，皆如一氣呵成，絲毫不亂。中國史學著述之多，體例之宏，亦當以宋爲最著。餘外宋初以詩賦取士，後以詞賦取士，復立宏詞科，故宋代之詞，亦卓然可觀者也。

(3)殿試覆試可減少請託之弊

嘗觀唐人雜記小說之類，紀關節交通之事，幾於俯拾卽是。宋之小說，殆少見焉。推其原因，在殿試覆試之盛行，及主司連坐之法。以此考官權貴，不敢公然舞弊。學士平民，得有進升之機。石林葉氏曰：『國初貢舉法未備，公卿子弟，多艱於進取，蓋恐其請託也。范杲魯公之兄子見知陶穀竇儀皆待以甲科。會有言世祿之家不當與寒畯爭科名者，遂不敢就試。李內翰宗諤已過省，以文正爲相，唱名疾辭，不敢入，亦被黜。文正罷相，方再登科。天禧後，立法有官人試不中者，皆科以私罪。』（石林燕語卷五）故當時『有以翰林學士之子，而令覆試者，陶穀之子邴；有以宰相參政之子弟，而皆罷之者，李昉之子宗諤，呂蒙正之弟蒙亨；有以升黜未公，而再行考試者（王付等言）；有以取舍未當至擊鼓自陳者（徐士廉）；有以賦落韻而特取之者（李迪）。』（見續通典卷二十一、章如愚言。）故宋太祖嘗對近臣曰：「昔者科名多爲勢家所取，朕今臨試，盡革其弊矣。」（選舉志卷一）然宋考試之得才，以仁宗時爲盛。其對考試之整嚴，亦以仁宗爲最。宋朱弁曰：『仁宗對於科舉，尤軫聖慮，孜孜然唯恐失一寒畯也。每至廷試之年，其所出三題，有大臣在三京與近畿州郡者，多密遣使往取之。然猶疑其或泄也。如「民監」本是詩題；「王者通天地人」本是論題；皆臨時易之。前代帝皇間有留意於取士，然未有若是者也。』（曲洧舊聞卷一）

(4)以考試之得人與忠義之士

專制君主行考試，本在羅致人才，羈縻人心，以求減少禍亂。羈縻得法，甚能造出忠君愛國之士。宋之羈縻政策，盛於太宗眞宗。自後歷主相仍，忠正之氣，磨礱天下。故汴京既陷，猶能支撐江南半壁之天，李綱宗澤岳飛張浚之倫，義膽忠肝，堅如金石。及夫國祚沉淪，四方之義士，仍繼起不絕。而宋亡死事之臣，若文天祥謝枋得陸秀夫三人，皆出自宋理宗寶祐四年一榜也。（參寶祐四年登科錄）迄今讀文信國之正氣歌，謝枋得之却聘書，其有不感激自興者乎。

二、其爲失者

既言考試之利竟，當進述其所以爲失。大略論之，可得四點：

（1）科場多弊端

宋之考試方法，較唐精密；然士人舞弊，亦較進步。據宋史新編（卷三四）所載，科場之弊，有（一）傳義，（二）換卷，（三）易號，（四）卷子出外，（五）謄錄滅裂。又據宋史選舉志二，有程文雷同，一字不差者。原因在考官受賄，或授暗記，或與全篇分傳謄寫。或因老儒賣文場屋，一人傳十，考官不加參稽。此外有冒名等第：如各私自換易而互牒者；有自投子弟非才，牒同姓之僞茂，利其假手者。有文業素乏，執格法以求牒，轉售同姓以謀利者；有父兄沒而竊代其名；或同族物故而塡其籍者。仁宗慶曆三年（西一〇四三）歐陽修論舉館閣之職劄子，其略曰：

臣竊見近年風俗澆薄，士子奔競者多，至有偷竊他人文字，干謁權貴，以求薦舉，如丘良孫者。

又有廣費資財多寫文冊，所業又非絕出，而惟務干求勢門，日夜奔馳無一處不

到，如林概者。（歐陽文忠公集卷一百一）

其在嘉祐二年，條約舉人懷挾文字劄子，言之更詳。詞曰：

近年舉人，公然懷挾文字，皆是小紙細書，抄節甚備。每寫一本，筆工獲錢二三十千。亦有十數人共斂錢一二百千，雇請一人，虛作舉人名目，依例下家狀，入科場，只令懷挾文字。入至試院，其程式，則他人代作。事不敗，則賴其懷挾，共相傳授。事敗，則不過扶出一人。既本非應舉之人，雖敗，別無刑責，而坐獲厚利。（卷百十一）

總上以觀，科場之弊，畢見於宋矣。宋之考試方法頗嚴，而罰規甚輕。觀廿二史劄記卷二十五宋科場處分之輕條，可以明悉。

（2）試藝少實用

帖經墨義之無用，已爲人皆知。請言詩賦：司馬光起請科場劄子曰：『……至於以詩賦論策試進士，及其末流，專用律賦格詩，取捨過落，摘其落韻失平側偏枯不對，蜂腰鶴膝以進退。使天下士不問其賢不肖，……苟程式合格，不廢高第。……是致舉人專尙辭華，……懷挾剿剽，以取科名。』（温公文集卷五十二）是詩賦無用矣。請言策論：蘇軾議學校貢舉狀曰：『近世士人，纂類經史，綴緝時務，謂之策括；待問條目，搜抉略盡。臨時剽竊，竄易首尾，以眩有司。……其弊有甚於詩賦者矣。」（蘇東坡文集奏議卷九）夫策論無用矣。請言制科六論：葉少蘊曰：「制科六論，以記問爲主。……中選後，往往即忘之。蓋初但熟記耳。吳正肅公登科，爲蘇州簽判，主失心幾年，醫餌以一醉膏乃差。暮年復作，遂不可治。」（避暑錄話卷上）蘇軾擬進士對御策曰：「……今始以策取士，而士之在高科者，多以諂諛得之。」（東坡文集卷三）是策論亦無用矣。請言經義：葉氏石林曰：「熙甯以前，以詩賦取士，學者無不先徧讀五經。……自改經術，人之教子者，往往便以一經授之；他經縱讀，亦不能精。其教之者，亦未必能皆讀五經，故雖經書正文，亦率多遺誤。」（石林燕語卷八）是詩賦策論經義皆無用矣。故王安石曰：「課試之文章……大則不足以用天下國家，小則不足以爲天下國家之用。……及使之從政，則茫然不知其方者皆是也。」（荆川先生集卷三十九）朱熹亦曰：「朝廷州縣每有一事之可疑，則公卿大夫百吏愕顧相望，而不知所出。」（朱子文集卷十三）從此知試藝少實用矣。

（3）市恩之風

宋代人主市恩，輒在特奏名恩例。哲宗元祐初，知貢舉蘇軾孔文仲言，「每一試進士，諸科及特奏名約八九百人。……文許例外遞減一舉，則當復增數百人。此曹垂老無他望，布在州縣，惟務贖貨，以爲歸計。（有或因循不學、欲積舉以應令、廢弛苟且、寖以成風。通考三十一）前後恩科命官，幾千人矣。何有一人，能自奮厲，有聞於時。而殘民敗官者，不可勝數。……所至州縣，舉罹其害。乃即位之初，有此過舉，謂之恩澤，非臣所識也。』（宋史卷一五五）

（4）朋黨之見

宋之朋黨，見於科舉者，不在應試之人，而在主試之官。皆是一朝天子一朝人，同己者取，異己者黜，如王安石秉政，則專行三經新義與所撰字說，洪範，及王雱論語孟子義。陳公輔秦檜等人專政，則斥王程之學。寧宗慶元初，韓侂胄用事，則黜道學。其時葉翥劉德秀知貢舉，文稍涉性理者，悉皆黜落焉。

第三章　遼金元之考試制度

遼金元皆爲異民族，其採行考試之動機，多爲收買民心籠絡漢人，民族之念固深若鴻溝；國家要職，亦皆本國人任之。然以金元翻譯漢籍，各令契丹蒙古人習之，至若干年後，令與漢人同考，以免漢人獨占鰲頭，致貽文化落後之譏。考其初衷，所謂迻譯漢籍，殆在保存本國文化；同時略習中國文化，俾充統治宰割之資。不料結果反被漢人同化，雖曰儒術之效，亦科舉爲之樞紐。蓋不由科第出身而居高位者，終不免於羞愧也。今統爲一章述之。

甲・沿革要略

一・遼科舉起源考

遼史不志選舉，故其考試制度不甚明悉。何時採行科舉，言人人殊。今略考之。葉隆禮曰：『太祖龍興漠北之區，倥偬干戈，未有科目。數世後，承平日久，始有開闢制。』（契丹國志卷二十一）續通志曰：

遼初官職，多由帳院所選，不設科舉保薦之法。至景宗保寧八年（西九七六）詔復南京禮部貢院，聖宗統和以後，用唐宋之制取士。（卷一百四選舉略）

是遼科舉之起源，鑒於保寧，而成於統和。但據遼史室昉傳，「昉字夢奇，南京人。…會同初，登進士第。爲盧龍巡捕官。」（卷七九）案會同爲遼太宗年號，元年當西曆九三八，後晉高祖天福三年。時宋尙未立國，遼興亦僅二世，不得云數世後，始有科舉。特初行之無常，其制未備，以後亦不甚重耳。

二．金考試沿革

太宗天會元年（西一一二三）始開科取士。

選舉志：凡諸進士舉人，其設也，始於太宗天會元年十一月，時以急欲得漢士，以撫輯新附，初無定期，亦無定制。（金史卷五十一）

天會五年詔開貢舉取士，分南北選。

紀：五年七月，河北河東郡縣職員多闕，宜用貢舉取士，以安新民。其南進士，各以所業試之。（金史卷三）志：以河北河東初降，職員多闕，以遼宋之制不同，詔南北各因其素所習之業取士，號爲南北選。（金史卷五一）

海陵正隆元年（西一一五六）定取士題及年限。

正隆元年，命以五經三史正文內出題。始定爲三年一闢。（同上）

世宗大定四年，詔進士勿限人數。

大定四年（西一一六四）敕宰臣進士文優則取，勿限人數。（同上）

大定九年設女直進士科。

志：策論進士，選女直人之科也。始大定四年。世宗命頒行女直大小字所譯經書，每穆昆選二人習之。尋欲興女直字學校。……命溫特赫提克德教以古書作詩策，……十一年議行策選之制。至十三年始定每場策一道，以五百字以上成。免鄉試府試，止赴會試御試。其詔京師設女直國子學，諸路設女直府學，擬以新進士充教授，以教士民子弟之願學者。俟行之久，學者衆，則同漢進士三年一試之制。二十年，以圖克坦鎰等教授中外，其學大振。遂定制，今後以策詩試三場。策用女直大字，詩用小字，程式之期，皆依漢進士例。

大定二十八年，女直進士添試經論。

志：二十八年，諭宰臣曰，女直進士惟試以策，行之既久，人能預備。今若試以經義可乎？宰臣對曰，五經中書易春秋，已譯之矣；俟譯詩禮畢，試之可也。上曰，大經義理深奧，不加歲月，不能貫通。今宜於經內姑試以論題，後當徐試經義也。

章宗明昌元年（西一一九〇）初設應制及宏詞科。「金史卷九」

六年，准各以本科人充學官試官。

命擇前經義進士爲衆所推者，才識優長者爲學官。遇差考試官之際，則驗所治經，參用詞賦進士。（選舉志一）

泰和三年〔西一二〇三〕敕漢人司女直司，互換封彌。

志，泰和三年，上以封彌官漯語於舉人，敕自今女直司則用右選漢人封；漢人司則以女直司封。

觀此，可知金代考試爲極端因時制宜，量才施用之制也。

三·元考試沿革

元代種族觀念甚重，對於科舉不甚注意，故時行時罷。述其沿革，可分四期：

(1)試行時期

元太宗九年丁酉秋八月，命摩和納劉中試諸路儒士。（元史卷二）

丁酉年八月二十五日，皇帝聖旨道：……今來名儒凋喪，文風不振，所據民間應有儒士，都收拾見數，若高業儒人轉相教授，攻習儒業，務要教育人材。其中選儒士，若有種田者輸納地稅，買賣者出納商稅，開張門面營運者，依行例供出，差發除外。其餘差發，並行蠲免。此上委令斷事官蒙格得依與山西東路徵收課程所長官劉中遍諸路一同監試，仍將論及經賦詞義分爲三科，作三日程試。專治一科爲一經，或有能兼者，但不失文義者爲中選。其中選儒人，與各處達嚕噶齊管民官，一同商量公事勾當者，隨後照依先降條理，開闢舉場，精選入仕，續聽朝命准此。（廟學典禮卷一）選舉志曰，太宗始取中原，中書令耶律楚材請用儒術選士，從之。九年（西一二三七）秋八月……諸路考試，以經及經義詞賦分爲三科，作三日程，能兼者聽。但以不失文義爲中選。其中選者，復其賦役，令與各處長官同署公事。得東平楊英等凡若干人，皆一時名士。而當世或以爲非便，事復中止。（元史卷八十一）

陶宗儀案：遺山元公好問，所撰廉訪楊文憲公奐墓碑，「太宗即位之十年戊戌開舉選。……」則國朝科舉之設，已肇於此。（輟畊錄卷一科舉）

按元史紀志，俱言太宗九年開科，而輟耕錄引元好問文，謂十年戊戌開科，元史楊奐傳，亦謂「戊戌，太宗詔宣德稅課使劉用之試諸道進士。」（卷一五三）卷一四六耶律楚材傳，又列請行考試之制在九年丁酉；但廟學典禮一書，爲成宗大德間人，雜鈔案牘而成，其謂丁酉年八月二十五日開科，當足據也。豈奏請在九年，而舉行在十年耶？此次行科舉後，議者以爲非便，中止七十七年。至仁宗延祐二年（西一三一五）始復開科。然其中亦經過不少醞釀。

（2）醞釀時期

至元四年（西一二六七）翰林學士承旨王鶚等請行選舉法，……帝曰，此良法也，其行之。中書左三部與翰林學士議立程式。（選舉志一）

至元五年十月，陳祐上三本書，其三曰：

人材治本，選舉之方宜審。……賢俊經綸之士，豈生於曩代，而獨不生於當今哉。顧陛下求之與否爾。……自隋唐以降，迄於宋金，數百年間，代不乏人，名臣偉器，例皆以科第進，……寧復有彼優此劣之間哉。臣愚謂今取士，宜設三科，以盡天下之才，以公天下之用。……須降詔書，布告天下，限以某年開設科舉。

（元文類卷十四）

十一年十一月……省臣復啓，謂去年奉旨行科舉，今將翰林老臣等所議程式以聞，奉旨准蒙古進士科及漢人進士科參酌時宜，以立制度，事未施行。（選舉志一）

二十一年十月，中書省臣奏，皆以爲天下習儒者少，而由刀筆吏得官者多，帝曰，將若之何？對曰惟貢舉取士爲便。蒙古之士，及儒吏陰陽儒術，皆令試舉，……帝可其奏。繼而許衡亦議學校科舉之法：罷詩賦，重經學，定爲新制。事

雖未及行，而選舉之制已立。（同上）

集賢直學士少中大夫臣程文海，至元二十三年二月日奏：…國家自中統建元以來，中外臣僚亦時表表偉傑者，皆自往時故老宿儒，薰陶浸灌而然，歷時既久，以次淪謝。…而主論者恬不知怪，視學校爲不急，謂詩書爲無用，…嘗有旨行貢舉，求好秀才，上意非不諄切，而委人輒陰沮之，應故事而集議，凡幾作輟矣。（廟學典禮卷二）

是新制雖立，仍復中輟，未嘗行也。其後倡議者日多，至仁宗時，始採行科舉。元經世大典禮典貢舉序曰：

以科舉取賢能之士，歷周漢至於唐以來，其目多矣。我太宗皇帝既取中原，即行試選取士之法。至元中嘗議行進士科，（嗣禹案，「十二年，侍讀學士徒單公履，請設取士科，詔與恭懿議之，恭懿言明詔有謂「士不治經學孔孟之道，日爲賦詩空文」，斯言誠萬世治安之本，今欲取士，宜敕有司舉有行檢通經史之士，使無投牒自售，…奏入，帝善之。」元史卷一六四楊恭懿傳）歷大德至大皆有議而未及行。（案續通典卷二一，選舉典雜議論下：有成宗大德年間，中奉大夫王沔上論政事書，有曰「設科舉以收人才」，然亦未見施行。）仁宗皇帝始以獨斷行之。（見元文類卷四十一）

故陶宗儀曰：寥寥七十餘年，而普顏篤皇帝克不墜祖宗之令典，尊號曰仁，不亦宜乎。（輟耕錄卷一科舉）

（3）確定時期

仁宗皇慶二年（西一三一三）冬十月甲辰行科舉。詔天下以皇慶三年八月，天下郡國與其賢者能者，充貢有司；次年二月會試京師。中選者親試於廷。賜及第出身有差。帝謂侍臣曰，朕所願者安百姓，以圖至治；然匪用儒士，何以致此。設科取士，庶幾得眞儒之用，而治道可興也。（卷二五仁宗紀）

延祐二年（西一三一五）三月廷試，賜護都沓，張起巖等五十六人及第出身有差。（選舉志一）

案皇慶三年卽延祐元年。翌歲卽二年，始行廷試放及第人數。是元眞正行科舉，當以延祐二年爲始。太宗十年一次，誠如元經世大典所云，不過「試選取士之法」而已。此後三年一開科，少有間斷。行之二十一年，又復罷之。

順帝至元元年（西一三三五）詔罷科舉（元史卷四十順帝紀）案至元有二：一爲世祖年號，一爲順帝年號。其罷科舉之原因，據元史紀事本末卷八，係初因「徹里帖木兒爲江浙平章，會科舉，驛請考官，供帳甚盛，心不能平，及復入中書省，首議罷科舉。」呂思誠許有壬等力爭無效，乃能之。

元停科舉六年，以翰林學士承旨巙巙之言，復行之。

（4）復興時期

至元六年（西一三四〇）十二月，復科舉取士（元史卷四一）此後行之九次，而元亦隨之亡矣。

總計元朝立國九十八年（西一二七一—一三六八）自始至終，頗無求士誠意。其始也，僅爲具文，至延祐二年方設科，凡行七科，以稍不愜蒙古人之意而罷之。復興迄至元二十六年，凡行九科，計前後十六科，此元代科舉變遷要略也。

乙、考試概況

一．遼

遼考試概況，據葉隆禮所述，三歲一開科，有鄉、府、省三試之設。

鄉中曰鄉薦，府中曰府解，省中曰及第。

程文分兩科：曰詩賦，曰經義；魁各分焉。

三歲一試進士，貢院以二寸紙，書及第者姓名給之，號喜帖。明日舉樂（一作接）而出，及門擊鼓十二面，以法雷震。殿試臨期取旨，又將第一人特贈一官，授奉直大夫，翰林應奉文字；第二人第三人，止授從事郎，餘並授從事郎。

聖宗時，止以詞賦法律取士；詞賦爲正科，法律爲雜科。

若夫任子之令，不論文武，並奏廕，亦有員數。（契丹國志卷二十三）

遼之考試，較早之資料所紀，殆止於此而已，然亦不甚確；如葉氏謂三歲一開科，觀續通考卷三四，從遼史紀所輯出之登科記總目，聖宗統和六年（西九八八）至十八年，多爲每年一開科；十八年以後，至太平五年（西一〇二五）間歲一開科。此後或每年，或間歲，或三歲，或四歲，皆不一定。葉氏謂三歲一開科，或爲道路傳聞，得諸耳食之誤。蓋宋之與遼，若今中國與日本，且隆禮撰是書，爲時已稍後，故其著述，未必可據也。又按遼之試藝，雖有經義詩賦二種，然據遼史紀，聖宗太平九年（西一〇二九），放進士張人傑等二十七人，入朝試以詩賦，皆賜第。興宗重熙五年（西一〇三六），以日射三十六熊賦，幸燕詩，試進士於庭。知遼廷試重詩賦。葉氏謂程文分詩賦，經義，二種；聖宗時止以詞賦法律取士，則太平九年前已罷經義矣。復按遼登科記，每年所放進士，初不過一二人或四五人；道宗以後，進士多者，如清寧五年，百一十五人；少亦七八十人，故知無定額。此外遼亦有制舉，聖宗統和十二年（西九九四），詔貢明經茂才異等，（紀卷十二）道宗咸雍六年（西一〇七〇），詔議賢良科。應是科者，先以所業十萬言進。（紀卷二二）十年，策賢良，天祚乾統二年，亦如之。此亦與宋相彷彿也。

二・金

（1）科目

（一）常科

金設科，……有詞賦，經義，策試，律科，經童之別。……世宗大定十一年（西一一七一），剏設女直進士科。初但試策，後增試論，所謂策論進士也。明昌初，又設制舉宏詞科，以待非常之士。故金取士之目有七焉。其試詞賦，經義，策論，中選者，謂之進士。律科經義中選者，曰舉人。（金史卷五一）

據此知金常科，名分詞賦，經義，策試，律科，經童，女直進士，策論進士，以及宏詞七目，實僅進士舉人二種。其進士之別，有女直進士，策論進士。

策論進士，選女直之科也，始大定四年。（金史卷五一）由此知策論進士，與女直進士，名雖不同，實爲一科。志稱金取士之目有七，乃誤。又前文述世宗大定十一年，剏設女直進士科，此處稱始大定四年，互相牴觸。

案溫迪罕締達傳，「十三年設女直進士科，是歲徒單鎰等二十七人及第。」（金史卷一百五）徒單鎰傳，九年八月，『詔策女直進士，……鎰等二十七人及第。』（金史卷九九）選舉志一，『九年……復策試，得徒單鎰以下三十餘人。』觀此二處所記，皆稱九年策試女直進士科，則非十一年剏設也，明甚。而溫迪罕締達傳，作十三年，亦不足憑矣。

此外選舉志，尙有詞賦進士，經義進士，律科進士等名。大金國志卷三十五，謂「詞賦爲正科，法律爲雜科。」是進士之科，已五別其目。度其用意，大抵進士爲及第之通稱，而以經義詞賦等示其專長；與今之文學士，理學士相彷。法律進士，一稱諸科，一稱雜科，與其他進士有別。而試策一科，熙宗天眷三年，已罷。是金取士科，其常行者，惟經義進士，詞賦進士，女直進士，以及律科宏詞五目而已。總括言之，僅進士與宏詞二科也。

至於舉人二字，唐宋爲應試人之通稱。顧炎武曰，「舉人者，舉到之人也。」（日知錄卷十六）金以律科中選，曰舉人；於是由泛稱而爲一定之名。然與後世舉人猶稍有區別。

（二）制科　金之制科，『有賢良方正，能直言極諫，博學宏詞，達於從政等科，試無常期，上欲行，卽告天下。』（選舉志一）其博學宏詞二科，皆章宗明昌元年所剏者也。

制科以外，『凡廷試五被黜，則賜之第，謂之恩例；又有特命及第者，謂之特恩。恩例者，但考文之高下爲第，而不復黜落。』(選擧志一)案此卽唐宋之恩科與特奏名也。

(2)試藝

金考試程文，有詞賦經義策論。大抵詞賦爲重，經義次之，策論又次之。但詞賦進士亦必試策，律科亦須兼經，使人各有專長，兼有普通知識，此特點一。題目出自經傳子史，於題下注其本文；試卷所用典故，恐考試官一時不能記憶，亦各注其出處，此特點二。今分數項說明之：

(一)詞賦　據李世弼金登科記序，『詞賦之初，以經傳子史內出題，次又令逐年改一經，亦許注內出題，以書詩易禮春秋爲次；蓋循遼舊也。……正隆元年(西一一五六)以五經三史正文內出題，仍與本傳；此詞賦之大略也。』志，凡詞賦進士，試詞賦策論各一道。

(二)經義　經義進士，試賦，詩，策論，各一道。章宗明昌元年(西一一九〇)詔以六經十七史，孝經，論語，孟子，及荀揚老子內出題，皆命於題下注其本傳。又論有司曰：擧人程文，所用故事，恐考試官或遽不憶，誤失人材，可自注出處。注字之誤，不能塗注乙之誤。六年，『言事者，謂學者率恃有司注本傳以示之，故不勉讀書，乞減子史注本傳之制。……遂命……進士，題注本傳，不得過五十字，經義進士，御試第二場，試論日，添試策一道。』（選舉志二）

凡經：易則用王弼韓康伯注，書用孔安國注，詩用毛萇注，鄭玄箋；春秋左氏傳用杜預注，禮記用孔穎達疏，周禮用鄭玄注，賈公彥疏；論語用何晏集注，邢昺疏；孟子用趙岐注，孫奭疏；孝經用唐玄宗注，史記用裴駰注，前漢書用顏師古注，老子用唐玄宗注疏，荀子用楊倞注，此經書之大略也。

（三）律科制舉及宏詞試藝　律科進士，以律令內出題，府試十五題，會試每場十五題，三場共通三十六條以上，文理優，擬斷當，用字切者，爲中選。章宗即位，有司言律科，只知讀律，不知教化之源，可使通治論語孟子，以涵養其氣度；遂令自今舉後，復於論語孟子內，試小義一道。

制舉先投所業策論三十道於學士院，經子史內出題。一日試論三道，如可；則廷試策一道。

宏詞科試詔誥，章表，露布，檄書，皆用四六。誡，諭，頌，箴，銘，序記，則於古今體，或參用四六；此蓋純沿宋舊也。

以上皆摘錄金史選舉志一，間參據大金國志卷三十五。各科所試，尤重書法，凡作字點畫偏旁微誤者。皆曰雜犯；可知其對書法之重矣。

（3）考試程序及時期

凡諸進士舉人，由鄉至府，由府至省，及殿廷凡四試。三年一開科，鄉試三月二十日，府試八月二十日，會試次年正月二十日，御試三月十二日。每科皆二場，每場間三日。章宗明昌元年（西一一九〇）罷鄉試，僅餘三試。其府試，即明清之鄉試；會試即唐宋之省試。而會試之名，始見於此，元明皆因之。

以上所述，關於金之考試制度，或可得一概念。其有不足者，以金登科記序補之、蓋亦述其大概而已。按金登科記已亡，惟序獨存。四庫提要謂僅見於玉堂嘉話，而春明夢餘錄亦有之。因備錄之如後。惟其中所述，多與金史志抵觸，間亦有錯誤之處，今以材料缺少，不能悉從。又以二說無旁證，亦難遽定是非，故加注其中，願讀者細參之。

附李世弼登科記序

……金天會改元，始設科舉。有詞賦，有經義，有同進士，有同三傳，有同學究，凡五等。（案後三等不見金志。本序後文亦僅言詞賦經義，而未言此三等。） 詞賦於東西兩京，或蔚朔平顯等州，或凉庭試。試期不限定月日，試處亦不限定府州。詞賦之初，以經傳子史內出題。次又令遂年改一經，亦許注內出題。以書詩易禮春秋爲次，蓋循遼舊也。至天眷三年，析津府試；迨及海陵天德三年，親試於兩京，貞元二年，遷都於燕，自後止試於析津府，收遼宋之後。正隆元年，以五經三史內出題；明昌二年（金志作元年）改令五經子史內出題，仍與本傳；此詞賦之大略也。

經義之初，詔試眞定府，所放號七十二賢榜，迨及蔚州析津，令易書禮春秋，專治一經內出題，蓋循宋舊也。天德三年罷，（案正隆二十八年又復之） 此經義之大略也。

天眷三年，令大河已南，別開舉場，謂之南選。貞元二年，遷都於燕，遂合南北通試於燕。正隆二年，（金志作元年）令每二年一次開闢。（金志作三年一開，以續通攷考之，當以三年爲是。）立定程限月日，更不擇日，以定爲例。府試初分六路，次九路，次十路，此限定月日分格也。

天德二年，詔舉人鄉府省御試中第。明昌三年，罷去御試，（案志明昌元年，罷鄉試。此謂罷御試，殆誤。）止三試中第。府試五人取一名；合試（案合爲會誤）依大定間例，不過五百人。後以舉人漸多，會試四人取一名；得者常不下九百人，御試取奏旨，（案前稱罷御試，此處又有御試，並無鄉試，顯然誤。）此限定場數人數額也。自天會二年，析津放第於廣陽門，一僧寺門上唱名。至遷都後，命宣陽門上唱名，後爲定例，此唱名之格也。

明昌初，五舉終場人直付御試，不中者，別作恩榜，賜同進士出身。會元御試不中者，令榜末安插；府元被黜者，許來舉直赴部。初，貞佑三年，終場人年五十以上者，便行該恩，此該恩之格也。

大定三年，孟宗獻四元登第，（案四元登第，往古來今，皆無所聞。元楊元誠山居新語，謂自宋至元，稱三元者，王巖叟一人而已，亦未聞有登四元者。） 特授奉直大夫，第二第三人授儒林郎，餘皆從事郎，後不得爲例。明昌間，以及第者多，第一甲取五六人，狀元授十一官，第三人授九官，餘皆授三官。此授官之法也。進士第一，任丞簿軍防判，第二任縣令，此除授之格也。……

庚子歲，季秋朔日，東原李世弼序，（見元王惲玉堂嘉話，又見明孫承澤春明夢餘錄卷四一）案以序中年代考之，此庚子歲，卽宋理宗嘉熙四年（西一二四〇）時金亡後七年也。

三・元

(1)考試概況

元代考試概況，仁宗皇慶二年始頒布科場條例。今全錄之。

(一)科場每三年一次，開試舉人，從本貫官司，於路府州縣學，及諸色戶內推舉，年及二十五以上，鄉黨稱其孝悌，朋友服其信義，經明行修之士，結罪保舉以禮敦遣，貢諸路府，其或徇私濫舉，並應舉而不舉者，監察御史，肅政廉訪司，體察究治。

(二)考試程式

蒙古色目人

第一場經問五條，(大學論語孟子中庸內設問。義理精明，文詞典雅，爲中選；用朱氏章句集注。)

第二場策一道，(以時務出題，限五百字以上。)

漢人南人

第一場明經

經疑二問，(大學論語孟子中庸內出題，幷用朱氏章句集注。復以己意結之，限三百字以上。)

經義一道，(各治一經，詩以朱氏爲主、尚書以蔡氏爲主、周易以程氏朱氏爲主。以上三經、幷用古注疏、春秋許用三傳及胡氏傳。禮記用古注疏，限五百字以上，不拘格律。）

第二場古賦詔誥，章表內科一道，（古賦詔誥用古體、章表參用古體四六。）

第三場策一道，（經史時務內出題，不矜浮藻，惟務直述，限一千字以上。）

（一）蒙古色目人，願試漢人南人科目，中選者，加一等注授。

（一）蒙古色目人，作一榜，漢人南人作一榜。第一名賜進士及第，從六品；第二名以下及第二甲皆正七品；第三甲以下，皆正八品；兩榜並同。

（一）流官子孫蔭敍，並依舊制，願試中選者，優陞一等。

（一）在官未入流品之人，願試者聽。若中選已有九品以上，資級比附一加高一等注授。若無品級，止依試例，從優銓注。（元婚禮貢舉考）

至於科目，仁宗皇慶二年，專立德行明經科，但未見明經進士之文。其會試及第，統稱進士，是已有科無目。若夫制舉，不詳元志。其見於紀，而類於制舉者，僅如下文而已：

世祖中統二年（西一二六一）三月，命宣撫司官，舉文學才識，可以從政，及茂才異等，列名以聞。（元史卷四）至元十三年（西一一七六）二月，詔凡山林隱逸名士，仰所在官司，具名以聞。（元史卷九）

時江南初平，故有是詔。其後十八年，詔亦如之，不復贅。

至元二十三年（西一二八六）三月，遣侍御史程文海，訪求江南人材，（卷十）二十八年三月日，命鄂勒哲依爲右相，將到聖旨政條內一款，南方儒人，若有隱逸德行文章政事可取者，其依內郡體例，各路歲貢一人，朝廷量材錄用。（廟學典禮卷三）

仁宗延祐元年（西一三一四）正月，敕各省平章爲首者，及漢人省臣一員，專意訪求遺逸，先以名聞，而後致之。（元史卷二五）

此蓋純係羅致人才，以爲英雄入彀之術。『而權豪勢要之官，每納奔競之人，辛勤歲月，輒竊士祿，所得資品，或居士人之上，懷材抱器之賢，恥於並進，甘隱山林而不起。』（洪武三年詔語，見弇山堂別集卷八一）故元英宗治平三年（西一三二一）命搜訪山林隱逸之士。然應詔者罕有聞焉。

（2）考試時期

上段略述考試概況，尙未言時期，今據元典章禮部四，卷三十一加以補充。鄉試：八月二十日第一場，二十三日第二場；蒙古色目漢人南人同，二十六日第三場，止試漢人南人。會試省部：依鄉試例，於次年二月初一日試第一場；初三日第二場；

初五日第三場。（後或改爲二月中旬，至順元年，仍用舊制。）御試：三月初七日，於殿廷考試，僅試策一道，限千字以上成；蒙古色目人時務策一道，限五百字以上成。考試日期，間有一二例外，不必細究。

（3）鄉試省分及名額分配表

元鄉試行省十一，宣慰司二，直隸省分四，合取三百人赴會試。今列表明之，表中區域，前四處卽直隸，後二處卽宣慰司，餘爲行省。取材於元婚禮貢舉考；元典章及選舉志，大略皆同也。

區域／民族	蒙古人	色目人	漢人	南人
大都	十五	十一	十一	
上都	六	四	四	
河東	五	四	七	
東平	五	四	九	
山東	四	五	十一	
眞定	五	五	九	
河南	五	五	五	七
四川	一	三	二	
甘肅	三	二	五	
陝西	五	三	一	
嶺北	三	二	二	
遼陽	五	二	二	
雲南	一	二	一	
征東	一	一		
湖廣	三	七		十八
浙江	五	十一		二八
江西	三	六		二三
總計	七五	七五	七五	七五

觀此表，可知其一，蒙古與色目分布之廣，幾於中國各省，無不有其蹤跡。其二，南人待遇之低，湖廣江浙等省，皆不能以漢人資格入選。此蓋因江南人士，反對蒙古人甚烈。故科舉亦加抑壓也。

丙・考試規程

一・遼金

遼史不志選舉，又無其他文獻，故其考試規程，知之甚少。所可述者，惟

聖宗統和七年（西九九〇）禁舉人匿名飛書，謗訕朝廷。（遼史紀卷十二）

興宗重熙十九年（西一〇五〇）詔醫卜屠販奴隸及悖父母或犯事逃亡者，不得舉進士。（遼史紀卷十九）

天祚帝乾統二年（西一一〇二）十一月戊戌，禁商賈之家應進士舉。（遼史紀卷二十七）

至於金，則事例較多，今分數項述之。

（1）不得應試之人

據金史選舉志一，凡犯十惡姦盜者，不得應試。樂人不得舉進士，而免奴爲良則許之。其後泰和元年又詔良人不得應諸科舉，而其子孫則許之。所謂良人，即倡優之家，及配隸諸色之祖，曾經免爲良者。

（2）搜檢關防之法

金搜檢法，有二特點：其一遣不識字軍人，監試科場。其二爲舉子製衣服，使入場時換之，一免懷挾之弊，二免搜檢之煩。

凡監檢之制，大興府則差武衛軍。餘府則於附近明安內差摘。平陽府則差順德軍。

凡府會試，每四舉人，則差一人。復以官一人彈壓。御試策進士，則差弩手及隨局承應人。漢進士則差親軍人各一名，皆用不識字者，以護衛十人，親軍百人長，五十人長，各一人巡護。

泰和元年（章宗年號西一二〇一）省臣奏，搜檢之際，雖當嚴切，然至於解髮袒衣，索及耳鼻，則過甚矣。豈待士之禮哉？故大定二十九年（西一一八九）已嘗依前故事，使就沐浴。官置衣，爲之更之。旣可防濫，且不虧禮。上從其說，命行之。（選舉志一）

又有封彌謄錄監門之類。（大金國志卷三十五）

此外科場規不明，不敢妄述。

（3）考試官吏

（一）府試　凡考試官大定間府試六處，各差詞賦試官三員，策論試官二員。明昌初，增爲九處路，各差九員，大興府則十一員。承安四年，又增太原爲十處，有司請省之，遂定策論進士，女直經童千人以上差四員。五百人以上三員，不及五百人二員，各以職官高者一人爲考試官。詞賦進士，與律科舉人，共計三千以上五員，二千四員，不及二千三員。經義進士，及經童舉人，千人四員，五百人以上三員，百人以上二員。不及百人以詞賦考官兼之。後又定制，策論試官，上京咸平東平各三員；北京西京益都各二員，律科監試官一員，試律官二員，隸詞賦試院。經童試官一員，隸經義考試院。與會試同。其封彌，並謄錄官，檢搜懷挾官，及修治試院，監押門官，均如會試之制。大定二十年，上以往歲多以遠地考試不便，遂命差近者。

(二)會試　凡會試知貢舉官，同知貢舉官，詞賦則爲十員。承安五年爲七員，經義則六員。承安五年省爲四員。詮讀官二員。泰和三年（章宗年號西一二〇三）以封彌官漢語於舉人，勅自今女直司則用右選漢人封，漢人司則以女直封。宣宗貞祐三年，以會試賦題已曾出而有犯格中選者。復以考官多取所親，上怒其不公，命究治之。

(三)御試　凡御試讀卷官，策論詞賦進士各七員，經義五員，餘職事官各二員，制舉宏詞共三員。

泰和七年（西一二〇七）禮部尚書張行簡，言舊例讀卷官不避親，至有親人或有不敢定其去留，或力加營護而爲同列所疑。若讀卷官不用與進士有親者，讀卷之際，則平心商榷。上遂命臨期多擬，其有親者汰之。

以上皆據金史選舉志，考官案人數分配之制，至此始詳。其女直與漢人互換封彌，亦因時制宜之法也。

(4)取人條例

金初無定額，及格則取，多寡以闕員爲準。後雖有最多數之限，要以人才優劣，應試者之衆寡爲轉移。

世宗大定四年(西一一六四)「詔宰臣進士文優則取，勿限人數。」巴古拉言：國家數世收人，『惟進士之選，最爲重重，不求備數，惟務得賢。其設科始分南北兩選，北選詞賦進士，擢第一百五十人，經義五十人，南選百五十人，嗣後北選詞賦進士七十人，經義三十人，南選百五十人，計二百五十人。以入仕者多，故員不闕。其後南北通選，只設詞賦科，不過取六七十人。以入仕者少，故縣令闕員也。」上曰『自今文理可採者卽取，勿限人數。』章宗明昌二年(西一一九一)『平章政事守貞言，國家官人之路，惟女直漢人進士得人居多，……近來放進士第數稍多，此舉更宜增取。若會試只以五百人爲限，則廷試雖欲多，不可得也。上乃詔有司，會試毋限人數，文合格則取。』承安二年(西一一九七)宰臣奏，自大定二十五年以前，詞賦進士不過五百人，二十八年以不限人數，取至五百八十六人。先承聖訓，合格則取，故承安二年，取至九百二十五人。律令有四舉經場恩例，若會試取人數過多，則涉泛濫。遂定策論詞賦經義多不過六百人，少則聽闕。泰和二年平章圖克坦鎰等言，大定二十五年至明昌初，率三四人取一；平章張汝霖亦言，五人取一，府試百人中纔得五耳。遂定制，策論三人取一，詞賦經義五人取一，五舉經場年四十五以上，四舉經場年五十以上受恩。

以上皆撮錄選舉志一。從此知金取人條格，文優則取之，不限人數，爲有金一代一貫之精神。案宋司馬光主分路取人；歐陽修主按才錄士，文優則取。而金初南北選，有按路取人之意。後在「不求備數，惟務得賢。」之原則下，有最多數之限，似主歐陽之說而稍變通者也。

二·元

元考試規程，元典章及婚禮貢舉考，言之頗明，今分二節錄之。

(1)考試官吏

元婚禮貢舉考曰：

御試三月初七日，（案元典章作御史試，誤。）前期奏委考舉官二員，（案元典章作考試官）監試御史二員，讀卷官二員，入殿廷考試，每舉子一名，委怯薛歹一人看守。

案「怯薛歹」三字，舊元史選舉志作「袞台」。新元史，元史新編等書，皆作「怯薛歹」，蓋爲譯音不同也。其意義據經世大典入官部序：「親近莫若禁衛之臣，所謂怯薛者，」（見元文類卷四十）是卽宮中宿衛，或卽元主護兵也。其考試官之選擇法：

行省與宣慰司鄉試，有行臺去處，行省官行臺官，一同商議選差。如不拘廉訪司去處，行省官與監察御史選差。山東河東宣慰司，眞定東平路，同本道廉訪使選差。上都大都從省部選差。在內監察御史，在外廉訪使官一員，監試。每處差考試官同考試官一員，幷於見任幷在閑，有德望文學常選官內選差。彌封官一員，謄錄官一員。選廉幹文資正官充謄錄。試卷幷移行文字，皆用朱書寫。仍須（元典章作頒，誤。）設法關防，毋致容私作弊。

省部會試省選委知貢舉，同知貢舉官各一員，考試官四員，監察御史二員，彌封謄錄對讀監門等官各一員。

此元考試官吏之員額及其選擇之法也。選舉志所採，多有出入，今不具。

（2）科場條例

元代科場條例，甚爲淸晰，今將中書省所頒布者，錄之。

(一)鄉會等試，許將禮部韻略外，餘並不許懷挾文字，差搜檢懷挾官一員，每舉人一名，差軍一人看守，。無軍人處，差巡軍。

(一)提點擗掠試院廉幹官一員，度地安置席舍，務令隔遠，仍自試官入院後，常川防職，監把外門。

(一)鄉會試彌封謄錄對讀下吏人，於各衙門，從便差使。

(一)試卷不考，格犯御名廟諱偏犯者非，及文理紕繆，塗注乙五十字以上。(案此條意義不明，志無「偏犯者非」四字，末加「不考」二字。)

(一)謄錄所，承受試卷，並用硃書謄錄正文；寫記塗注乙字數，標寫對讀無差，將朱卷逐旋(案志作場)送考試所。如朱卷有塗注乙字，亦皆照寫字數，謄錄官書押，俟考校合格，中選人數已定，抄錄字號，索上元卷，請監試官同試官對號開拆。

(一)舉人試卷各人自備三場文卷，并草卷一十二幅，於卷首書三代籍貫年甲，前期半月於印卷所投納，置簿收，附用鈐縫訖，各還舉人。

(一)就試之日，日未出入場，黃昏納卷，受卷官，送彌封所撰字號彌封訖，送謄錄所。

(一)科舉既行之後，若有各路歲貢及保舉儒人等文字到部，並令還付本鄉應試。

(一)娼優之家及犯廢疾，若犯十惡奸盜之人，不許應試。

(一)舉人於試場內，無得喧嘩；違者治罪，仍殿二舉。

(一)舉人（元典章於人字後，多一舉字。）與考試官有五服內親者，自須迴避，仍令同試官考卷；若應避而不自陳者殿一舉。

(一)鄉試會試，若有懷挾及令人代作程文及代之者，漢人南人居父母喪服應舉者，並殿二舉。

(一)國子監學，歲貢生員，及伴讀出身，並依舊制。願試者聽。中選者於監學合得資品上從優銓注。

(一)別路附籍，蒙古色目，漢人，大都上都有恒產，住經年深者，從兩都官司，依上例推舉就試。其餘冒貫者治罪。（元婚禮貢舉考頁八至九，元典章卷三十一禮部四。）

案元十惡：爲「不孝，不睦，謀反，大逆，謀叛，惡逆，不義，內亂，不道及大不義。」（元典章校補四十二）又案元中書省所定條例，皆參用宋遼金之制，斟酌損益，頗爲得中。明清承用，雖有更定，大略不出乎此。其他見於元史選舉志者，亦復不少。今輯錄之，而歸納爲下列二項。

(3)應試人之罰禁

諸舉人謗毀主司，率衆喧競，不服止約者治罪。

諸舉人就試，無故不冠，及擅移坐次者，或偶與親姻隣坐而不自陳者，懷挾代筆傳義者，並扶出。

諸拆毀試卷首家狀者推治。

諸舉人於試卷書他語者駁放。涉謗訕者推治。

諸舉人於別紙上起草者，出榜退落。

諸試日爲舉人傳送文書，及因而送財者，並許人告。諸冒名就試，別立姓名，及受財爲人懷挾代筆傳義者，並許人告。

退落諸科文內，不得自敘苦辛門第，委謄錄所點檢。如有違犯，更不謄錄，移文考試院，出榜退落。

諸被黜而妄訴者治罪。

(4)考試官吏之罰禁

諸輒於彌封所取問舉人試卷，封號姓名及漏泄者治罪。諸試題未出而漏泄者許人告首。

諸對讀試卷官不躬親而輒令人吏對讀。其對讀訖，而差誤，有礙考校者有罰。

諸謄錄人，書寫不慎，及錯誤，有礙考校者，重示責罰。

諸試卷彌封用印訖，以不成字爲號標寫，仍於塗注乙處用印。

諸官司故縱舉人，私將試卷出院，及祇應人知，而爲傳送者，許人告首。

諸監試官，掌試院事，不得干預考校。

諸試院官在簾內者，不許與簾外官交語。

諸監門官，譏查出入，其物應入者，拆封點檢。

諸色人無故不得入試廳。

諸巡捕及兵役，不得喧擾，及輒試試文，並縱容舉人無故往來。非因公事，不得與舉人私語。

以上皆撮錄選舉志。中國考試規程，至元漸密。然其大要，乃止於此。歷明至清，則不勝其繁。蓋清欽定科場條例，有六十卷之多也。

丁·待遇與出身

遼金元皆爲異民族，科舉之行，本爲奉行故事，牢籠人心，以鞏固國基。李世弼金登科記序曰：「後世所以重科舉者，以維持六經，能傳帝王之道也。」續通考曰：『遼之進士皆漢人，契丹人無舉進士之條。傳載重熙中，耶律富魯舉進士，帝怒其父庶箴擅令子就科目，有違國制，鞭之二百。』(卷三十四)是知科舉純爲籠絡漢人之工具矣。夫如是，對於士人之出身待遇，頗堪注意也。大抵種族觀念，元最重，遼次之，金雖最輕，而不能毫無界線也。

一・遼金士人之出身

遼聖宗統和七年(西九八九)三月，宋進士挈家來歸者十七人，命有司考其中第者，補國子官，餘授縣主簿尉。(案此事續通志列於六年三月，與遼紀不符。)金史選舉志一曰：『遼起唐季，頗用唐進士法取人。然仕於其國者，考其致身之所自，進士纔十之二三耳。』是遼始終不重進士，而宋進士歸附者，亦不過除縣尉主簿而已。其他士人，更可想知。

『金承遼後，凡事欲軼遼世。故進士科目，兼採唐宋之法，而增損之。其及第出身，視前代特重，而法亦密。終金之代，科目得人爲盛。諸宮護及省臺部譯史，令史，通事，仕進，皆列於正班，斯則唐宋以來之所無者，……原其立經陳紀之初，所爲升轉之格，考察之方，井井然有條而不紊，百有餘年，才具不乏。』此金選舉志之敍論也。其制文武選皆吏部主之，凡諸進士舉人，中選則官之。注官之法，狀元及經義進士，女直進士，以及宏詞，恩榜，律科等，各有差異。宋宇文懋曰：

會試榜首曰敕頭，亦曰狀元。分三甲：曰上甲，中甲，下甲。敕頭補承德郎，視南朝之承議。上甲皆賜緋，七年即至奉直大夫，謂之正郎。第二第三人八年或九年。中甲十二年，下甲十五年，不以所居官高卑，皆遷大夫。下甲服綠，例賜銀帶。(大金國志卷三十五)

案此爲天會皇統時科舉之制。大定間，授官稍低；其後更高。選舉志曰：「舊制，狀元授承德郎，(案正七品)以【大定】十四年官制，文武散官皆從下添兩重命，狀元更授承務郎，次舊授儒林郎，(從七品)更爲將仕郎，(從九品)貞元二年，狀元授奉直大夫，(從六品)上甲儒林郎，中甲以下授徵事郎。」(金史卷五二)此狀元之出路也。但狀元必須才德兼茂，方授高官，否則降之。大定十八年，敕狀元行不顧名者與外除。十九年命本貫察其行止美惡。二十二年敕進士受章服後，再試時務策一道，所謂策試者也。內才識可取者籍其名，歷任後察其政，若言行相符，則升擢任使。二十三年，詔令授任奉，一年後，所撰文字無過人者，與外除。觀此，金時狀元品行之砥礪，學識之督促，皆至周至密。惜會勘狀元行止之制，明昌二年已罷。故晚年詔考試詞官作程文時，張行簡乃言令試考試官皆居顯職，擢第後，離筆硯久，難成佳作。倘使此制不罷，或無此弊。

至於經義進士：第一人皆擬縣令。（案金初以詞賦，經義二科取士，故一場兩狀元。章宗承安五年，以詞賦第一爲狀元，經義魁次之。）第二人當除察判，以無闕，遂擬軍判，第二甲隨各人任貫擬爲軍判丞簿。宣宗貞祐三年，經義第一人授儒林郎，第二甲以下徵事郎。

女直進士，大定十一年皆除教授。二十二年，上甲第二人初除上簿，中甲除中簿，下甲下簿。二十五年上甲中首選四重。餘各選兩重。第二第三甲授隨路教授，三十月爲一任，注九品。第三第四注從事軍防判。二十六年，減一資，歷注縣令。二十八年，添試論後，皆依漢人格。是女直進士，當初放官，不比漢人高，且多爲教授；後亦與漢人同等注授，故前言種族觀念，金最輕者此也。

宏詞出身無定格，上等遷兩官，次等遷一官，臨時取旨授之。恩榜以章宗大定二十九年例，女直人遷將仕，漢人登仕，初任教授三十月，任滿依本格從九品注授。律科依正隆元年格，初授將仕郎，皆任司候十年以上，並一除一差。十年外，則初任主簿，第二任司候，第三主簿，十下縣令。三年，制律科及第七年者與關內差使，七年外與關外差。四十年，方除下令。十四年定制，律科及第者授將仕佐郎。十六年特旨以四十年除下令太遠，其以三十二年不犯贓罪者授下令。然亦如蜀道上青天之難矣。

總觀金代出身授官之制，無甚種族界限，且比宋唐爲優。但豈眞無種族界限乎？是又不然。

選舉之外，有奏補法，有世襲法，有封贈法。其奏補法不論文武，有奏補任子，恩如狀元及第。初授承德郎，迨海陵煬王之後，特加一官，授奉直大夫，係從六品，便可蔭兩子。且如蔭子格法，一品蔭七人，立補閤門祇候。二品蔭六人。……其世襲法，世襲千戶，金國深重其賞，非宗室勳臣之家不封。勳臣之家亦止本色人及契丹奚家而已。(大金國志卷三十五)

斯則種族之見，昭然較著也。除此以外，尙有爭功效勞。

凡爭功有六：一曰，川野見陣，最出當先，殺退敵軍。……三曰，爭取船橋，越險先登，……凡帶官一命，昭信校尉(正七品)以上者，初除主簿，及諸司副使(正九品)二十上簿及諸司使。(正八品)……

凡勞效(謂年老千戶移昆也)大定五年制，河南陝西統軍司千戶，四十年以上，擬從七品，……(選舉二)

是皆以祿利驅人作馬牛也。故金史選舉志曰：『宣宗南渡，吏習日盛，苛刻成風，殆亦多故之秋，急於事功，不免爾歟？自時厥後，仕進之歧既廣，僥倖之俗益熾，軍伍效勞，雜置令錄；門蔭右職，迭居朝著，科舉取士，亦復汎濫，而金治衰矣。』（金史卷五一序）

二、元代士人之出身

蒙古入主中原以來，頗存猜忌異族之思想，故分國民爲四等階級；其官人之制亦如之。蒙古人最占優勝，色目人次之，漢人又次之，南人最下。各行政衙門長官，皆以蒙古人爲之長，而漢人南人貳焉。故一代之制，未有漢人南人爲正官者。其待遇之不平等，可想而知。此時雖有考試制度，然用人行政，多不由之。續通考卷三十七曰：『元時用人，多由薦舉；後雖科舉間行，而以徵授官者，正未可一二數。』斯言乃一因也。其他情由，尚不止此。元經世大典入官部曰：

我國家……得中原，……用人之途不一。親近莫若禁衛之臣，所謂怯薛者。然而任使有親疏，……門第有貴賤，……天下未定，介胄之士莫先焉。故攻取有功之士，皆世有其軍而官之。……

繹吏之初，頗由於儒。而所謂儒者，姑貴其名而存之爾。其自學校爲教官顯遷者蓋鮮。……至元以來，數欲以科舉取進士，議輒中止。延祐始力置進士科，三人一取，不及百人爾。世祖皇帝習國學以通語言，其用人略如儒學之制，而加遠矣。（見元文類卷四十）

元史百官志序亦曰：

元太祖起自朔土，……國俗淳厚，非有庶事之繁；惟以萬戶統軍族，……任用者，不過一二親貴重臣耳。及取中原，太宗始立十路宣課司，選儒臣用之。……世祖卽位，登用老成，官有常職，……其長則蒙古人爲之，而漢人南人貳焉。……大德以後，承平日久，彌文之習勝，而質簡之意微。僥倖之門多，而方正之路塞。官冗於上，吏肆於下，……勢固然也。（卷八十五）

又據元統元年（西一三三三年）進士錄，第一名賜進士及第，授承務郎，第二名以下及第二甲，皆承事郎。蒙古色目人第三甲，賜同進士出身，授將仕郎，漢人南人第一甲，賜進士及第，第一名授承務郎，第二名以下及第二甲，皆承事郎，漢人南人第三甲，賜同進士出身，授將仕郎。驟觀此格，似出身甚高，而亦無種族界限，但皇慶二年又規定，凡蒙古由科第出身者，授從六品；色目漢人遞降一等。又定蒙古色目人願試南人科目中選者，加一等注授，是仍不平等也。初，元以江南人士反抗甚烈，故甚恨之。一切待遇，皆不相同。至順帝間，始稍弛其限制。

順帝至正十二年（西一三五二）三月有旨省院臺不用南人，似有偏負，……宜依世祖時用人之法，南人有才學者，皆令用之。自是累科南方之進士，始有爲御史，爲憲司官，爲尚書者矣。（百官志八）

是時江淮兵起，故以是收拾人心。然距元亡，僅十餘年矣。

至元二十六年（西一五六六）廷試進士七十有三人，優其品秩。第一甲授承直郎正六品。第二甲授承務郎從六品。第三甲授從仕郎從七品。國子生員，蒙古七名，正六品。色目六人從六品，漢人七名正七品。……兵興以後，科目取士，莫盛於斯。而元之議科，亦止於是歲。（元史卷九二百官志選舉附錄）

綜觀元之出身，以品級論之，較唐宋遼金爲高。夷考其實，並非崇儒。據廿二史劄記卷三十，元制百官皆蒙古人爲之長一條，終元之世，漢人爲丞相者止史天澤賀惟一二人。樞密屬僚掌權之處，漢人皆不得與。漢人南人廁於廉訪司者，亦僅五分之一也。明黃喻亦曰：『蒙古用人，重吏輕儒。七品文資，選爲省掾；八品流官，選爲令史，公卿多由此進，舞文弄法，殃民甚矣。』（雙槐歲鈔卷五）夫七品文資爲省掾，八品流官爲令史，可知品第之高，純爲籠絡之具，實際授官，甚爲低下也。故選舉志曰：

當時仕進有多歧，銓衡無定制。其出身於學校者，有蒙古字學，囘囘國學，有醫學，有陰陽學。其策名於薦舉者，……有遺逸，有茂異，有求言。……其出於宿衛勳臣之家者，待以不次。其用於宣徽中政之屬者，重爲內官。又陰敘有循常之格，而超擢有選用之科。……其縱情破律，以公濟私，非至明者，不能察焉。是皆文繁吏弊之所致也。（元史卷八一）

元代用人之制，表面雖崇，實際則刻薄限制，如張溥紀事本末卷八所論：「蒙古用人，以國族勳舊貴游子弟爲先，而法不專於科目也，前代之官人選士，合而爲一；元之官人選士，分而爲二。合而爲一者，以士爲官，而學校尊，分而爲二者，官不必士，而徼幸出。怯薛以下，吏道多端，工匠輿隸，崇班高品，即曰好儒，名焉而已。」餘外以下第人充教授，及學正，書院，山長；又設鄉試備榜，恩例等，要其用意在牢籠，非與士人以正當出路也。

三、遼金元對士人之待遇

觀上節，元對士人之待遇，已略可想見；然尙有其他。遼興宗重熙五年，御元和殿放進士馮立等四十九人，賜緋衣銀魚，大宴禮部，賜物有差。是乃普通儀節上之待遇。先是遼聖宗開泰元年，進士康文昭等坐論貢舉私曲，皆杖而徙之。是遼無免刑之待遇。金待士儀節，不必細述；惟大定十七年，敕諸科至下令者免差。（選舉志二）此乃堪注意者。元太宗丁酉九年試行科舉，令「儒人被虜者亦令就試，其中選者，復其賦役，免爲奴者四之一。」（參元史卷一四六耶律材材傳與卷八一選舉志）夫中選而始免奴復賦役，可知其待士之卑矣。宋謝疊山（枋得）集送方伯載歸三山序曰：「我大元制典，人有十等：一官，二吏，先之者貴之也，貴之者，謂有益於國也。七匠，八娼，九儒，十匄（同丐），後之者，賤之也，賤之者，謂無益於國也。嗟乎卑哉，介乎娼之下，匄之上者，今之儒也。」惟謝枋得之言，難免無無種族偏見存乎其間。輟耕錄高學士條曰：「國朝儒者自戊戌（案即太宗十年）選試後，所在不務存恤，往往混爲編氓。至於奉一札十行之書，崇學校，獎秀藝，正戶籍，免徭役，皆翰林學士高公智耀奏陳之力也。」（卷二）據元典章卷三十一，徭役之免，始於蒙古學校。「世祖至元八年（西一二七一）隨路所設教授學，有願充生徒者，與免一身差役。」蓋爲獎勵蒙古人入學也。二十四年，詔儒戶免差役。二十年准江淮等處秀才免雜泛差役。仁宗皇慶元年，又復之。其後科舉盛行，反無所加焉。是知元代以尊儒爲名，而其所優待者亦至僅矣。

戊　遼金元考試之得失異同

以上數節，已將此三朝之考試制度，加以說明。今再比較其異同，并略述其得失。

一、異同

此三朝之考試制度，大抵場數爲二場或三場，此相同者一。除遼制不明外，犯十惡奸盜之人，不許應試，此相同者二。金元皆三年一開科，此相同者三。以軍隊監試舉子，此相同者四。存種族之心，猜忌漢人，此相同者五。

至於異點，則遼有詩賦，經義，及法律三科；金有詞賦，策論，經義等五科；元僅德行明經一科；此科目之不同也。遼金重詞賦，元重經義。金又經傳子史並重，元則專重朱子四書集句，此試藝之不同也。遼開科無定期，取人無定額；金有定期定額，有最多數之限；元則有省區之分，額數之定，此取人之法不同也。遼有鄉荐，府解，及第之名，金有解元，府元，狀元之稱：元僅進士第一之名，而無其他稱呼，此等第之不同也。金試題試卷，皆注出處，元無此制；金考試重書寫，元無此制；金考試官之多寡，以應試人之多寡爲轉移，元無此制；此考試方法之不同也。他如對漢人之待遇，考試條格之繁省等，皆異點也。

二、得失總評

遼金元皆起自漠北，同出游牧。馬蹄所過，廬舍爲墟。文物典章，暗然無睹，其採考試，原爲奉行故事，收買人心，並非尊重儒術。故於人才，罕有注意。遼處偏安無論矣。金佔有長江以北，襲遼之遺烈，席宋之文物，一代人才，僅不過黨懷英趙秉文王庭筠諸人而已。迄元統一中華，輕視漢人南人，而重蒙古色目。考試之舉，時興時廢；致懷才抱德之士，甘隱山林而不起。其時學者談性命心理，不無淺薄之譏；講文字訓詁，則有漫漶之失。一代大儒如金履祥許衡吳澄許謙姚樞等，文亦獨步歐蘇之後塵，而更爲頹下。他如政治舞臺人物，類皆不學無術之徒。元殆爲人才最缺乏之時代，而遼金次之。

然亦有意外之得焉。即一，普及文化。二，得忠義之士。金於大定四年，設女直進士科，將中國五經譯成女直文字，使國人及第者，每謀克選二人習之。又使溫迪罕締達敎以古書作詩策，故四五年後（大定九年）女直人即能得策論進士。大定二十八年添試論，後皆依漢人格考試，是普及中國文化之廣且速，誠堪令人驚異。使無科舉，人各爲政，文化風俗，决難融洽如此之速，此乃科舉普遍之利，不獨金爲然也。元世祖至元四年（西一二六七）『中書佐三部……請依前代立國學，選蒙古人諸執官子孫百人，專命師儒敎，習經書，俟其藝成，然後試用。庶幾勛舊之家，人材輩出，以備超擢。」（選舉志一）是其當初，爲備超擢，不料習久性成，反爲漢人所同化。其時重色目，如歐洲亞拉伯等地之人，入仕中國者，頗不乏人。色目人應試，皆比漢人南人佔優勝，無形之中，又不知傳播若干文化。此乃最大之得也。元代雖不重儒術，然末年仗節死義者，乃多進士出身之人。如余闕元統元年進士，守安慶，死陳友諒之難；台哈布哈至順元年進士，死方國珍之難；李齊元統元年進士，爲高郵守，死張士誠之難；此其著者也。（參廿二史劄記卷三十元末殉難多進士條）此外元代文人學士，如歐陽玄，楊載，蘇天爵，吳師道，宇文公諒，陸文圭等；良吏如余闕，月魯不花，許楫，楊景行，林興祖，觀音奴等；忠臣如李黼，李齊，郭嘉，王士元，趙璉，孫撝，石普，樊政，周鏜，謝一魯，聶炳，劉畊孫，丑閭等；皆出自科第，且多出自元統元年科，是以中國民族觀點言之，固有種族不同之見，然以元代言之，不能謂非科舉之得人也。至於論考試制度之本身，元代科舉，條例雖細，然以金爲最良。中國考試制度之佳，拾明清外，殆無有出金之右者。

三、金考試制度之得失

（1）因時制宜量才施用

遼起唐季，金承遼後，故科舉之制，欲超軼遼世，乘法唐宋，而增損之。初因南北隔閡，故分南北選。南取經義，北取詞賦，此蓋純因時宜而設。行之有年，合而爲一，專以詞賦取士，是又因時之制也。若夫以策論進士，取其國人，而用女直文字，以爲程文，斯亦就其所長，以收其用。其女直與漢人互司封彌，以杜科場渫語之弊，意亦同此。女直進士，皆除教授，以教國人，純皆量才施用之方，而開科舉入仕之門。故終金之世，無如唐代之數十年不得入仕者。

(2)人有專長兼曉時事

金分經義進士，詞賦進士等科，意在各有專長。其經義科，大定二十八年，詔專主一經。然其試時，亦兼試詩詞策論，詞驗其文詞，策驗其時事，使人各有專門學問，亦有普通知識，斯誠今後考試制度堪注意者。唐宋以前，明經多不曉時事，進士多不通經史。今世英美考試，英試普通知識，美重專門智能，金則於古今中外之制，立於中流，其可注意之價值，自不待論而後知。至於經義無帖經墨義之惡習，詞賦無嚴厲之格限，題目皆出經傳子史，不宗一人一家之說。且於題下注其本傳，答卷示其出處，此又金代考試之良制也。

(3)有前代之利少前代之弊

科舉最大之利，如普及文化，考察人才，金全得之。其弊如奔走賓緣，如結黨營私，如傳義換卷等等，金皆無有。蓋其當初，搜查至耳鼻，至後官爲舉子製衣吏換，又嚴設兵衛以監之，故科場之弊極少。賫緣結黨之習，亦皆罕見，餘外榜首之選，先察鄉行，方授應奉；否則從常調，斯亦才德兼顧之舉也。然金考試之制，亦有二弊：

(一)私取權貴

親戚不迴避，……上中下中雜取十名，納之國中，下翰林院重考實，欲私取權貴也。(大金國志卷三十五)

案唐宋以來，皇親故舊，以及大臣子弟，皆須迴避，號別頭試。金獨不然，故有此弊。晚年益重門蔭軍功，以及鬻爵進納，科舉之制，益形汎濫矣。

(二)守格法過甚

金自大安以來，(大安衛紹王年號，元年西一二〇九)科舉之文，其弊益甚。有司惟守格法，所取之文，卑陋陳腐，苟合程度而已，稍涉奇峭，即遭黜落，於是文風大衰。貞祐初(西一二一三)趙秉文主省試，得李獻能賦，雖格律稍疏，而詞藻繁麗，推爲第一。舉人遂大喧噪，愬於臺省，以爲趙公大壞文格。且作詩謗之，久之方息。……而秉文竟以是得罪。(金史卷一百一十趙秉文傳)

粲金初取人，只顧文優，不限人數。章宗大利時，定制策論三人取一，詞賦經義五人取一，已失純粹因才取人之旨。

第四章　明淸之考試制度

中國考試制度之發展，至明淸爲最後階段。其方法之嚴密，甲於古今中外，而弊病亦繁多，兩朝制度，大體相同，合爲一章述之。

甲　考試概況

一、概述

明史卷七十選舉志二曰：『科目者，沿唐宋之舊，而稍變其試士之法，專取四子書，及易書詩春秋禮記五經命題試士，蓋太祖與劉基所定。其文略仿宋經義，然代古人語氣爲之，體用排偶，謂之八股；通謂之制義。三年大比，以諸生試之直省曰鄉試，中式者爲舉人，次年以舉人試之京師曰會試，中式者天子親策於廷曰廷試，亦曰殿試，分一二三甲以爲名第之次，一甲止三人曰狀元榜眼探花，賜進士及第，二甲若干人，賜進士出身，三甲若干人，賜同進士出身。狀元榜眼探花之名，制所定也，而士大夫又通以鄉試第一爲解元，會試第一爲會元，二三甲第一爲傳臚云。子午卯酉年鄉試，辰戌丑未年會試，鄉試以八月，會試以二月，皆初九日爲第一場，又三日爲第二場，又三日爲第三場。初，設科舉時，初場試經義二道，四書義一道，二場論一道，三場策一道，中式後十日，復以騎射書算律五事試之。後頒科舉定式，初場試四書義三道，經義四道，四書主朱子集註，易主程傳，朱子本義；書主蔡氏傳，及古註疏；詩主朱子集傳，春秋主左氏公羊穀梁三傳，及胡安國張洽傳；禮記主古註疏。永樂間，頒四書五經大全，廢註疏不用，其後春秋亦不用張洽傳，禮記止用陳澔集說。二場試論一道，判五道，詔誥表內科一道，三場試經史時務策五道。廷試以三月朔，鄉試直隸於京府，各省於布政司，會試於禮部。主考鄉會試俱二人，同考鄉試四人，會試八人，提調一人，在內京官，在外布政司官。會試禮部官，監試二人，在內御史，在外按察司官。會試御史供給收掌試卷彌封謄錄對讀受卷，及巡綽監門搜檢懷挾，俱有定員，各執其事。舉子則國子生，及府州縣學生員之學成者，儒士之未仕者，官之未入流者，皆由有司申舉性資敦厚文行可稱者，應之。其學校訓導專教生徒，及罷閑官吏，倡優之家，與居父母喪者，俱不許入試。試卷之首，書三代姓名，及其籍貫年甲，所習本經，所司印記。試日入場，講問代冒者有禁，晚未納卷，給燭三枝：文字中迴避御名廟號，及不許自序門第。彌封編號作三合字，考試者用墨，謂之墨卷；謄錄用硃，謂之硃卷；試士之所，謂之貢院；諸生席舍，謂之號房；人一軍守之，謂之號軍。試官入院，輒封鎖內外門戶在外提調監試等，謂之外簾官；在內主考同考，謂之內簾官。廷試用翰林及朝臣文學之優者爲讀卷官，共閱對策，擬定名次，候臨軒或如所擬，或有所更定，傳制唱第。狀元授修撰，榜眼探花授編修。二三甲考選庶吉士者，皆爲翰林官，其他或授給事御史主事中書行人評事太常國子博士，或授府推官知州知縣等官。舉人貢生不第入監而選者，或授小京職，或授府佐，及州縣正官，或授教職。此明一代取士之大略也。」

有清科目取士，悉仍明舊，惟順治元年定殿試以三月，二年定春秋不用胡傳，而以左傳本事爲文，參用公羊，穀梁。乾隆間，定會試三月，殿試四月，遂爲永制。鄉試先期提學考試，精通三場生儒錄送，禁冒濫。在監肄業貢監生，本監官考送。試卷題字錯落，眞草不全，越幅曳白，塗抹污染太甚，及首場七藝起訖虛字相同，二場表失年號，三場策題訛寫，暨行文不避廟諱御名，以違式論貼出。除墨卷硃卷外，主考用墨筆，同考用藍筆。除內簾外簾官外，有內監試，司糾察，不與衡文。以大員總攝場務，鄉試曰監臨，順天以府尹，各省初以巡按御史，巡按裁巡撫爲之。會試曰知貢舉，禮部侍郎爲之。順天提調以府丞，監試以御史。初，各省提調以布政使，監試以按察使，各副以道員。雍正間以藩臬兩司爲一省錢穀刑名之總匯，入閣月餘，恐致曠滯，提調監視，專責二道員；會試監試以御史，殿試臨軒發策以朝臣。進士出身者爲讀卷官。（參清史稿選舉三）此清代科目取士之制與明微異者也。其他等甲授官之制，皆與明朝大同小異，毋庸贅述。大抵清初之制，多沿明舊，而愼重科名，嚴防弊竇，立法之周，得人之盛，遠軼前明；其間條例之損益，風會之變遷，後當述其要略也。

二、考試程序

明清士人，計由童生至進士，凡經四大級。即一童試，二鄉試，三會試，四殿試。而童試又分縣考，府考等。按鄉試以前之考試，本當納之於學校；惟欲窺兩朝考試制度之全豹，必稍加敍述，方能瞭然，故略著於篇、

（一）明清學制述略

明清之制，科舉必由學校，而學校起家，可不由科舉。學校有二：在京師者曰國學，在直省者曰州縣學。州縣學諸生入國學者，乃可得官；不入者，不能得也。入國學者通謂之監生，或稱國子監生。洪武初，惟品官子弟民間俊秀武臣子弟充之。十五年以後，始有生員入監之例，曰貢監，下第舉人入監曰舉監，品官子弟曰廕監，捐貲曰例監。而貢監明代分爲四：曰歲貢，曰選貢，曰恩貢，曰納貢。清增優

貢副貢不數納貢爲五貢，又改稱選貢曰拔貢。其廕監分爲二：明曰官生，恩生；淸曰恩廕，難廕。此監生之別類也。所謂歲貢者，蓋取州府縣學食廩年深者，挨次升貢之意也。所謂選貢者，蓋由學臣選拔生員文行兼優者，遣貢國學也。淸初或六年一選拔，乾隆七年定十二年一選拔，永著爲例。（國朝右文掌錄頁六）所謂恩貢者，遇國家有慶典，或登極詔書，以當貢者充之。而納貢則由於納捐，副貢卽副榜貢生。優貢之選，與拔貢並重，順治二年，令直省不拘廩增附生，選文行兼優者一二人送監。雍正間始折貢監名色，廩增准作優貢。乾隆四年定三年考選優貢一次，而拔貢則十二年一考選也。統此恩拔副歲優，時稱五貢；科目之外，由此謂之正途，所以別於雜流也。

至於廕監，卽廕子入監。明初因前代任子之制，文官一品至七品，皆得廕一子，以世其祿；後乃漸爲限制，在京三品以上，方得請廕，謂之「官生」。出自特恩者，不限官品，謂之「恩生」。或卽與職事，或送監讀書。降至於淸，凡滿漢子弟奉敕送監讀書，恩詔分別內外文武品級廕子入監，謂之「恩廕」。順治二年，定文官四品外，三品以上，武官二品以上，俱送一子入監。十一年覺羅廕生照各官廕生例，一體送監，包衣佐領，下官子弟，向例不得爲廕監；康熙九年例除，廕生入監，自康熙五十二年始也。順治四年，以殉難陝西固原道副使呂鳴夏子入監讀書，謂之「難蔭」。蓋襲明守土官死節亦得蔭子之制。九年定內外滿漢三品以上官，三年任滿，勤事以死者，蔭一子入監，後廢其例，凡三司首領州縣佐貳官死難者，亦得蔭一子。（以上參明史清史稿選舉志一）此國學之大凡也。

凡入州府縣學者曰生員，有廩膳生，增廣生及附學生之別。明初生員之數，府學四十人，州縣以次減十。師生廩食，月米六斗，魚肉鹽醢之類，皆官給之。未幾即命增廣，不拘額數。宣德三年定增廣之額，在京府學六十人，在外府學四十人，州縣以次減十。照例優免差徭。（大明會典卷七六）增廣既多，於是初設食廩者謂之「廩膳生員」，增廣者謂之「增廣生員」。及其既久，人才愈多，又於額外增取，附於諸生之末，謂之「附學生員」。凡初入學者，止謂之「附學」，而廩膳增廣，以歲科兩試等第高者補充之，非廩生久次者，不得充歲貢也。（明史卷六九選舉志一）清順治四年（西一六四七）定，『各省儒學，視人文多寡，分大中小學，取進儒童。大學四十名，中學三十名，小學二十名。又定，直省各學廩膳生員，府學四十名，州學三十名，縣學三十名。……增廣生員名數同。……八旗學額，八旗滿洲蒙古額進六十名，廩生六十名，增生六十名，一年二貢。漢軍額進三十名，廩生三十名，增生三十名，一年一貢。雍正二年（西一七二四）題准大學二十五名，中學自二十名至十八十六十五名，小學自十二名或十名八名有差。其特恩廣額，則每朝登極，恩詔大學加七名，中學五名，小學三名，皆舉行一次。而乾隆十六年，二十二年，二十七年，三十年，四十五年，四十九年六次南巡，每次江蘇，安徽，浙江三省，亦增取大學五名，中小學遞減一名。咸同兵興，各州紳民守城，禦賊，及團練捐輸出力者，往往增額，非恆例也。』（大淸會典事例卷三七〇）若廩膳生，食餼之數，每人所受，難求定額。康熙二十二年（西一六八三）時，銀一萬六千六百五十兩零，米一萬一千六百二十石零，量給廩生貧士，以助膏火之費；可知其給廩之大概。（學政全書卷三二）此則所謂學校以養士，科目以掄才者也。凡未入學者，通稱童生。童生入學，必經考試，謂之童試。入學以後，又有各種考試，然後可應鄉試或朝考。

（2）鄉試以前之考試

（一）童試　凡初應試之童子，名曰文童。明初由巡按御史布按兩司及府州縣官選取。英宗正統以後，始特置提學官，專使提督學政，生員即由提學官考取。其合格入學者，謂之附學生員，未入學者，謂之童生。當大比之年，兼收一二異敏，三場並通者，俾與諸生一體考試，謂之「充場儒士」，中式即爲舉人；不中式，仍候提學官歲試合格，乃准入學。（明史選舉志一）清代童生考試，『督學文到，先期曉諭報名，取鄰里甘結，身家無刑喪替冒各項違礙，方准收試。每府各州縣，關會一日同考。府試亦彙齊一日，以防重冒。……縣考取二倍，府考取一倍。府考取錄已定，冊報名數，榜示童生。照所取次序，五人爲一結，取行優廩生親筆花押保結，查照格眼冊式，當堂令各童生親塡年貌籍貫三代，經書，彙爲一冊，并各結狀粘送。……其點名冊，仍書年貌不對者不准收考。……點名時，廩生與同結五人，互相覺察，如有倩代等弊，即時舉出，容忍者五人連坐，廩生黜革。……發案日，再行覆試，筆跡雖同，而文理不通者，亦不准入學。』（學政全書卷五三）雍正元年（西一七二三）議准，童生考試，由州縣送府，由府送學政，各加印結；（學政舉行道考，按定額錄取。）方准考取生員。（同上）考取者得以入學，謂之附學，或謂附生，而俗稱秀才。附生須經儒學署教官，試以月課；第一年須應歲考，第二年應科考，第三年爲大比之年，須應鄉試。

（二）歲考　『提學官在任三歲，兩試諸生，先以六等試諸生優劣，謂之歲考。一等前列者視廩膳生有缺，依次充補。其次補增廣生，一二等皆給賞，三等如常，四等撻責，五等則廩增遞降一等，附生降爲青衣，六等黜革。』（明史選舉志一）蓋以此試廩增附生文字之優劣，以驗其進步，定其黜升也。清代歲考，多與明同。凡隸學籍之廩增附生，必應此試。由學署造具格眼册，塡年月，籍貫三代，入學幫增補廩年月，除丁憂之生免試外，餘因他事未應此試者，以欠考論。下次督學使按臨時，必須補試。歲考所試，爲四書文一，五經文一，五言六韻詩一。定制亦分六等，「一等文理平通，增附青社均補廩，無缺，青社先復附，各候廩；二等文理亦通，增補廩，附青社俱補增。無增缺，先復附。三等文理略通，原停廩原增降附者，准收復。青衣發社者，准復附。四等文理有疵，廩姑免責，停食餼，予限讀書六月。增附青社俱撻責。五等文理荒謬，廩停候缺，原停廩者降增，增降附，附降青衣，青衣發社；原發社者黜爲民。六等文理不通，廩十年以上發社，六年以上與增十年以上者，俱發本處充吏。不願者聽，餘俱黜退爲民。」（參學政全書卷三五）嗣後政從寬大，僅分三等，廩增無降級，青社亦删除。取列一等者，除廩生不計外，如係增生附生，可敍補廩生。而州學廩生，每年可升一生爲歲貢生；直隸廳州之廩生，三年升二生爲歲貢生；縣屬廩生，二年升一生爲歲貢生。故每歲考一次，照例只可補一廩生。惟除歲貢之外，如廩生鄉試中式舉人，或考取優貢生，拔貢生，或遇覃恩，升一廩生爲恩貢生，此皆上達之途也。此數項廩生出缺，或丁憂病故，則增生附生，又可依次遞補矣。

(三)科考　歲考既畢，繼取一二等爲科舉生員，俾應鄉試，謂之科考。蓋因次年大比，先以此試，考其優劣以決其可否應試，故又名決科。其先補廪增給賞，悉如歲試，其等第仍分爲六，而大抵多留三等。三等不得應鄉試，然黜撻者僅百一，亦可謂絕無。（參明史選舉志一）關於清制，稍加詳述，則所試凡七日：第一日試經古，第二日試廩增附生，第三日試童生，第四日覆試經古，第五日覆試取列一等之廩增附生，第六日覆試取進之童生，第七日試出學之五貢，即恩拔優副歲五貢，皆出學，不應歲試，不隸於儒學者也。但欲應鄉試者，須於科試之年，受督學使者之考試，錄取者次年方准其應鄉試。凡廩增附生之取列一二等及三等前三名者，亦准應次年之鄉試。

當科考之年，各省學政三年任滿，學師將平日考文察行，確知文行兼優之生員，舉報優劣於督學署；敦本尚實，行誼表著得獎賞，劣者有罰責，且不必品其文藝，優者學政於生童試畢後，即試此項優行生。此制定於清順治九年。（參學政全書卷三三）

優貢之考選，多三年一次。而拔貢之考選，多十二年一次。逢酉年舉行，試於科考之後。向例：每府學貢二人，州縣學各貢一人。其考試盤費，官爲資給。應此試者，率皆各府廳州縣造詣高深之廩生，自行報名投考，不由學師舉薦。試共二場：一場試以四書文二，經解一。第二場試以論一策一，五言八韻詩一。寫作並重。越日出榜，取中者即爲拔貢生（參國朝右文彙錄頁五——六）

孝宗弘治十七年（西一五〇四）南京祭酒章懋上選貢疏，乞於常貢外，令提學行選貢之法，不分廩膳增廣生員，通行考選，『務求行著鄉閭，學通經術，年富力强者，乃許充貢，……以後或三年五年量才多少，間一行之，則在大學者，多精銳可進之資。』（明大政纂要卷三九）乃下部議行之；此選貢所由始也。自是『選貢多英才，入監課試，輒居上等，撥歷諸司，亦有幹局。歲貢頽老，其勢日絀；則惟願就教而不願入監。……萬曆中，工科【給事中】郭如心言，選貢非祖制，其始欲補歲貢之乏，其後遂妨歲貢之途，請停其選，神宗以爲然。至崇禎時，又嘗行之。（明史卷六九）

清代拔貢生與優貢生，經學政考試後，尚須應次年之「錄科」試。「錄科」者，即當大比之年七月，新學政蒞臨省城，試府州縣學之生員，於歲科考之年未經錄取，或以故未與科試，恐有遺才，特再補錄名次，以便錄送科舉，而免阻人上達也。（參學政全書卷三六）故又謂之「錄遺」。錄遺事畢，督學署與總督巡撫，合試正取優行生及拔貢生，謂之「三院會考」。僅試一場，試以四書文一，經文一，策一。正取者謂之優貢生或拔貢生。得出學籍，貢成均應朝考。配取者則祗能稱優行增生，或附生等，不出學籍。而拔貢生則不然，蓋拔貢生於科試時按額取錄；次年會考，罕有更易。優貢生至會考時，方按定額取錄也。大抵優貢生正取大省八名，中小省份，遞減二名；備取亦如其數。（以上參清代考試制度）此科考，錄科，及優貢拔貢生考選之大略也。

(3)鄉試

鄉試每三年舉行一次，試之於省城，故實爲省試。明初「倣古賓興之制，定於子午卯酉年秋八月，各直省皆試士於鄉，中式者貢於禮部。初，鄉舉各以地方人才多寡爲額，多者不過四十人，洪武三年，詔設科取士，以今年八月爲始，使中外文臣，皆由科舉而選。京師及各行省鄉試，八月初九日試初場，又三日試第二場，又三日試第三場。第一場試四書義三道，每道二百字以上；經義四道，每道三百字以上。……第二場論一道，三百字以上，判語五條，詔誥表內科一道。第三場試經史時務策五道，未能者許減二道，俱三百字以上。……凡直隸府州縣，試於應天府；外府州縣，試於各布政司。應試者爲國子學生府州縣學生員之學成者，儒士之未仕者，官之未入流而無錢糧等項黏帶者，皆由有司保舉性資敦厚文行可稱者，各具年甲籍貢三代，經本縣申府，府申布政司鄉試。其學官及罷閑官吏，倡優之家，隸卒之徒，與居父母之喪者，並不許應試。』（大明會典卷七七）若鄉試中式，行省咨中書省，則判送禮部會試矣。

清代鄉試，與明代什九相同。如『順治元年十月定鄉試俱於子午卯酉年舉行』（皇朝通典卷十八）二年定秋八月舉行鄉試，初九日第一場，十二日第二場，十五日第三場。三場試題，均如舊例。（皇朝通考卷四七）先是『給事中龔鼎孳疏言，明舊制考取舉人，第一場時文七篇，二場論一篇，表一篇，判五條；三場策五道。今應如科臣請減時文二篇，用時文五篇；於論表外，增用詩；去策，改用奏疏。上不准所請，命考試仍照舊例。初場四書三道，五經各四道。二場論一道，判五道，詔誥表內科一道，三場經史時務策五道；』（皇朝掌故彙編卷三五）是皆與明代相同也。至於試藝之變遷，及取錄人數之多寡，後當述其沿變焉。鄉試試畢，揭曉之後，明清二朝，皆設鹿鳴燕，燕考官以下及中式舉人。並賞賜舉人頂戴衣帽等物。宴賞之後，須請咨文，以便次年春闈，入京應禮部會試。

（4）會試

會試亦三年一次，逢辰戌丑未年，行之於禮部，凡『鄉試中式舉人，出給公據，官爲應付廪給脚力，赴禮部印卷會試。將就鄉試文字，咨繳本部照驗，以鄉試之次年二月初九日十二日十五日爲三場。」(大明會典卷七七)其試藝與鄉試同，而中式者稱貢士。貢士名額，洪武三年，定爲百名，英宗正統五年奏准增額爲百五十名，憲宗成化以後，以三百名爲率，其由恩詔而廣額者，不爲定制。(參欽定續通志卷一四一)淸制會試，亦與明同。惟自嘉慶初年定令，各省舉人到京，必先覆試，方能會試；若路遠道阻，則會試之後，仍須覆試，此則與明特異者。蓋明有會試之後，恐取不公，或慮有遺材而覆試者：如洪武三十年以會試者多，中式者少，被黜落者咸以爲言，上命翰林儒臣考下第卷中擇文理優長者得六十一人，復廷試之。永樂二年，上試會試後所選之副榜，親拔三人，命進學爲翰林。(翰林記卷十四)然未聞先須覆試方行會試之制也。而淸代會試日期及場數，亦與明代相同，毋庸重述。

(5)殿試

會試中式者，天子親策於廷，曰殿試。與會試同年舉行，僅課時務策一道。中式者。分一二三甲，以爲名第之差，前已言之。據大明會典卷七七，「凡殿試用三月初一日(後或用十五日)先期本部(卽禮部)奏請讀卷幷執事等官。其讀卷，以內閣官及六部都察院，通政司，大理寺正官，詹事府，翰林院堂上官。提調以本部尚書侍郎。監試以監察御史二員。……至日早，上御奉天殿，文武百官各具公服，行叩頭禮畢，……上賜策題，序班舉策，……禮部諸官分題，諸舉人各就試案對策畢，詣東角門納卷而出。受卷官以試卷送封彌官，封彌訖，送掌卷官，轉送東閣讀卷官，詳定高下。」擬定名次，「候臨軒或如所擬，或有所更定，然後傳制唱第，一甲授修撰編修，二三甲考選庶吉士，其他或授給事御史主事，中書行人評事，太常國子博士，或授府推官，知州縣等官。」（明史卷七十選舉志二）此殿試之大略也。而清亦大致相同。所異者，明殿試時期，初為三月朔，後改作三月望。清殿試時期，初為四月朔，後改至四月下旬。明殿試之前，未聞有覆試，清殿試之前，必須覆試。雖少黜落，要必進行。且貢士力爭等第之高下，以為日後定職授官之基礎。又明殿試之後，似即按等第高低以授官；清殿試之後，尚須經過朝考，方能授官。而其試文格律，亦較明代為煩難。兩朝殿試所試，皆為策論，測其關於時務，國計，民生之意見。然清策試格式特嚴，其試卷皆由禮部備制，共十二頁。「前一頁，親書履歷籍貫三代，次頁以下，有直格無橫格，每頁十二行。外給草本一，略小。縱橫與正卷同。橫格每行二十四字，載策式於草本之前。策式首書臣對臣聞，策冒或四行，或八行。策冒後書，欽惟皇帝陛下，「欽惟」二字書寫到底。至逐條分對處，第一條用「伏讀制策有曰」起，後數條用制策又以起，末用「臣末學新進，罔識忌諱，干冒宸嚴，不勝戰慄隕越之至，臣謹對。」「干冒」二字，亦書寫到底，策低二格寫，「皇帝」「制策」「宸嚴」字皆兩擡寫，臣等旁寫，策內不許添注讀註塗改點何勾股，通體不得用四六頌聯。策文不限字數，最短以千字爲率，不及千字，以不入式論。讀卷官校閱試卷，以策對精詳，楷法莊雅者爲上選。』(大淸會典卷三三)觀此等條制，可知殿試之重書寫格式，遠甚於文字內容矣。考道光以前，對策者，尙講求國計民生；道光以後，則惟以書法之良窳，定策論之高低。蓋應殿試者，殆少有不能文之人，故讀卷官乃以書法縱橫均勻，文格之不逾成式定高低。而文章之優良，議論之精審；衡文與應試者，皆不首以爲重也。

(6)朝考

殿試以後，新科進士，於引見前，先行考試，知其學問，再行引見，謂之朝考，其制始於雍正元年，上諭『新科進士於引見之前，先行考試，知其學問，再行引見選拔，庶人才不致遺漏。……乾隆六年覆准，嗣後新進士朝考坐次，令監視王大臣臨期酌派，詩韻不准自帶，以武英殿本發給。……嘉慶二十二年論，向來新進士朝考，以論詔疏詩四項命題，其詔題多係擬古，朕思士子文藝，試以論疏詩三項，其俊劣已可概見。……嗣後新進士朝考，……以論疏詩三項命題，著爲令。……道光二十一年奉旨，嗣後新進士朝考閱卷，著照覆試之例，擬定一二三等進呈。」（會典事例卷三六二）是朝考所試，爲一論一疏一詩，其後有改一論一策者。取錄分三等，一等曰朝元，（按殿試分三甲，朝考分三等。二者有別也。）貢士經過覆試殿試朝考三場，即分別授職。狀元即授翰林院修撰，榜眼探花授編修。傳臚（第二甲第一名）與朝元均可與館選。其他諸貢士，必綜計三場等第，然後授職任官有差。如覆試一等，殿試二甲，朝考一等，審定之時，或綜計之，求其平均；或以等爲準，以定授職任官之法，此朝考之情形也。

以上所述，重在考試程序，茲得探杏錄一書，自殿試朝考以及謝恩謁師，諸儀節法制，靡不條分縷析，言簡意賅。特抄錄之，以爲探求科舉文獻之一助。

四月初十發榜，聞報後，赴禮部親看，即拜鄉試座師，會試房師。

十一午門謝恩，見房師，趨進侍立，不拜。總裁帶領行三跪九叩禮，隨赴禮部飲瓊林宴，大典所關宜親到。或十二覆試，在保和殿，務先日入內城宿，黎明進場，均坐炕桌，桌矮，務帶墊脚小氈墩，帶硯罩，防殿上風。一文一詩，格卷式如正場，文五百餘字亦可，淸而切爲妥。詩與字宜工，次日發榜，有一等二等三等，前十名有益，引見時可背明，三等末五名有損礙。分甲榜。覆試次日贄見四總裁老師，各處三稟帖，三門包，官停事冗，多不能見面而退。此時不可貪應酬，惟尋密室寫殿試卷。善書者求精，不善書者求速，並習熟規矩，務要完卷。即不能鼎甲而分甲次第，即補缺先後，不可不著緊。胭脂滓水則有光，黃連泡水則不浸，元參泡水則不滯，寫慣帶進場。試卷每行二十二字，共一千九百二十四字。有六法：一，起以「臣對臣聞」，收以「臣謹對」。二，「皇上」及「制」「策」字擡頭，不可靠邊，尊天子也。三，尾必餘八路，否則十六路，八路爲上，留彌縫地也。四，凡有擡頭，前路必寫落底。五，不可落一字，筆法不可依俗破體。六，九路擡「皇上陛下」，十一路擡「聖懷冲挹，及末段「國家宸嚴」等，擡一定程式。前路短一字，便不好安放矣。策式首尾二段，按著字句，依腔傍調，止換題義，則多少合拍。中間四條，塡實運空，隨作隨寫，或排十六路十五路，格完題止，字光而勻者爲上，不光而勻者次之，潔淨而完卷者又次之。

或二十二三殿試，先日宿內城，黎明進場，是半高棹，自備坐櫈，惟棉穿小几收得隴爲上。新木櫈，恐入場擠壞。棹氈或大卷幅，必要硯罩及長壓尺。又買銀水壺一個，先日磨墨在壺中，場中略磨便濃，外帶黃連水壺一個，備墨乾。帶寫純熟筆六七管，寫百餘字卽換，防筆憊。一切場用，以小木箱盛貯，合坐櫈兩項，自帶人送到午門，便有差接入。差衣襟有某進士名牌，送出賞以銀包，豫先在外包銀一錢，朝考亦然。題紙到，監場官帶進士跪拜領紙，先行書副本，一切合適乃謄眞。則執柯伐柯，不至失事。蓋場中副本眞本不差絲毫，殿試自早至晚，雖不給燭，亦有六時辰。曾見多帶刨字小刀，或誤寫半字一字及四五字，皆可刨去墨跡，以刀尾捶緊。普刨者略無痕跡。已不善，則求其善者，蓋卷紙本厚也。投卷勿忙，殿上有花押，到太和殿旁有老師同鄉接場，宜周旋，一收眞本，一收副本處，卽授以領賞表裏票，不可失。

殿試隔一二日，謂小傳臚，閱卷者選呈十本，皇上或略易前後，或不易，各進士穿公服，俱在午門內候。約殿內唱名三鼎甲，及傳臚陪六位，皆以次進引見皇上，鼎甲乃定，其餘皆回。儻鼎甲不到，降三甲末。次日黎明，皇上坐太和殿發榜，王公在殿前旁，大臣在丹陛，各官在丹墀，進士雙西單東，皆三跪九叩。……拜畢，皇上退，乃率進士迎分甲榜，至東長安門，掛三日。日後補缺，以此爲先後。是日順天府尹以執事送鼎甲，及第狀元率諸進士上謝恩表，次日飲恩榮筵，宜到。又次日，領賞表裏，三跪九叩謝恩，乃執票領，美惡不一，隨次拈出。又次日朝考，宿內城，黎明入，點名略遲。殿試後卽學寫白摺，一開十二路，一路十八格，先寫論題。止一二句，題低二格，論高二格，如抄文一般，務寫到格之幹上，不可入格內。無擡頭或兩開可。疏如寫策，俱低二格，起有「臣聞」，收有「我皇上」及「今聖天子」擡頭，頌揚作尾，擡頭不可傍邊，寫或兩開半可，及三開可。詩一首，著緊是字工詩佳，不錯不落，有副本，其格與正本橫直多少不差，先寫副本，以作榜樣，則不致落字，行書可，略草亦可，內發韻本，出場時，他取韻本，不與可；旣出二三兩銀投卷，原許帶出。

次日朝考入選者有信，又次日榜貼翰林院矣。鼎甲傳臚已定，不過陪考耳。朝考次日，狀元率衆進士到國子監謁孔聖九叩禮，隨拜祭酒，設筵，鼎甲則賜以紅綢花等項。

將引見，往翰林院演儀兩次，每日在家習跪背履歷，某人某省人年多少歲某甲進士，如覆試一等前十名，則背覆試一等第幾名，在一等則背覆試一等，如朝考入選則背，不然否。如鄉榜第一名則背，不然否。如加捐某項則背，如大臣子弟履歷寫而不背。引見必揭冠叩頭，當引見先一日，住近所，黎明，公服入朝，有領班押班翰林或十人五人一排，時時查點齊備，魚貫而立，皇上陞殿，領班率首一人至階下跪，餘跪齊，從首至尾背明，聲宜響亮，行止跪起要不作意而自然合度，忌粗俗，忌鈍。衣冠宜整而合時，忠孝帶亦要，目平視手直妥而略向後。起跪防踏衣、並囑同班。引見時，中堂等跪進綠頭牌，詞林一圈，部屬一勾，中書學政半勾，即用一點，歸班不動筆，每省畢，皇上即將綠頭牌付下軍機處，已知次日上諭到矣。

殿試朝考掣籤，皆用親供三代內有某氏有已仕未仕；聽說年歲可改，此皆長班辦。惟殿試掣籤，須印結。引見後點翰林者，隔十餘日，上翰林館先謝恩，三跪九叩，次行香，又數日，教習庶吉士兩位到館，拜老師，一跪兩叩禮，次鈞書或執尚書或執大學，取其吉祥。上院之後，即拜同館二百餘人，皆用白摺，長班送儀注單，照此行、隨開兩課，課一賦一詩，清書翰林便止作一詩，向後只課清字考繙譯。

按此爲光緒時之制，多通行於清代者。明代文獻，未見此類簡略之記載。但觀繆彤臚傳紀事，其時雖爲康熙丁未科，似存明末清初之制。讀者欲知其詳，請參看萑續記卷二，及淸代殿試考略。玆編無庸抄錄矣。總上明淸士人入仕，概言之，須經四次考試，卽童試，鄉試，會試，殿試。細察之，已至七八次。卽童試，歲考，科考，鄉試，會試，覆試，殿試，朝考等，而翰林院之考試，尙未計也。其童試歲考等，略如今之入學及學年試驗。然明淸學校，形同虛設，要爲鄉試之準備而已。其殿試朝考，鄙意與唐制吏部考試，略相彷彿，蓋出身授官，皆由此定，書法之重，尤相同焉。

(7)其他考試

(一)拔貢及優貢朝考　上言貢士朝考，而未言拔貢朝考，拔貢考取以後，由學政給單送禮部，限次年五月內，投文驗到。禮部奏請朝考，於北闈試場內舉行。先一日入場宿，如鄉會試然。次日黎明，欽命出題，均係孝經性理通融互出，書藝論判各一。乾隆二十三年，改爲經藝一詩一，(學政全書卷二二)其後策論時代，亦改試一論一策。欽命閱卷大臣，分閱各省試卷，其取錄分三等，閱卷大臣，擬定名次先後，進呈欽定；然後由監試折號塡榜，交禮部張挂。復由禮部定期，舉行覆試，試後由禮部按省開單，帶領引見。授以七品小京官，分部學習，或以知縣，分發各省應用。優貢朝考，悉與拔貢同，惟無覆試。錄取之後，優者得候補知縣，次以教職銓

選，（參清代科舉制度頁四〇）

(二)考選庶吉士及考散館　貢士及拔貢優貢之朝考，爲明制所無，而庶吉士之館選，則兩朝均有之。明黃佐翰林記曰：

『考選庶吉士，始自洪武乙丑（十八年）。迨永樂初，益重其事，然其詳不可考。大率每科必選。（按大學士徐溥言：『自永樂二年，或間科一選，或連科屢選，或數科不選，或合三科同選，初無定限；或內閣自選，或禮部選送，或會禮部同選，或限年歲，或拘地方，或採譽望，或就廷試卷中查取，或別出題考試，亦無定制。……請自今以後，……一次開科，一次選用。……』孝宗從其請。』（明史卷七十選舉志）宣宗時，合三科進士親試之，拔二十八人爲庶吉士，如甲申之制。正統丙辰（元年），上親考選庶吉士於文華殿，取蕭鎡等十二人。己未（四年）以後罷之。至戊辰，始純選北方及蜀士爲庶吉士，被選者萬安等二十人，親試也。自是其事付內閣，例取平日所爲詩文，或繙閱殿試卷，兼採名實，行禮部使人延請至東閣前，會同吏部試以古文暨詩各一篇，合格者改送本院讀書。景泰辛未選吳匯等二十五人，甲戌選邱濬等十八人，皆兼選南北士。』（卷十五）自嘉靖癸未至萬歷庚辰中間，有九科不選。……其與選者，謂之「館選」；以翰詹官高資深者一人課之，謂之敎習；三年學成，優者留翰林爲編修檢討，次者出爲給事御史，謂之「散館」，與常調官待選者體格殊異。（明史卷七十選舉志）

淸制考選庶吉士，其初令大臣舉所知，參用廷對，然後親試文藝。雍正元年，則以朝考爲考選之方，仍令九卿確行保舉。淸史稿選舉志三曰：

庶吉士之選無定額，順治三年，世祖始策貢士於廷，……簡梁淸寬等四十六人爲庶吉士。四年六年復選用，九年……考選如例。康熙……四十五年至六十七年，……各省皆有館選。世宗令大臣舉所知，參用廷對，後親試文藝。雍正元二年間，漢軍蒙古山西……及諸邊省，每不入選。……尋議照雍正癸卯（元年）科例，殿試後集諸進士保和殿考試，仍令九卿確行保舉，……是爲朝考之始。乾隆元年御史程盛修言……「……自保舉例行，而呈身識面，廣開請託之門，……宜亟停止，報可。高宗諭禁向來新進士請託奔競，呈送四六頌聯之陋習，既愼校文藝，復令大臣察其儀止年歲，分爲三等，欽加簡選。三年罷大臣揀選例，依省分甲第引見，臨時甄別錄用，後世踵行其制。……凡用庶吉士曰館選。

凡進士與館選者，仍須入翰林院讀書。淸初分習淸漢書，以學士或侍讀敎習之。自康熙九年專設翰林院，歷科皆以掌院學士領其事，內閣學士，間亦參用，三十三年命選講讀以下官資深學優者數人，分司訓課，曰小教習。厥後尙書侍郞閣學之不兼掌院事者，並保爲教習。頒內府經史詩文，戶部月給廩餼，……俾庶吉士肄業其中。肄業期限爲三年，期滿親命詩賦題考試之，名曰考散館。由吏部收卷進呈，欽定甲乙，分別除授留館。優者留爲編修檢討，次者改給事中御史主事，中書推官，知縣教職。其例先後不一，光緒季年，設進士館，課鼎甲庶吉士及閣部官以法政諸科學。或資遣游學異國，業成而試優者，授職獎擢，俱未久卽罷。（參淸史稿選擧志三）

此外明淸兩代考試制度，除武擧爲本編不述外，有淸代有之而爲明代所無者，如翰詹大考，考中書，考謄錄，考繙譯等。有明代有之而爲淸代所無者，如考醫士，考僧道，又如明代之考教職，淸代之考教習；如明之「考汰官吏」，淸之「考職」，似皆不能並爲一談。若簡述之，則所謂「翰詹大考」者，卽每隔數年，大考翰林官一次自內閣學士以下及由翰林改補卿寺者，並本院之修撰，編修，檢討等官均須應試其題由欽命，試藝或一論一疏，或一記一詩，皆臨時定奪，未定成例。凡考試優者量予超擢，或升官階，或錫緞疋，劣者降等錄用，或罰俸祿，此其大較也。所謂考中書者，卽雍正初年，始允擧人考取內閣中書，試以一文一詩；欽命大臣閱卷；試後引見，用爲中書，考謄錄者，卽如現今考試書記。其制始於乾隆三年，令由在監拔貢副優貢生內，考選字畫端楷者十人，送武英殿備謄錄，年滿議敘，可得知縣佐貳等職。（詳參科場條例卷五二）考繙譯者，爲滿洲蒙古人及漢軍之考試，有繙繹童試，繙繹鄉試會試殿試，與考試漢字生員舉人進士之制相同，而分別舉行者也。初，順治八年定例，凡滿洲蒙古通漢文者，繙漢字文一篇，未能漢文者，作清字文一篇，漢軍文章篇數，如漢人例。然自乾嘉以後，應試者寥寥，雖詔旨諄諄，勉以「國語騎射爲旗人根本」，皆莫能補救；（詳參大清會典事例卷三六三—三六五）蓋清廷欲以此保存固有文化，終以不若滿漢合試及第之榮耀，故人皆裹足不前，卒被漢族同化。此數種考試，皆爲明代所無也。而明代之考醫士，設太醫院，分醫術爲十三科，醫官醫生醫士，專科肄業。凡醫家子弟，擇師而教之，三年五年一試，再試三試乃黜陟之。外府州縣之醫生醫士或醫官，俱由太醫院試遣，歲終會察其功過而殿最之。（明史卷七四職官志）若明代之考校僧道，則始於洪武十年，令僧徒皆通般若心經，金剛般若經，楞伽經，命學士宋濂考校之，不通者令還俗。二十四年，命禮部清理釋道二教。釋須通上述三經，道士則老莊列三子。天下只存大寺觀一所，能通之者給與度牒，倂居一所；不通者勒令還俗。景泰間，三年一度，僧至數萬。（翰林記卷十四）此則以考試之法，沙汰僧徒，其天文生及陰陽人之考試，置欽天監，掌歷數天文地理之事，習業分四科，令自五官正以下與天文生陰陽人，各占一科，遇天文生有缺，會禮部考驗收用；（參明史卷七四職官志）此皆淸代所無也。其有考試名略同而實異者，如明代之考教職，（翰林記卷十四）即考試願就教職之舉監；淸代之考教習，即考教授宗室子弟之教習，而明之「考汰官吏」，與淸之考職，准各衙門吏胥供職年滿者投考（考職）二者又微有不同也。

乙沿革要略

一　明之沿革

（1）常科之沿革

有明二百九十四年，科舉制度，最爲完備，然少變遷。蓋太祖吳元年（即爲吳王之元年，元至正二十七年），已蓄意科舉，洪武三年實行下詔設科取士，是年親策明經，四年始開科取士，六年停科，十五年詔復科舉，十七年詳定法規，再行科舉，以後歷主遵循，少有改革，其後弊生，歷朝詔令，惟在除弊。雖有修正，未變祖制，因述其要，以示沿革。

太祖吳元年三月（西一三六七）定文武科取士之法。

先是令有司每歲舉賢才及武勇謀略通曉天文之士，其有兼通書律吏，亦得薦舉

，得賢者賞，濫舉及蔽賢者罰。至是乃下令設文武二科。……俱求實效，不尚虛文。三年一開舉。（明史紀事本末卷十四）

皇明進士登科考：吳元年三月丁酉，令……設文武二科以廣求天下之賢，有司預爲勸諭民間秀士及智勇之人，此時勉學，俟開舉之歲，充貢京師，其科目等第，各有出身。（卷一）

案宋濂洪武聖政記，及明大政記亦載此事，詞多與紀事本末同，惟較冗長。紀事本末所述，詞意簡明，今採用之。若求原令全文，當以登科考爲最備。然觀此令，是時止萌開科之意，而尚未實行也。

太祖洪武三年（西一三七〇）詔設科取士

三年庚戌五月詔曰：朕聞成周之制，取材於貢士，故賢者在職。……漢唐及宋，科舉取士，各有定制。然但貴詞章之學，而不求六藝之實。至於前元，依古設科，待士甚優，而權貴勢要之家，每納奔競之人，……輒竊仕祿，……賢者恥與並進，甘隱山林而不起，風俗之弊，一至於此。

今朕統一中國，外撫四夷，……願得君子而用之。自洪武三年八月爲始，特設科舉，以取懷材抱德之士，務在經明行修，博古通今，……名實相稱。其中選者，將親策於廷，……待以顯擢。使中外文武，皆由科舉而選，非科舉毋得與官。敢有遊食奔競之徒，坐以重罪，以稱朕責實求賢之意，所有合行事宜，條例於後。（下附條例，暫從略。皇明進士登科考卷一）

明大政纂要曰：（上同，惟多刪略）經義限五百字以上，四書義限三百字以上，論亦如之。策論惟務直述，不尙文藻，限一千字以上。……是歲命御史中丞劉基，治書侍御史秦裕伯主試，取中七十二人。試錄出宋濂手。中士未會試，悉授官。（卷二）

春明夢餘錄曰：明初人才，率得之徵聘。洪武三年行科舉，詔曰：「自洪武三年爲始，特設科舉，以起懷材抱德之士，務在……文質得中，名實相稱。」蓋創制之初，原不拘以文義取天下士也。（卷四十二）

案洪武三年下開科詔，四年始開科取士，此人所習知也。然是年以明經薦至京師者，上俱親策之，賜徐大全等出身有差。故沈德符以洪武三年庚戌爲開天第一科，詳見萬曆野獲編卷十五。

洪武四年定科舉例。

詔各行省連試三年。自是三年一舉，著爲定例。

又令科舉凡詞理平順者，皆預選列。惟吏胥心術已壞，不許應試。（大明會典卷七七）

時以天下初定，詔各行省連舉三年。且以官多缺員，舉人俱免會試，赴京聽選。（續通考卷三五）

是年三月廷試，賜吳宗伯等進士及第。（明大政記纂要卷三）

洪武六年詔罷科舉

上諭中書省臣曰：「朕設科舉，以求天下賢才，務得經明行修，文質相稱之士，以資任用，今有司所取，多後生少年，觀其文詞，若可與有爲，及試用之，能以所學措諸行事者甚寡。朕以實心求賢，而天下以虛文應朕，非朕責實求賢之意也，令各處科舉，宜暫停罷，別令有司察舉賢才，必以德行爲本，而文藝次之，庶幾天下學者，知所嚮風，而士習歸於務本。（昭代典則卷七）

案罷科舉事，各書皆紀之。惟僅言罷科舉，罕有詳其原因者，細考之，乃知欲以薦舉代科舉也

自是罷科舉，專用辟薦，其目有經明行修，有懷才抱德，有賢良方正，有人才，有孝廉，類舉於朝。而各省貢士，但令卒業大學，以次除用，蓋罷進士之科

者，十有二年。…時既不喜文士，又以初立辟薦法，行之甚嚴，每舉者至京，上親校閱，不稱旨，輒坐舉主，往往有謫戍者。(登科考卷一)

洪武十五年(西一三八二)詔復科舉

十五年八月詔禮部設科舉取士，令天下學校三年一試，著爲定例。(皇明大政記卷三)

案洪武十五年復科舉事，明史紀志同大政記。弇山堂別集及明會典等書皆失紀。然明大政纂要，稱洪武十七年「三月復科舉法」。雙槐歲鈔亦曰：「洪武甲子(即十七年)重定科舉之制」。其他各書，多稱洪武十七年，頒科舉定法，十八年行殿試，放及第人數。則復科舉爲十五年抑十七年，不無疑問。考明史乃精審之作。既於紀志，俱稱十五年復科舉，則難言誤。後據張朔瑞皇明貢舉考，十五年止有復科舉之詔，至十七年頒科舉成式，即復鄉試，十八年行殿試。幸此疑問，得迎刃而解；並知明停十年，實停十有一年也。

十七年頒行科舉成式

初場，試四書義三道經義四道—四書義主朱子集註；詩主朱子集傳，易主程傳朱子本義，書主蔡氏傳及古註疏，春秋主左氏公羊穀梁胡氏張洽傳，禮記主古註疏。

二場，試論一道，判五道詔誥章表內科一道。

三場，試經史時務策五道。

禮部會試舉子則國子生及州府州縣學生員暨儒士之未仕者，官之未入流者應之。其學校訓導專敎生徒，及罷閑官吏，倡優之家，與居父母喪者，俱不許入試。（見明史卷七十選舉志二）

以子午卯酉年鄉試。辰戌丑未年會試。舉人不拘額數，從實充貢。

是冬詔各布政司府州縣官舉秀才人材，必會同境內耆宿長者，訪求德行道藝，著聞州里之人以充。從鄰里保結，命有司驗實。蓋科薦並行云。（大政纂要卷七）

洪武十八年初選進士爲翰林

上以諸進士未更事，俾觀政諸司。各照出身次第資格，月給俸米。其在翰林承敕監等近侍衙門者，取庶常吉士之義，稱爲庶吉士。其在六部諸司者，仍稱進士。（大政纂要卷七）

時廷試擢一甲進士丁顯等爲翰林院修撰；二甲馬京等爲編修，吳文爲檢討，進士之入翰林自此始。……進士之爲庶吉士及觀政進士之名，亦自此始。（明史選

舉志二）

洪武二十四年（西一三九一）定文字格式

據大明會典，大誥爲出題或經或史，須要含蓄，不使顯明。答者務治題意，不許敷衍。原文見另條，此處從略。其所以「不使顯明」者，蓋如顧炎武曰：

明初三場之制，雖有先後，而無重輕。乃士子之精力多專於一經，略於考古。主司閱卷，復護初場所中之卷，而不深求其二三場。夫昔之所謂三場，非下帷十年，讀書千卷，不能有此三場也。今則務於捷得，不過於四書一經之中，擬題一二百道，竊取他人之文記之。入場之日，抄謄一過，便可僥倖中式。而本經之全文，有不讀者矣。率天下而爲欲速成之童子，學問由此而衰，心術由此而壞。（日知錄卷十六）

洪武三十年始定覆試之令

洪武三十年（西一三九七）丁酉三月朔，臨策會試舉人。……時廷對之士，宋琮等五十三人，擢陳䢿第一，既而北方舉人下第者，言取士不公，上閱所取多南士，亦疑之。乃詔考官劉三吾及䢿等一甲三人皆下獄，命翰林儒臣重閱落卷，得六十一人，皆山東山西北平河南陝西四川士也，於是有覆試之令。（登科考卷二）

成祖永樂二年（西一四〇四）庶吉士始爲翰林院專官

是年廷試授一甲翰林修撰編修，復命於第二甲擇文學優長楊相等五十一人及善書者湯流等十八人，俱改翰林庶吉士，於是庶吉士遂爲翰林之專官。（明會要卷四七）先是庶吉士不專屬翰林院。……（至是）遂專屬翰林矣。（明史選舉志二）

又是年三月廷試士，初命工部建進士題名碑於國子監。（明大政纂要卷十三）

永樂六年（西一四〇八）六月命翰林官試下第舉人

六月命翰林官試下第舉人，擇文字優等者以聞。（成祖實錄卷八三）

帝以會試下第舉人既多，其中必尚有可取者。或本有學問而爲文之際，記憶偶差，以致謬誤。或考閱之官，精神昏倦，失於詳審，以致黜落。此皆可矜。於是命翰林院出題更試，得張鉉等六十人。召見，皆賜冠帶於國子監肄業，以俟後科。四年三月，傳臚之明日，進所選副士親策之，擢周翰等三人肄業翰林，餘授學官。……（同上）

日知錄曰：永樂六年六月，翰林院庶吉士沈升上言，近年各布政司按察司。不體朝廷求賢之盛心，苟圖虛譽。有稍能行文大義未通者，皆領鄉薦冒名貢士。及至會試下第，其中文字稍優者，得除教官。其下者亦得升之國子監，以致天下士子，競懷僥倖，不務實學。……是明初幾開舉人之塗，而其弊即已如此。然下第舉人，猶令入監，讀書三年，……未有游蕩於人間者。正統十四年存省京儲，始放回原籍。其放肆無恥者，游說干謁，靡所不爲。已見於成化十四年禮部之奏。至於末年，則挾制官府，武斷鄉曲，於是崇禎中命巡按御史，考察所屬舉人，間有黜革。而風俗之壞，已不可復返矣。（卷十六）

仁宗洪熙元年（西一四二五）定鄉試額

元年九月，定鄉試取士額。（仁宗實錄卷九）

上諭大學士楊士奇曰：「頃者科舉取士，往往失人，奈何？」士奇對曰：「科舉須兼取南北士，長材大器，多出北方，第樸鈍少文，難與南人並校也。」上曰：「糊名入試，何以別之，」對曰：「請令舉子試卷，緘其姓名，外書南北二字，約以百人爲準，則南北人材，皆入用矣。」上曰「善」。……復議，乃以南十六，北卷十四，退五爲中數以待之。（登科考卷一）

案據明大政纂要卷十七，此議發自鄭府審理僉輔，士奇惟玉成之。議且定，而上賓天。宣宗即位，乃奏行，定例分南北中卷之制，著爲令。是分南北中卷取士之制，具於明宣宗宣德元年（西一四二六）也。

英宗正統六年（西一四四一）詔戒飭文弊，愼選考官。

六年令出題不許摘裂牽綴，及問非所當問。取文務須淳實典雅，不許浮華。違者風憲官糾劾治罪。

又令考官必求文學老成行止端莊者。不許將六十歲以上，及致仕養病與署事舉人，幷少年新進，學力未至者舉用。（大明會典卷七七）

憲宗成化二年（西一四六六）更定科舉程式

見大明會典，別詳。

世宗嘉靖七年（西一五二八）始用京官主鄉試

是歲諸省鄉試，命科部等官二人主試。（弇山堂別集卷八二）

神宗萬曆十三年（西一五八五）禮部疏議嚴科場，祛除積弊，以光盛典。（詳見弇山堂別集卷八三）

案明代科舉至此時，制度已定，遂少變遷。歷朝詔令，惟禁懷挾，飭文弊，正文體，端風俗。然已積重難返矣。

(2)制科之沿革

明代制科，遠不及唐宋之隆重；其召徵也，亦不及唐宋之頻繁。蓋天下士人，日趨於科舉一途；其初雖三途並重，稍後則唯重科目。制科之舉，雖有明詔，類皆視若具文。故其可述者寡。然欲知明初用人行政之大端，不能略無一詞也。明史選舉志三曰：

太祖下金陵，辟儒士范祖幹葉儀。克婺州，召儒士許元胡翰等，日講經史治道。克處州，徵耆儒宋濂劉基章溢葉琛；至建康，創禮賢館處之。（卷七十一）

甲辰（西一三六四）三月，敕中書省臣：自古帝王建邦設都，必得賢士，……今土宇日廣，文武並用，……有能上書陳言，敷宣治道，參軍及都督府具名以聞，吾將試之。（昭代典則卷三）

吳元年（西一三六七）遣起居注吳琳魏觀等，以幣帛求遺賢於四方。

洪武元年（西一三六八）閏七月，徵天下之賢才爲守令。（並見明史卷二太祖紀）

十一月，復遣魏觀及文原吉詹同……等，分行天下，訪求賢才。（昭代典則卷五）

洪武六年（西一三七三）罷科舉，專以薦舉取士。

……罷科舉，別令有司舉賢才，以德行爲本，而文藝次之。其目曰聰明正直，曰賢良方正，曰孝悌力田，曰儒士，曰孝廉，曰秀才，曰人才，曰耆民，皆禮送京師，不次擢用。而各省貢生，亦由大學以進，於是罷科舉者十年。（明史卷七

一）

洪武十三年（西一三八〇）正月己丑，命羣臣各舉所知。

十四年正月丙辰，詔求隱逸。八月丙子，詔求明經老成之士。

十五年正月庚戌，命天下朝覲官各舉所知一人。（以上皆出明史卷二太祖紀）

是歲都御史趙仁言：曩者以賢良方正孝悌力田諸科所取士，列職郡縣，多不舉職，宜覈其去留。開濟條議，以明經行修爲一科，工習文詞爲一科，通曉書義爲一科，人品俊秀爲一科，練達治理爲一科，言有條理爲一科。六科備者爲上，三科以上爲中，不及三科者爲下，從之。（明史卷一三八開濟傳）

至十七年始復行科舉，而薦舉之法，並行不廢。時中外大小臣工，皆得推舉。……其被薦而至者又令轉薦。以故山林巖穴草茅窮居，無不獲自達於上，由布衣而登大僚者，不可勝數。耆儒鮑恂余詮全思誠張長年輩，年九十餘，徵至京，即命爲文華殿大學士。（明史選舉志三）何顯周任四輔官，（弇山堂別集卷八一）儀智授高密訓導（本傳）。洪武十三年，置四輔官，以儒士王本，杜佑，龔斆爲春官，杜斆，趙民望，吳源爲夏官，俱兼太子賓客。（綱目三編卷二）其他見於明史者，宋訥，徵儒士，任祭酒（卷一三七）張志源張宗德爲侍郎（選舉志三）吳沉以儒士舉授翰林院待制（卷一三七），李原名以通經儒士，舉任禮部尚書，且璲以儒士除助教（同上），是皆約略舉之也。至於賢良方正，贊震洪武初，以賢良徵，任戶部尚書，（卷一三八楊思義附傳），劉仕貆，以賢良方正對策稱旨，授廣東按察司僉事（卷一四〇），鄭公智以賢良舉為御史（卷一四一附方孝孺傳）。而『賢良郭有道，秀才范敏曾泰，稅戶人才鄭沂，儒士趙翥起家為尚書，……明經張文通，阮仲志為僉都御史，人才赫從道為大理少卿，孝廉李德為府尹，……聰明張大亨金思存為參議，凡其顯擢者如此。……蓋是時仕進無他途，故往往多躁貴者。……而會稽僧郭傳，由宋濂薦擢為翰林應奉，此皆可得而考者也。洎科舉復設，兩途並用，亦未嘗畸重輕，建文永樂間，薦舉起家，猶有內授翰林外授藩司者，而楊士奇以處士，陳濟以布衣，遽命為太祖實錄總裁官，其不拘資格又如此。自後科舉日益重，薦舉日益輕，能文之士，率由場屋進以為榮，有司雖數奉求賢之詔，而人才既衰，第應故事而已。』（明史卷七一）

二　清之沿革

(1)常科之沿革

清代考試之制，多沿明舊，無甚變遷。然其沿革，亦不可忽。古今圖書集成曰：國家用人，不拘資格，而以科目取士，其制最重。自順治二年秋，初行鄉試；

三年春，初行會試。嗣後定以子午卯酉年秋八月舉鄉試，丑未辰戌年春二月舉會試。間奉特旨開科，隨時定期，更爲曠典。我皇上加意作人，於賓興大典，親加裁定；且疏通仕路，勿使科目壅滯，其制爲尤重已。（選舉典卷七十）

是清鄉試，始於世祖順治二年（西一六四五），會試始於三年；然此爲入關以後初開之科也。先是天聰八年（西一六三四），太宗文皇帝已命禮部考取通滿洲蒙古漢書文義者爲舉人。崇德三年（西一六三八）賜新進士舉人羅碩王文奎等十人衣服緞布有差（參皇朝文獻通考卷四九）。蓋清未入關以前，亦如蒙古未定鼎中原之時，早開科取士矣。特其取士之制，尚未盡訂周詳耳。

大清會典：凡科舉，順治二年定。遇鄉試年分，照各直省，每額中舉人一名，止許取應試儒生三十名，提學考試，精通三場者，方准應試。……

又定教官，及在籍恩歲貢生監生願就本省鄉試，一體考送，卷面書官字，貢字，監字，另案發落。……

又定生童有籍貫假冒姓系僞謬者，不論已未入學，盡行革斥。……

凡科場條例，順治二年定。

一　文有正體，凡篇中字句，務須典雅純粹，不許故摭一家言，飾爲弘博。

一　制科取士，全係司衡，今後主考，除翰林六科，照例皆以次差，臨期倍取正陪，題請欽點外，其餘各衙門咨送，務選才品，不得但拘資次。……

一　閱卷主考，與各房同坐一堂，……去取權衡，專在主考，不得但憑房考薦閱。……（詳參大清會典卷三三二）

其他試藝格式，內外簾事宜，以至搜檢關防等。皆於是年詳定之。其後雖代有修改，而大較不外乎此也。

順治三年，丙戌首科，得人最盛。

淡墨錄：順治丙戌首科，得人最盛。大拜四人，……尚書八人，……督撫尚書三人，……左都御史一人，……侍郎十五人，……巡撫右副都御史一人，……通政使二人，……大理卿一人，內院學士一人。（卷一）

八年定錄送鄉試條例

直省取中舉人硃墨卷，令主考監臨布政使知府等官，於揭曉日，公同在場內將中式硃墨卷，每十卷爲一封，各用印信。是日即起程解部。定限：順天揭曉次日到部，山東山西河南限二十日到部，……廣東限九十日到部。如解卷違限十日者，府尹布政司罰俸一個月，解送官議處。（會典事例卷三三七）

九年滿漢進士分二榜

順治九年壬辰會試，分滿漢爲二榜，蒙古入滿洲榜，漢軍入漢人榜。滿榜中賜進士及第授職修撰編修，及二甲出身三甲同出身，俱與漢榜同。是科滿榜會試中式五十人，……乙未（十二年）科，滿榜亦取五十人。……自此後，滿榜仍停止，與蒙古俱漢榜合爲一。（淡墨錄卷一）

十五年（西一六五九）准會試移太和殿丹墀前考試

禮部奏：自元年以來，會試舉人俱在天安門外考試，臣等伏思臨軒策士，大典攸關，應於太和殿丹墀前考試，報可。（皇朝掌故彙編卷三五）

聖祖康熙二年（西一六六三）停止八股文章

康熙二年議准，停止八股文章。鄉會試以策論表判取士，分爲二場，第一場試策五道，第二場四書論一篇，經論一篇，表一道，判五條。直省提學院道，亦以策論考試生童。（大清會典事例卷三三二）

按清初鄉會試首場，皆八股文，以闡達理純爲尚。二年會試，以八比勦襲，乃廢除之，專以策論表判取士，然行止二科而罷。其改三場爲二場，則僅甲辰會試一科。於時「海寧沈珩昭子，以二場擬太祖太宗上尊號表最工，中會元。」（淡墨錄卷三）

康熙四年，復三場取士之制

禮部侍郎黃機言，制科向係三場，先用經書，使闡發聖賢之微旨，以觀其心術；次用策論，使通達古今之事變，以察其才猷。今止用策論，減去一場似太簡。且不用經書爲文，人將置聖賢之學於不講，請復三場舊制，報可。（皇朝掌故彙編卷三五）

七年仍以八股文章取士（大清會典事例卷三三一）

十八年（西一六七九）正月，詔舉博學鴻詞科（皇朝通考卷四八，詳後）

二十四年（西一六八五）會試，始有十本進呈之例

康熙二十四年乙丑，狀元爲長洲陸肯堂。先是進士無十本進呈之例；是科總裁刑部尚書張士甄，始以前十本恭呈欽定，上拔肯堂第一。（淡墨錄卷六）

二十八年（西一六八九）考取滿洲生員舉人進士，須試騎射。兵部議……考取滿洲生員，宜試騎射，應如所請。上命如議。又奉諭旨，滿洲以騎射爲本，學習騎射，原不妨礙讀書。考試舉人進士亦令騎射。倘將不堪者取中，監箭官及中式人，一併從重治罪。旋經奏准，奉天八旗考試亦如之。

（皇朝通考）按……自後世溺於章句，而文武判爲兩途，……人才之偏而不全，遠遜

三代者，職是之故。我朝以武功定天下，而國書繙譯，貫串經史，……凡考試滿洲進士舉人，必先是二者乃准入闈，以其爲國家本務，不可逐末而忘乎肇始。是以功令所在，八旗有不與試之士，而無不能射之人，入則含毫挾册，出而躍馬彎弧，要皆爲可用之學。（卷四十八）

按清廷此舉，雖爲保持滿族强盛，以利統治；然其用意，不爲不善。惜乎滿洲人士，養尊處優，惡勞好逸。乾嘉以後，宗室考舉，日漸零落；降至同光，益形寥寥。雖仍奉行故事，而應者絕寡。蓋滿人之特性特長，均消磨於漢族同化中矣。

康熙四十四年（西一七〇五）俞化鵬請以詩賦取士，不從。

五月初五日，上諭內閣，開科取士，以能明經義爲重。若增入詩賦，則士子攻習詞章，反於經義疎淺，非國家磨勵實學之意。今闈試屆期，俞化鵬妄請更張成法，大不合理，該部覆議允行。亦屬不合，可下旨通行嚴飭。（圖書集成選舉典卷七十）

康熙五十一年（西一七一二）特開萬壽鄉會試恩科

五十一年四月二十四日丙子，上允禮部議覆直省舉人貢監生員李長庚……等所請特開萬壽鄉會科，每十年一舉，永著爲令。以昭曠典，以隆文治。（同上）

是年四月開萬壽恩科，於五十二年二月鄉試，八月會試。五月定會試分省取中進士之制。（皇朝通典卷十八）

世宗雍正元年（西一七二三）世宗憲皇帝登極，詔開恩科（同上）

又敕今年殿試，天氣已寒，諸貢士著在太和殿內兩旁對策，再傳諭總管太監，多置火爐，使殿內和暖，諸貢士得盡心作文寫卷。（皇朝通考卷四九）

按清會試之地，自順治十五年准由天安門改至太和殿丹墀前考試，至雍正元年，又可在殿兩旁對策矣。

雍正五年（西一七二七）取明通榜

議准會試落卷內，揀選文理明通者，引見，以教職即用，謂之「明通榜」。（皇朝通典卷十八）

按會典事例卷三五三，於「明通榜」下，先紀順治初年定，舉人中副榜者，禮部咨送吏部授職。蓋與雍正之明通榜實同也。自茲以降，乾隆二年，十年，十九年，二十六年，三十四年以至五十五年，俱照例舉行，而錄用亦如之。然從此以後無聞焉。

高宗乾隆十年（西一七四五）正月特命會試改期於三月，以待春溫，永著為例。……二月

、敕改殿試之期於四月二十六日，五月初一日傳臚。(皇朝通典卷十八)

按乾隆二十一年，又改於四月二十一日殿試，二十五日傳臚，至同光各朝皆遵行不變。

乾隆二十二年(西一七五七)改試五言八韻詩

二十二年議准，御史袁芳松奏，自乾隆己卯(二十四年)科鄉試爲始，於第二場經文之外，一體試以五言八韻唐律一首。(科場條例卷十五)

按乾隆四十七年以後，改詩於第一場。(見通典卷十八)

乾隆二十三年，議准鄉會試第一場，四書文外，仍加試性理論一篇(皇朝通考卷四九)

二十四年，殿中磨勘之議

秦司寇蕙田，進呈磨勘順天試卷，上閱第四名有「飲君心於江海」之語，上云撰其意不過如「飲和食德」常語，而雜湊不成文理，罰停五科。嗣後磨勘定議甚嚴，場中之文，斤斤繩墨矣。(國朝貢舉年表卷二)

按磨勘之法，明制不顯，入清甚重。吹毛求疵，無所不用其極。蓋不僅文字之校勘，並及文句之推敲。凡語意稍涉曖昧者，則犯上關節之猜疑，不難立即附會；從而難免於刑辱矣。

五十七年（西一七九二）定春秋俱以左傳本事爲題，參用公羊穀梁。

禮部尚書紀昀等奏，向來考試，春秋用胡安國傳，胡傳中有經無傳者多，可以出題之處甚少。請嗣後春秋題，俱以左傳本事爲文，參用公羊穀梁，即自下科鄉試爲始，一體遵行。得旨此奏是。（乾隆東華續錄卷一百六）

仁宗嘉慶二十二年（西一八一七）朝考減詔一道

上諭向來朝考，以論詔疏詩四項命題，其詔題多係擬古。朕思士子試以論疏詩，其優劣已見，著裁去詔一道，以論疏詩三項命題，著爲令。（貢舉年表卷三）

宣宗道光十五年（西一八三五）御史易鏡清奏三場試策，請改用律例一道。不從。（道光東華續錄卷三二）

是後淸代科舉之制，歷道咸同治三朝，除防弊功令外，均無重大改革。

光緒十三年（西一八八七）慈禧令總理衙門，公議御史陳琇瑩奏請將明算人員，量予科甲出身事。

原奏大意，略謂「洋務需才孔亟，然求才於船政機器等局。同文方言等館及出洋學生，率不免怵於先入爲主之說。以事事爲必效法外洋，不若範才於科目之內，以算學取士，由此從事於泰西格致專門之學，講求水師船砲機器鐵路礦務洋律等事，……不致如左袒泰西者之易滋流弊。」該御史盱衡時世，長慮及茲，所陳不為無見。……第捨實歷之學堂練船，而强驅之，使入於空文相應之科目，憑一日之短長以衡士，毋乃慕虛名而不程實效乎？……臣等公同體察，就該御史所奏，酌中立法，擬請飭下各省督府學政諸臣，訪求格物測算之士，能通中西各學者，准其咨送總理衙門，試以九章，四元代數幾何諸題，作為算學生員，一體准就順天鄉試。頭二場照常試以四書五經義，三場策問五道，別以算術發題，仿官卷例，另編字號，立為定額，每十卷中，准考官取中一名，一體會試，取中亦如之。殿試朝考後，量授京官，臨時奏明請旨。……所有臣等遵議明習算學人員，准予科甲出身緣由，謹合詞恭摺具陳，伏乞皇太后聖鑒，訓示施行，謹奏。（政典類纂一九一引邸抄）

按此奏是否見諸實行，不得其詳。然清代以外患之刺激，至於罷科舉，則此時已見其端倪矣。

光緒二十四年（西一八九八）令自下科起，概用策試。

上諭：我朝承宋明舊制，以四書文取士，康熙年間，曾經停止八股，改試策論，未久旋復舊制。……乃近來風氣日瀉，文體日敝，若不因時變通，何以見實學

而拔眞才。著自下科爲始，鄉會試及生童歲科各試，向用四書文者，一律改試策論。（皇朝續文獻通考卷一〇五）

是年因湖廣總督張之洞，奏請變通科舉，設立經濟特科。已志在必舉，嗣以戊戌政變，慈禧復訓政，科舉改革，遂未卽行。二十七年（西一九〇一）乃改用新章取士。

諭：科舉爲掄材大典，我朝沿用前明舊制，名臣碩儒多出其中。……乃行之二百餘年，流弊日深，……急宜講求實學，挽回積習。查近來各國通商，智巧日出，尤貴博通中外，儲爲有用之材。所有各項考試，不得不因時變通，以期造就。著自明年爲始，嗣後鄉會試頭場，試中國政治史事論五篇，二場試各國政治藝學策五道，三場試四書義二篇，五經義一篇，考官閱卷，合校各場，以定去取。不得偏重一場，生童歲科兩考，仍先試經史，一場專試中國政治史事及各國政治藝學策論。一場試四書義五經義各一篇，考試試差庶吉士散館，均用論一篇，策一道。進士朝考論疏殿試策問，均應切實敷陳，不得仍前空行剽竊。……其餘各項考試未盡事宜，著禮部會同政務處，妥議具奏，欽此。

此論蓋因江督劉坤一，鄂督張之洞奏請變通科舉而發。劉張條奏科舉一事，爲自强求才之首務，時局艱危至此，斷不能不酌量變通。故有是論，變通以後，行之至廢科舉而止。

(2)制科之沿革

清代科目取士，垂爲定制。其特詔舉行者，曰博學鴻詞科，經濟特科，孝廉方正科。若經學，若巡幸召試，雖未設科，可附見也。清通典曰：「我朝自定鼎之初，鄉會開科，徵召遺逸。聖祖仁皇帝振興文治，培植士林，於常制鄉會之外，特舉博學鴻詞之科，以收奇才異能之士。世宗憲皇帝循名責實，搜羅羣彥，廣開保舉之門，累頒求賢之詔，舉孝廉方正。孝友端方，增設繙譯之科，加惠邊遠之士。我皇上御極之初，親試鴻博，舉察孝行，復詔九卿，薦舉經學。迨乎大駕六巡江浙，幸山東，臨天津，凡獻賦屬車之次，皆蒙召試授官，而揀選舉班，疏通淹滯。凡士之操一技以自見者，莫不甄綜無遺，猗歟休哉。」（卷十八）

康熙十八年（西一六七九）召試博學鴻詞科

欽取五十人，分別授職。先是十七年奉諭旨，自古一代之興，必有博學鴻儒，振興文運，闡發經史，潤色辭章，以備顧問著作之選。……凡有學行兼優文詞卓越之人，不論已仕未仕，著在京三品以上及科道官員，各舉所知，朕將親試錄用。……所舉官人，恐有貧寒難支者，戶部量給衣食。於是月給俸廩及柴炭銀兩。至是集諸人於體仁閣考試，欽命試題，賦一篇詩一首。上親覽試卷，大學士掌院學士參閱，分爲四等：曰上上，曰上，曰中，曰下。以彭孫遹爲第一。共取五十卷。（清通考卷四八）

案博學鴻詞科之舉，李調元淡墨錄卷四，記載最詳。凡考試日期，儀節，取錄經過，皆紀述之。並附及第人傳略。據李氏所述，是科之開，蓋因康熙十五六年間，上厭薄八比，諭內三院九卿，於甲辰丁未兩科，改換策論，着以經濟時務取士。而廷臣狃於故習，皆言古學不可卒辦。仍暫用八比，以俟徐復，因特開是科。試期爲三月初一日，授職爲二十四日，凡已仕者，俱照品級授講讀宮坊編修等；其未仕者，概授檢討，總充明史館纂修。其杜越，傅山，王方轂等，文學素著，念其年邁，從優加銜，均授內閣中書正字銜回籍，以示恩榮。計此五十人爲彭孫遹，倪燦，張烈，汪霦，喬萊，王頊齡，李因篤，秦松齡，周清原，徐嘉炎，陸棻，馮勗，錢中諧，汪楫，袁佑，朱彝尊，陳維崧，湯斌，汪琬，邱象隨，李來泰，潘耒，沈珩，施閏章，米漢雯，黃與堅，李鎧，徐釚，沈筠，周慶曾，尤侗，范必英，崔如岳，張鴻烈，方象瑛，李澄中，吳元龍，龐塏，毛奇齡，錢金甫，吳任臣，陳鴻績，曹宜溥，毛芳升，曹禾，黎騫，高詠，龍燮，邵遠平，嚴繩孫，皆知名之士也。

康熙四十二年(西一七〇三)聖祖仁皇帝巡幸江浙，御試士子中選者，賞白金，令赴京錄用有差。(會典事例卷三五四)

四十四年再巡幸江浙，諭各省總督舉貢監生等，有精於書法，願赴內廷抄寫者，赴爾等衙門報名，朕親加考試，特諭。(同上)

雍正十一年(西一七三三)，詔舉博學鴻詞，罕有薦者。

上諭：博學鴻詞之科，所以待卓越淹通之士，……康熙十七年，特詔……薦舉，召試授職，……得人號爲極盛。迄今數十年來，……未嘗廣爲搜羅。……朕延攬維殷，宜有……枕經葄史殫見洽聞，足稱博學鴻詞之選，所當特修曠典，特與旁求。……彙送內閣，……朕將臨軒親試，優加錄用。(雍正內閣上諭四月)

乃降旨已久，而外省之奏薦者，寥寥無幾。十三年二月二十八日，復降旨催促，責諸臣觀望。(詳參雍正上諭)

乾隆元年(西一七三六)定鴻博試題之例，彙再舉鴻博科。

考試鴻博，定爲兩場：首場試以經解一篇，史論一篇，二場照例試以詩賦論三題。(清通考卷五十)

是年九月，召試雍正十三年各部院各省薦舉博學鴻詞於保和殿。取一等五名，劉綸，潘安禮，諸錦，于振，杭世駿；授編修。二等十名，陳兆崙，劉藻，夏之蓉，周長發，程恂；授檢討。楊度汪，沈廷芳，汪士鍠，陳士璠，齊召南；俱授庶吉士。(詳參淡墨錄卷十一)

此外是年召試被放可考者，尙有袁枚。全祖望，萬經，沈德潛等三十一人。(詳參國朝歷科館選錄)

乾隆二年，補試博學鴻詞，取一等萬松齡，授檢討；二等朱荃洪世澤，俱授庶吉士。又二等張漢，亦授檢討，復由檢討改知府。(參館選錄)按此次詞科，旁求至四年，內外大臣，亦有矜愼未及薦者，共得薦者二百六十七人，較之康熙十八年爲盛。然其中有辭不至者，有已升外吏四品以上免試者，有已邀館選免試者，有病逝者，有以病不試者。其豫試者僅二百二十人爾。二百六十七人之履歷，均見全祖望公車徵士錄。凡考選者，俱榜下授職；待遇頗優；然淸代博學鴻詞之開，止有康乾二次，其後未再舉行矣。

乾隆十四年(西一七四九)詔保舉經學

詔曰：崇尙經術，有關世道人心，今海宇昇平，學士大夫精研本業，窮年矻矻宗仰儒先者，當不乏人。大學士九卿督撫，其公舉所知，不限進士舉人諸生，

及退休閒廢人員，能潛心經學者，愼選毋濫。（清史稿選擧志四）

據保擧經學名單，所擧者共七十人，皆略加考語，述其學問人品。如禮部左侍郎秦蕙田保吳鼎，其考語爲「潛心經學，人品端樸」。又有評其人「老成敦樸」者，蓋其用意，不免於牢籠駕馭也。

乾隆十六年，大學士九卿等，遵旨保擧經學人員陳祖范等

疏上，上諭陳祖范等平日研究經義，必見之著述，……俟觀其著述，另降諭旨。……尋賞給陳祖范顧棟高國子監司業職銜，授吳鼎國子監司業，梁錫璵額外司業。（清通典卷十八）

按保擧經學，七十人中，僅賞給四人職銜。而祖范棟高，俱以年老，不能供職，惟獲虛銜。擧者與被擧者，恐均不免於失望，故清代保擧經學，僅此一次，後不復擧行。至國車臨幸，宏奬士林，則康熙四十二年四十四年，聖祖巡幸江浙，召試士子，已述於前。高宗六幸江浙（乾隆十六年，二十二年，二十七年，三十年，四十五年，四十九年）三幸山東（三十六年，四十一年，五十五年）四幸天津（三十八年，四十一年，五十三年，五十九年），凡士子進獻賦頌，特予召試。優者考列一等之進士擧人，以內閣中書卽用；貢監生員賞給擧人，授於內閣中書學習行走。次者賞給緞疋。（參清通典卷十八及學政全書卷二

召試事宜）仁宗嘉慶十三年，東巡淀津；十六年，西幸山西，召試之典，亦如前例。（學政全書卷二）自時厥後，未復舉行。降至清末，外侮孔亟，海內皇皇，昌言變法，光緒二十四年（西一八九八），戊戌政變，貴州學政嚴修，請改經濟特科，下總理各國事務衙門會禮部議覆，八月慈禧臨朝訓政，以經濟特科，易滋流弊，罷之。庚子拳匪之亂，乘輿播遷，兩宮怵於時局阽危，乃於光緒二十七年（西一九〇一）慈禧詔舉經濟特科，御史陳秉崧奏請力除夤緣。既而三品以下京卿紛紛保送，帝覺其冗濫，復罷之。（參皇朝掌故彙編卷三七）

二十九年，實行考試經濟特科

政務處議定考試之制，如廷試例，於保和殿天子親策之。凡試二日，首場入選者，始許應覆試，均試論一策一，簡大臣考校。取一等袁家穀張一麐方履中……袁勵準等九人；二等馮善徵羅良鑑秦樹聲……陳曾壽等十八人。迨授官，命下，京職外任，僅就原階，略予陞敍。貢舉用知縣州佐，以視康乾時詞科恩遇，寖不如矣。（清史稿選舉志四）

二十四年（西一九〇八）御史俾壽，請特開制科，政務處大臣議，以孝廉方正，直言極諫兩科，皆無實際，惟博學鴻詞科，……得人稱盛。……時方詔各省徵召耆儒碩彥，湖南舉人王闓運，被薦授翰林檢討。兩江安徽，相繼舉薦王耕心，……姚永樸等，部議以諸人覃研經史，合於詞科之選，俟章程議定，呈請舉行，未幾，德宗崩，遂寢。（同上）

至於孝廉方正之舉，始於康熙六十一年，詔各直省每府州縣衛，各舉孝廉方正，以六品頂帶榮身，以備召用。雍正元年諭旨，……前所頒恩詔內，有舉孝廉方正一條，距今數月，亦未疏聞，——著各直省督撫遵前詔確訪舉奏。（皇朝掌故彙編卷三七）雍正二年，五年，並詔舉之。（同上）乾隆元年，吏部議准：凡府州縣衛保舉孝廉方正，悉由地方紳士里黨合詞公舉，州縣官採訪公評，詳稽事實。倘所舉不實，照濫舉匪人例，分別議處。

乾隆五年，定考試例

除樸實拘謹無他技能不能應試者，例予頂帶不送部外，其膺薦赴部者，驗看後試以時務策牋奏各一，於太和殿內，道光間，改於保和殿，如考試御史例。（清史稿選志四）

其後同光元年，兩舉行之。光緒八年，御史洪良品，以考試孝廉方正，弊竇甚多，請嚴行覆試。略謂「風聞前日考試孝廉方正，士子竟有不能完卷，預覓鎗手，假充當差官員，混入朝房，代作代寫。……各省所舉人員到京，竟有微服冶遊，……若不顧名思義者，而臨場復作奸舞弊，無所不爲。夫上以方正求之，而下以邪曲應之，進身之始，已違其實，安望其服官有恪耶？（掌故彙編卷三七）故良品請嚴行覆試，並坐舉而不實者罪。然已積重，莫能復返。宣統初年，各省所舉，冗濫更甚。大要清初定制，孝廉用知州知縣；厥後薦舉人衆，乃分別授以知縣州判佐雜等官；而歷朝以來，有司奉行，第應故事，罕加重視。故略述其沿革，附錄於此。

三　廢科舉之原因

廢科舉之原因，可分爲二。一爲八股文之反動，二爲外患之刺激。

(1)八股文之反動

科舉行至明清，方法雖至周密，而弊病亦復繁多。其最要者，莫如八股文之空洞無用。於是一班實用學派，如顧亭林顏習齋等，大倡反對。顧氏之言曰：

愚以爲八股之害等於焚書。而敗壞人材有甚於咸陽之郊所坑者；但四百六十餘人也。……

今日欲革科舉之弊，必先示以讀書學問之法。暂停考試數年，而後行之。然後可以得人。（日知錄集釋卷十六）

其於生員論曰：

國家之所以取生員而考之以經義論策表判者，欲其明六經之旨，通當世之務也。今以書坊所刻之義，謂之時文。舍聖人之經典，先儒之注疏，與前代之史不讀，而讀其所謂時文，時文之出每科一變，五尺童子，能誦數十篇而小變其文，即可以取功名，而鈍者，至白首而不得過。老成之士，既以有用之歲月銷磨於場屋之中；而少年捷得之者，又易視天下國家之事，以爲人生之所以爲功名者，惟此而已。故敗壞天下之人才，而至於士不成士，官不成官，兵不成兵，將不成將，夫然後寇賊奸宄得而乘之；敵國外侮得而勝之。苟以時文之功，用之於經史及當世之務，則必有聰明俊傑通達治體之士，起於其間矣。（亭林文集卷二）

而顏習齋存治篇重徵舉亦曰：

今之制藝遞相襲竊，通不知梅棗，便自言酸甜。不特士以此欺人，取士者亦以此自欺。彼卿相皆從此孔穿過，豈不知考試之喪氣，浮文之無用乎。顧甘以此誣天下也。

此外論八股文之害者，尙更僕難數。盧抱經學士之論時文曰：「時文者驗其所學而非所以爲學也」。顧景范則曰：「秦坑儒，不過四百；八股阬人，極於天下後世。

」於是乾隆九年兵部侍郎舒赫德上廢科目疏，時首相鄂文端公爾泰，持議力駁，得以不廢。其原疏云：

「科舉憑文而取，案格而官，已非良法，況積弊已深，僥倖日衆。古人詢事考言，其所言者即其居官所當爲之職事也。今之時文，徒空言而不適於用，此其不足以得人者一。墨卷房行，輾轉抄襲，膚詞詭說，蔓衍支離，以爲苟可以取科第而止；其不足以得人者二。士子各占一經，每經擬題，多者百餘，少者不過數十，古人畢生治之而不足，今則數月爲之而有餘，其不足以得人者三。表判可以預擬而得，答策隨題敷衍，無所發明，其不足以得人者四。且人材之盛衰，必於心術之邪正，今之僥倖求售者，弊端百出，探本淸源，應將考試條款，改移而更張之，別思所以遴拔眞才實學之道」等語。文端公駁曰：「……科舉之弊，詩賦則祇尙浮華而全無實用，明經則專事記誦而文義不通。……時藝之弊，則今舒赫德所陳奏是也。聖人不能使立法之無弊，在乎因時而補救之。……若專務循名，則雖高言復古，而法立弊生，於造士終無所益。今舒赫德所謂時文經義，以及表判策論，皆爲空言勦襲而無用者，此正不責實之過耳。……且夫時藝取士，自明至今，殆四百年，人知其弊而守之不變者，非不欲變，誠以變之而未有良法美意以善其後，……雖曰小技，而文武幹濟英偉特達之才，未嘗不出乎其中。……若今之抄襲腐爛，乃是積久生弊，不思力挽末流之失，而轉咎作法之涼，不已過乎。即經義表判策論等，苟求其實，亦豈易副。……今若著爲令甲，非工不錄，則服習講求，爲益非淺。表判策論，皆加覈實，則必淹洽乎詞章，而後可以爲表。通曉乎律令，而後可以爲判。必有論古之識，斷古之才，而後可以爲論。必通達古今，明習時務，而後可以爲策。凡此諸科，內可以見其本原之學，外可以驗其經濟之才，何一不切於士人之實用，何一不見之於施爲乎。……然此亦特就文章而言耳。至於人之賢愚能否，有非文字所能決定者，故立法取士，不過如是，而治亂盛衰，初不由此，無俟更張定制爲也。舒赫德所奏，應毋庸議。」八月十四日奏，奉旨，「所議是」。（淡墨錄卷十三）

案此時鄂爾泰當國，聲勢頗盛，以力議駁，科舉制義，賴以不廢。然鄂氏已洞悉弊奸，明言「立法取士，不過如是」，「人知其弊而守之不變者，……以變之而無良法美意以善其後也。」故歷乾嘉道咸，皆因仍不變。至咸豐間，馮桂芬又謂時文無用，欲另建良策。馮氏製洋器議曰：

國家重科目，中於人心久矣。聰明智巧之士，窮老盡氣，銷磨於時文，試帖，楷書無用之事。又優劣得失無定數，而莫肯徙業者，以上之重之也。今令分其半以從事於製器尚象之途，優則得，劣則失，劃然一定，而仍可以得時文，試帖，楷書之賞，夫誰不樂聞。且其人有過人之聰，何不可以餘力治文學講吏治，較之捐輸所得不猶愈乎？即較之時文，試帖，楷書，所得，不猶愈乎？即如另議改定科舉而是科卻可並行不悖，中華之聰明智巧，必在諸夷之上，往時特不之用耳。（校邠廬抗議卷下）

馮氏在其改科舉議，即主以『經解爲第一場，經學爲主。凡考据在三代以上者皆是。而小學算學附焉。經學宜先漢而後宋，無他宋空而漢實，宋易而漢難也。以策論爲第二場，史學爲主，凡考据在三代以下者皆是。以古學爲三場，散文駢體文賦各體詩一首。』（見同書）馮氏之議，雖未實行；然觀其立論，不僅八股文之反動，并爲宋明理學之反動矣。

（2）外患之刺激

中國自鴉片戰爭以後，外患紛至沓來。雖割地賠款，屈辱求和，而秉國之主，仍復自高自大，不爲所動。有識之士，慭然心憂。如馮桂芬已於同治間議製洋器矣。中午之役，舉國震驚。痛定思痛，朝外人士，乃紛紛講求富國强邦之策，經世致用之學。於是光緒二十三年十一月二十三日，貴州學政嚴修，奏請開經濟特科，以收實用。原奏略謂近世士大夫，頗多講求實學，而書院學堂之設，所成就者，僅及於少年新進，而耆儒宿學及已通經籍者，不入院堂肄業，轉無由邀朝廷特達之知，因請仿照從前鴻博之例，開經濟特科。（詳參光緒東華續錄卷一四二）上以嚴氏奏摺諭總理各國事務衙門會同禮部議妥，復奏可行。二十四年正月初六日，上諭採嚴修摺，以內政外交理財經武格物考工六事，開經濟特科，詳定新章。（同上）三月梁啓超聯合舉人百餘人，連署上書，請廢八股文取士之制。（戊戌政變記卷三）而浙江巡撫廖壽豐，奏請飭妥議章程，以收實效。三月三十日，上諭總理衙門會同禮部速議特科新章。四月間，康有爲草變科舉二摺，交楊深秀上之。（均見戊戌奏稿）二十八日，康氏朝見德宗於仁壽殿，痛論八股文之害曰：

　　今日之患，在吾民智不開，故雖多而不可用。而民智不開之故，皆由八股試士爲之。學八股者，不讀秦漢以後之書，更不考地球各國之事，無以應今日之事變者，皆由八股致之。故遼臺之割，不割於朝廷，而割於八股；二萬萬之款，不賠於朝廷，而賠於八股；以致膠州，旅大，威海衛，廣州灣，亦莫不割於八股。皇上既以爲可廢，請下明詔，勿交部議；若交部議，部臣必駁斥矣。上曰

可。（康氏自編年譜）

朝見以後，於四月二十九日，復草請廢八股取士摺，以御史宋伯魯之名上之。

五月五日丁巳，詔改八股取士舊制。謂：

欽奉上諭，我朝沿宋明舊制以四書文取士，……歷科所得，不乏通經致用之材。乃近來風尚日漓，文體日敝，試場文卷，大都循題敷衍，於經義罕有發明，而謭陋空疏者，每至濫竽充選。若不因時變通，何以勵實學而拔眞才。著自下科爲始，鄉會試及生童歲科各試，向用四書文者，一律改試策論。其如何分場命題考試，一切詳細章程，該部即妥議具奏。此次特降諭旨，實因積弊太深，不得不改弦更張。以破拘墟之習。（光緒東華續錄卷一四五）

癸甲二科會試，均已改八股文爲策論（詳見光宣小紀會試條）。是年六月，又詔改定文科新章，用兩湖總督張之洞，湖南巡撫陳寶箴奏也。奏既入，上諭云：

鄉會試改試策論，前據禮部詳議分場命題各章程，已依議行。玆據該督等奏，……剴切周詳，頗中肯綮，著照所議鄉會試，仍定爲三場，第一場試中國史事國朝政治論五道，第二場試時務策五道，專問五洲各國之政，專門之藝。第三場試四書義兩篇，五經義一篇。……其學政歲科兩考生童，亦以此例推之。……禮部

即通行各省，一體遵照。（東華續錄卷一四六，光緒政要卷二四）

新章定後，三品以上京官及督撫學政，保舉人才，不免貨緣濫進，御史鄭思贊，奏請照濫保匪人之例，交部議處，以示懲戒，詔從之。（東華續錄卷一四六）七月又詔停止朝考，不憑楷法取士。所有特科人員，一經殿試，即可據爲授職之等差。於時各項改革，雷厲風行；特科之開，志在必舉。無奈戊戌政變，八月六日，德宗被囚，慈禧復訓政。一切制度，悉仍舊貫。科舉改革，同遭此阨。八月己巳（二十四日），欽奉慈禧懿旨：

國家以四書文取士，原本先儒傳注，闡發聖賢精義，二百年來，得人稱盛。近來文風日陋，……此非時文之弊，乃典試諸臣不能釐正文體之弊。……嗣後鄉會試及歲科考等，悉遵舊制，仍以四書文試帖經文策問等項，分別考試。經濟特科，易滋流弊。並著即行停罷。（光緒東華續錄卷一四八）

二十六年正月，諭飭考試拔取眞才。大要爲諭各省學政督撫，恪遵科場條例學政全書所載取士之法，切實磨勘，力除近年邪妄之習。如經磨勘有文體不正之處，即將該學正及匿不查參之督撫議處。（詳參光緒政要卷三十六）是年因庚子拳匪之亂，各省軍務倥偬，六月令將恩科鄉試，展期至次年三月初八日舉行；會試八月初八日舉行。二十七年正月，諭開數地方，停止文武考試。(同上卷二七) 四月禮部奉慈禧諭，謂時局艱難，應破格求才，以資治理，照博學鴻詞例，開經濟特科。(同上) 此又純因外患之刺激而作也。五月兩江總督劉坤一，湖廣總督張之洞第一次會奏變法事宜，共籌擬四條，其二曰酌改文科，三曰停罷武科。第二次會奏變法事宜，酌擬十二條，其八曰改選法。(同上) 於是七月己卯(十六日)：

諭科舉爲掄才大典，我朝沿用前明舊制，以八股文取士，……行之二百餘年，流弊日深。……急宜講求實學，挽回積習。……所有各項考試，不得不因時變通，以資造就。……嗣後鄉會試頭場，試中國政治史事論五篇。二場試各國政治藝學策五道，三場試四書義二篇，五經義一篇。考官評定，合校三場，以定去取。不得全重一場。……凡四書五經，均不准用八股文，程式策論，不得仍前空衍剽竊。(光緒東華續錄卷一六八)

是日又諭永遠停止武科。二十九年正月，詔開恩科。以慈禧七旬萬壽，於是年舉行癸卯恩科鄉試，次年舉行甲辰恩科會試。其癸卯甲辰正科鄉會試，卽歸併丙午丁未舉行。(光緒政要卷二九) 二月，直隸總督袁世凱，兩江總督張之洞，奏請遞減科舉。「俟萬壽恩科舉行後，將各項取中之額，預計均分，按年遞減。學校歲科試，分兩科減盡，鄉會試分三科減盡，卽以科場遞減之額，移作學堂取中之額。』（光緒政要卷三九）十一月，管學大臣張百熙，榮慶，張之洞會奏一摺，復請遞減科舉事宜。於是光緒三十一年（西一九〇五）八月初四日，諭立停科舉，以廣學校。先日直隸總督袁世凱，盛京將軍趙爾巽，兩湖總督張之洞，兩江總督周馥，兩廣總督岑春萱，湖南巡撫端方，會銜舉云：

竊惟科舉之弊，古今人言之綦詳；而科舉之阻礙學堂，妨誤人才，臣世凱臣之洞等，亦疊經奏陳。……臣等默觀大局，熟察時趨，覺現在危迫情形，更甚曩日，……欲補救時艱，必自推廣學校始；欲推廣學校，必自先停科舉始。擬請宸衷獨斷，雷厲風行，立沛綸音，停罷科舉。庶幾廣學育才，化民成俗，內定國勢，外服强鄰，轉危爲安，胥基於此。疏入，奉上諭：袁世凱等奏請立停科舉，以廣學校……一摺，……所陳不爲無見。著卽自丙午科（光緒三十二年）爲始，所有鄉會試一律停止，各省歲科考試，亦卽停止。其以前之學貢生員，分別量予出身。及其餘各條，均照所請辦理。（光緒東華續錄卷一九五，光緒政要卷三十一）

此令一下，科舉之制，自唐高祖武德五年（西六二二）正式開科以來，行之千二百八十四年，而於清光緒三十一年（西一九〇五）告終矣。先是久傳議停科舉，王文勤公

（文筋）力持不可，及公能軍機，未逾月，袁世凱端方，及張之洞等連合各疆臣，奏上邀准。此金粱光宣小紀所述，可補上文之不足也。

丙 考試規程

明清兩代，考試規程，最爲繁密。此節所述，祇能示其大略。

一 考試官

(1)鄉試考試官

明初鄉試，惟兩京用翰林；而各省用教官，『或郡縣京官之居鄉者，亦有貢士儒士主考職官分考者』。（雙槐歲鈔卷五場屋知人條）故有不在朝列，累秉文衡者。洪武十七年定例，鄉試考試官，皆『訪明經公正之士，於儒官儒士內選用。官出幣帛，先期敦聘主文考試官二員，文幣各二表裏。同考試官四員，文幣各一表裏。在內應天府請，在外布政司請。提調官，在內應天府官一員，在外布政司官一員。監試官，在內監察御史二員，在外監察司官二員，供給官，在內應天府官一員，在外府官一員。收掌試卷官一員，彌封官一員，謄錄官一員，書寫於府州縣生員人吏內選用。對讀官四員，受卷官二員，已上皆選居官清慎者充之。巡綽監門搜檢懷挾官四員，在內從都督府委官，在外從守禦官委官。』（大明會典卷七七）總計明代鄉試官員，已二十有七，而書寫員不計。景泰三年令「布按司同巡按御史，公同推保見任教官，年五十以下三十以上，……精通文學持身廉謹者，聘充考官。」(明貢舉考卷一)於是教官主試，遂為定例。其後有司徇私，聘取或非其人，監臨官又往往侵奪其職掌。成化十五年，御史許進請各省俱視兩京例，特命翰林主考。帝諭禮部嚴飭私弊，而不從其請，屢戒外簾官毋奪主考權，考官不當，則舉主連坐。又令提學考定教官等第，以備去取，然相沿既久，積習難移。嘉靖七年，兵部侍郎張璁，請遣京官或進士主鄉試，未從，(明史卷七十)。至萬曆十三年乙酉，各省始改遣京官主試。「自乙酉至辛卯，行之已三舉，而御史不甘文柄之見奪，每科必有爭執，至癸巳(二十一年)冬，而紛紛互訐愈不休，上命禮部會官議之，因……(以京官)為領袖，其餘仍舊聘取教職，而知州知縣有地方之責者不與焉。」(萬曆野獲編卷十五，及補編卷二)「四十三年，又從南京御史奏，兩京同考用京官，進士易詩書各二人，春秋禮記各一人，其餘仍參用教官。(明史卷七十)自後京官教職主考，互有黜升，終於教職勢微，用者甚稀。其不用本省有司主考，則皆遵行未變也。

清鄉試官，初制順天江南正副主考，浙江江西湖廣福建正主考差翰林官八員，他省用給事中，光祿寺少卿，六部司官行人中書評事，某官差往某省，皆有一定。

（清通考卷四）康熙三年題准，鄉試正副主考，不必拘泥舊例，指定某衙門官差往某省。各衙門應差官員職名，概行開列，題請簡用。（會典事例卷三三三）順天初同各省簡正副二人，「乾隆中葉增爲三。協辦大學士尚書以下，副都御史以上官，編檢不復與矣。道光中間，簡三四人，同治後頻簡四人。初，考官不限出身，康熙初，主事蔡騶曹首望，俱以拔貢典試。十年從御史何元英言，請考試官專用進士出身人員。然舉人出身者間亦與焉。」（清史稿選舉志三）雍正三年諭：「前各省正副主考，間有不能衡文者，此皆由中式之後，荒疏年久故耳。著將應差委之翰林……及進士出身官員，……召集於太和殿，試以四書文二篇，以備鄉試差遣。」（會典事例卷三三三）是年「將御試取定人員，書名牙籤，盛以全筒，每屆按省分差之期，……令書名人員會集，……掣籤唱名，……欽定正副主考往差。」（同上）乾隆元年，命大臣先於翰林科道內各舉所知，然後考試差遣。九年，御史李清芳奏：「大臣保舉應差主考人員共四十九人，各省直止十六人，滿洲四人，餘二十九人均係江浙兩省。……可見保薦者，大抵饒於財而怒於勢。至守正不阿者，不肯伺候公卿之門。邊隅之士，聲氣不通，交遊不廣，是以無人薦舉。請將合例人員，通行考試。」（同上）帝疑清芳未列保舉，激爲是語，不允所請，仍考試與保舉並行。十二年諭，向來各省鄉試正副主考官，有通行考試者，亦有令大臣保舉者，今歲大比之年，著將應行開列人員，通行考試，其不願考試者聽。十八年，三十三年及三十五年，皆通行考試。(同上)自此以後，考試試官，遂著爲令。先是御史取錄名單皆發出。其後銜定名次，不復揭曉。嘉慶五年，更別試滿漢二品以下進士出身之侍郎內閣學士及三品京堂等官，俱赴尚書房考試，欽命論題詩題各一，名曰大考差，以作他日題請簡放各省考官張本。其有年老及自揣學問荒疏不願赴考者，即毋庸開列。(以上參會典事例卷三三三)是清試官資格之限，與考試差選之法，皆較明代爲周密矣。

(2)會試考試官

明清會試主考官，分總裁房官二種。總裁一稱座主，管考試。房官俗稱「房師」，管閱卷。明二十房，清十八房，然亦略有變遷。據洪武四年登科錄：總提調官二人，爲右丞相汪廣洋，左丞省胡惟庸。讀卷官四人：一國子監祭酒，一前太常寺博士，一奉議大夫科給事中，一翰林院修撰。監試官二人，一監察御史，一監察史。掌卷官一人，工部員外郎。受卷官一人，工部主事。彌封官一人，祕書監監丞。對讀官二人一尙寶司司丞，一翰林院編修，搜檢監門，巡綽各一人，用武職。提調官二人，俱禮部尙書。總共十八員，資格不合翰詹，職掌亦未嚴格區分也。洪武十七年、頒行科舉成式，定主文考試官二人，同考試官八人，提調禮部官一人。監察，監察御史二人。餘與洪武四年大致相同。（弇山堂別集卷八一）十八年令會試主考官二員，并同考官三員，於翰林院請用。其餘同考官五員，於在外學官請用。（明大政纂要卷二）然永樂十年登科錄：讀卷官八人，進士出身者四人，貢士二人，儒士監生各一，此或一時變例。嘉靖十七年登科錄：則讀卷官十七人，提調官三人，監試官二人，皆進士。故明史選舉志曰

初制會試同考八人，三人用翰林，五人用教職，景泰五年，……俱用翰林部曹，其後房考漸增，至正德六年，命用十七人，翰林十一人，科部各三人，分詩經房五，易經，書經各四。春秋，禮記各二。萬曆十一年，以易卷多，減書之一，以增於易。十四年書卷復多，乃增翰林一人，以補書之缺。至四十四年，用給事中余懋孳奏，詩書易各增一房，共爲二十房。翰林十二人，科部各四人。至明末不變。

顧炎武曰：

今制會試用考試官二員，總裁同考試官十八員，分閱五經，謂之十八房。（原注宋史各房分經，始於宋理宗紹定二年。）嘉靖末年，詩五房，易書各四房，春秋禮記各

二房，止十七房，萬曆庚辰癸未二年，（案卽八年及十一年）以易卷多添一房，減書一房。仍止十七房，丙戌書易卷並多，仍復書爲四房，始爲十八房。至丙辰，又添易詩各一房，爲二十房。天啓乙丑（五年）易詩仍各五房，書三房，春秋禮記各一房，爲十五房。崇禎戊辰復爲二十房。辛未，易詩仍各五房，爲十八房。癸未復爲二十房。今人概稱爲十八房云。（日知錄集釋卷十六）

淸沿明舊，順治三年，同考官用二十房，內翰林院十二，六科四，吏禮兵部司官各一。戶刑工官，每科輪用一。順治十五年，定會試同考官十八房，遂爲永制。內易經詩經各五房。書經四房，春秋禮記各二房。康熙五十四年諭，「會試每一房之卷，令不同省房官二員同閱，如一人有情弊發覺，二人並坐，俾各知畏懼，互相察覺。」（會典事例卷三三三）謹案會試房考，例用十八員，獨是科用三十六員，順天鄉試同。每房二人對坐，防弊之法，實更上一層。然法久弊生，一房兩考官，設有一狡黠者參雜其中，卽爲賢者之累；若兩人皆不肖，則朋比作姦，爲害更甚。於是雍正元年諭，仍照舊定科場條例，各房止用一人。（同上）其會試總裁，初用閣部大員四人或六人，多至七人，嗣簡二三人或四五人。咸豐間後，簡四人，以爲常。考官綜司衡之責，房官膺分校之任，亦與明同。惟其罰責極重，如順治十四年丁酉，康熙十四年辛卯。咸豐八年戊午，三次科場大獄，皆前明所無也。三獄原委甚複雜，容於明清比較節略述之。至於殿試，以天子親策於廷，大臣佐讀卷，前已紀於考試概況節，故不復贅云。

二　試藝規程

以八股文取士，明清皆同。惟其規程，明簡清繁。敘述之時，難以劃一，亦莫可如何也。

(1)八股文格式及其起源

明史選舉志二曰：「科目者，沿唐宋之舊，而稍變其試士之法。專取四子書，及易，書，詩，春秋，禮記，五經命題試士。蓋太祖與劉基所定，其文仿宋經義，然代古人語氣為之，體用排偶，謂之八股，通謂之制義」，「亦謂之舉子業，有破題，承題，起講，提股二，小股二，中股二，後股二，謂之八股。」(朱舜水集卷十五答安東守約問)其起源與結構，顧炎武氏言之較詳。詞曰：

經義之文，流俗謂之八股，蓋始於成化以後，(明憲宗年號，西一四六五—一四八七)股者，對偶之名也。……成化二十三年，會試「樂天者保天下」文，起講先提三句，即講樂天四股。中間接過四句，復講保天下四股，復收四句，再作大結。……

每四股之中，一反一正，一虛一實，一淺一深。其兩扇立格，則每扇之中，各有四股，其次第之法，亦復如之，故今人相傳，謂之八股。……發端二句或三四句，謂之破題；大抵對句爲多；此宋人相傳之格(原注本之唐人賦格)下申其意，作四五句，謂之承題。然後提出夫子爲何而發此言，謂之原起。至萬歷中，破止二句，承止三句，不用原起。篇末敷演聖人言畢，自攄所見，或數十字，或百餘字，謂之大結。(日知錄集釋卷十六)

復考宋神宗熙寧四年(西一〇七一)王安石罷經義及明經諸科，以經義論策試進士，命中書撰大義式頒行，使天下主於疏解理趣，不爲章句之陋，卽爲八股文之先聲。蓋重義理，與八股文相同一也。尙排偶二也。何以知其尙排偶，徽宗大觀四年(西一一一〇)『臣僚言場屋之文，專尙偶麗，題雖無兩意，必欲釐而爲二。以就對偶。其超詣理趣者，反指以爲澹泊。請擇考官而戒飭之，取其有理致，而黜其強爲對偶者。』(宋史選舉志)此亦與後世八股文略同也。故秦蕙田曰：『場屋經義之文用對偶，自宋時已然。則八股之式，不始於明代矣。』(五禮通考卷一七四)梁章鉅曰：「制義始於宋，而盛於明。」(制義叢話例言)而袁子才隨園隨筆言之更詳。謂『宋文鑑有張庭堅經義二篇，皆是尙書題，其文有似乎論，卽當日王荆公所定格式也。歐公云

：「天聖間，……學者務以言語聲偶摘裂，號曰時文。」是時文者，乃指進士之詩賦也。元仁宗皇慶三年定考試程式，蒙古色目人第一場經問五條，大學論語孟子中庸，用朱子章句。漢人第一場與蒙古同，惟於卷尾作一大結，以己意結之，限三百字。……明太祖與劉基，又酌定四子書，文做宋經義，……體同排偶，對之八股。考兩朝選舉志，則是時文之體，濫觴於宋，行於元，而大定於明。」（卷十）

（2）鄉會試文字程式

明清兩代，皆以八股文取士，陳陳相因，無大變更。然其文字之規程，文風之轉移，有足述者。初，洪武三年定例，「鄉會試文字，各試本經一道，不拘舊格。惟務經旨通暢，限五百字以上，易程朱氏註，古註疏；書，蔡氏傳，古註疏。詩，朱氏傳，古註疏。春秋左氏公羊穀梁：胡氏張洽傳，禮記古註疏。四書義一道，限三百字以上。第二場，試禮樂論，限三百字以上，詔誥表箋。第三場，試經史時務策一道，惟務直述，不尚文藻，限一千字以上。第三場畢後十日，面試騎，觀其馳驟便捷；射，觀其中數多寡；書，觀其筆畫端楷；律，觀其講解詳審。殿試時務策一道，惟務直述，限一千字以上。」（弇山堂別集卷八一）十七年復頒科舉成式，大致皆依三年所定，惟文字字數，更爲減少。蓋明初惟取書旨簡明，不尚華采也。洪武辛亥乙丑，廷試皆親製策，其後或命翰林院擬撰以進取士，而上裁用之。永樂二年甲申會試，命學士解縉採天文律歷禮樂制度擬爲題，以求博洽之士，惟曾棨卷，記憶獨詳，上喜，御批「貫通經文，識達天人」等語褒獎之，並擢爲一甲第一名。（皇明進士登科考卷三）自是文風稍變。「永樂間，頒四書五經大全，廢註疏不用，其後春秋亦不用張洽傳，禮記止用陳澔集說。二場試論一道，判五道，詔誥表內科一道，三場試經史時務策五道。」（明史選舉二）經書加限制後，自宣德至正德，舉子文字，皆純正典雅。其後乃標新領異，益漓厥初。至嘉靖十一年，文體詭易，舊格屢更。『尚書夏公，學士張公潮等，力請崇雅抑浮，澆風頓殺。是歲以對策而無策冒者，林大欽第一，其不拘格式，有如此者。（登科考卷十二）然不數科，故態復萌。二十五年，『御史關人銓言：「今時文詭異已極，乞申飭天下，力崇古樸，其要在先責督學憲臣，次責場屋考校等官。得旨，自是遇鄉試，禮部必磨勘試錄，有仍前離經畔道，詭辟邪說者，則治監察考校官之罪，黜其中式者爲民。』（春明夢餘錄卷四二）。時已積重，莫之能反。萬歷十四年，禮部尚書沈鯉疏：

近年以來，科場文字，漸趨奇詭，而坊間所刻及各處士子之所肄業者，更多怪異不經，及今不爲嚴禁，恐益灌漬人心浸尋世道，爲害甚於異端，臣等心竊憂之。夫唐文初尚華靡，而士趨浮薄；宋文初尚鉤棘，而人習險詭：國初舉業，有用六經語者，其後引左傳國語矣，又引史記漢書矣。史漢窮而用六子，六子窮而用百家，甚至佛經道藏摘而用之，流弊安窮。宏治，正德，嘉靖初年，中式文字，純正典雅，宜選其尤者，刊布學宮，以爲準則，……從之。（御選明臣奏議卷二九）

時方崇尚新奇，厭薄先民矩矱，禮部雖取中文字百一十餘篇，刊作準繩，而士子仍以所好爲趨，不遵上指。至萬曆二十三年乙未會試，會元七藝，竟盡錄坊刻成文，自破題至結題不易一字。（野獲編卷十六）其時蹈襲之風，從可見矣。至啓禎之間，文體益變，以出入經史百氏爲高，而恣軼者亦多矣。雖數申詭異險僻之禁，勢重難返，卒不能從。『論者以明舉業文字，比唐之詩，國初比初唐，成弘正嘉比盛唐，隆萬比中唐，啓禎比晚唐』云。（明史卷六九選舉志二）

清代鄉會試，順治三年定，第一場四子書三題，五經各四題，士子各占一經。第二場論一篇，詔誥表各一道，判五條。第三場經史時務策五道。而首場皆試八股文。康熙二年，以八股抄襲，廢之。以三場策五道移第一場，二場增論一篇，表判如故，行止二科而罷。四年復三場舊制，七年仍用八股文，二十四年議准，會試第一場，四書題目，恭請欽定，其五經及二三場題目，仍由考官擬出。二十九年議准，鄉會試二場，孝經論題甚少。嗣後將性理大極圖說，通書，西銘，正蒙，一併命題。五十五年議定，二場論題，專用理性，表題不許出本年時事。（淸史稿選舉志三載此事於五十七年，誤。）雍正元年，會試二場論題，仍用孝經，又定，第一場四書題，考官密擬進呈。雍正十三年，又覆准，論題專用孝經，章句無多，士子易於豫擬，嗣後與宋儒性理書參酌間出。是年諭鄉會兩試考官，每因避忌字樣必擇取經書中吉祥之語爲題，遂使士子易爲揣摩，倩人代作，臨場抄寫，以致薄植之少年，得以倖取科名，嗣後凡考試命題，不得過於拘泥，俾士子殫思用意，各出手眼，以覘實學。其時文字之獄甚嚴，考官畏禍，故致如此。（以上參會典事例卷三三一）乾隆九年（淸史稿作三年，誤），兵部侍郎舒赫德言科場情弊日深，僥倖日衆，時文徒空言，不適於用，墨卷房行，輾轉抄襲。膚詞詭說，蔓衍支離，請罷科舉，別求遴拔眞才之道，以大學士鄂爾泰當國，力持禮部議駁，得以不廢。（乾隆東華錄卷二十）二十二年。詔剔舊習。求實效，移經文於二場，罷論表判，增五言八韻律詩。四十七年移置律詩於首場試藝後，性理於二場經文後。五十二年，高宗以分經閱卷，易滋弊竇，且士子專治一經，於他經不旁通博涉，非敎崇實學之道，命自明歲戊申鄉試始，鄉會試五科內，分年輪試一經畢，再於鄉會二場廢論題，以五經出題並試，永著爲令。嘉慶元年諭，本日覆勘大臣進呈廣東等省試卷，所出四書五經題，多涉聖頌，皆可預擬而得，易啓揣摩宿構之弊，嗣後出題，務將四書五經內義旨精深，及詩題典重者，課士衡文，以收實效。（以上會典事例卷三三一）初，順治九年題准，制義體裁，以典實純正爲尚。是年會試，第一程可則，以悖戾經旨除名，考官學士胡統虞等並治罪。十六年議准，場中作判，務宜隨題判斷，引律明確，不專以駢麗爲工。世宗亦屢以清眞雅正，誥誡試官。乾隆元年諭：國家以經義取士，將使士子沈潛於四子五經之書，以覘學力之淺深，與器識之淳薄，顧時文之風尚，屢變不一，當明示以準的，使士子曉然知所別擇。於是學士方苞奉敕選錄明清諸大家時文四十一卷，題曰欽定四書文，頒爲程式。（會典事例卷三三二）行之既久，攻制義者，或剽竊浮詞，罔知根抵，楊述曾至請廢制義，以救其弊。四十五年會試，三名鄧朝縉，首藝語意粗雜，江南解元顧問，四書文全用排偶，考官並獲譴（通考卷四九）。嘉慶十九年，士子摭撦僻書字句爲文，競炫新奇，不顧題義。御史辛從益論其失，舉例甚多，上諭內閣，「近日士子獵取詭異之詞，…以艱深文其淺陋，倣習相沿，大乖文體。…考官校士衡文，務各別裁僞體，簡拔眞材。如有將支離怪誕之文，目爲新奇，妄行錄取者，經磨勘官查參，必將原考官嚴加懲處。」（聖訓卷二八）考清代各帝，皆諄諄諭告，釐正文體。開國之初，若熊伯龍張玉書諸為文，雄渾博大，起衰式靡，康熙後，益軌於正，李光地韓菼為之宗。桐城方苞。以古文為時文，允稱極則。雍乾間作者輩出，律日精而法益備，皆不負主望。陵夷至嘉道而後，國運漸替，士習日漓，而文體亦甚衰薄，至世末而勦襲庸濫，制義遂為人詬病矣。光緒二十四年，張之洞等，有變通科舉之奏。二十七年鄉會試首場改試中國政治史事論五篇，二場各國政治學藝策五道，三場四書義二篇，五經義一篇，其他考試例此，用之洞議也。行之至廢科舉止。

（3）試文格式

明制，舉人試卷及筆墨硯皆自備，每場草卷正卷各用紙十二幅，首書三代姓名及其籍貫年甲，所習經書。前期在內赴應天府，在外赴布政司印卷，會試殿試 禮部印卷，置簿附寫於縫上，用印鈐記，仍將印卷姓名，置長條印記，用於卷尾，各還卷人（參大明會典卷七七及弇山堂集卷八一）；此雖為洪武十七年程式，然則清皆遵行未變。可從各登科錄繙閱也。試卷中所書：『首行曰「第一」，頂格寫。次行曰「四書」，下一格，次行題目，又下一格。五經及二三場皆然。至試文，則不能再下，仍題起頂格。此題目所以下二格也。若歲考之卷，則首行曰「四書」，頂格寫次行題目，止下一格。經論亦然。後來學政，苟且成風，士子試卷，省去四書各經字，竟從題目寫起。依大場之式，概下二格。」（日知錄集釋卷十六）此等格式，清亦略同。鄉會試卷，書肆及縉紳之家，多有存留，人所習見，毋須細述。惟擡寫法，更為複雜。有雙擡，單擡，三擡之別，詳見科場條例卷二十四。初，明代科舉程式，四書義每道二百字以上，經義每道三百字以上，策限千字以上。清順治二年，定四書文每篇不得過五百五十字，二三場表不得過千字。康熙二十年議五百五十字恐詞句不盡，若不限字，恐又相沿冗長，嗣後限六百五十字。乾隆四十三年，敕鄉會試場及學臣取士，每文一篇，皆以七百字為率，違者不錄（清通典卷十八），自是遵行不易。第三場策題，原定不得過三百字。乾隆元年，禁士子空舉名目，草率塞責。其後考官擬題，每問或多至五六百字，空疏者輒就題移易，竄點成篇。三十六年議准：考官策問，每問不得過三百字，違者分別議處。五十一年議准：策文原不限字數，但不滿三百字者，篇幅簡率，應比照紕繆例，罰停一科。然考官士子重首場，輕三場，自前明已然。積習相沿，難以變更。然前明制義，篇末用大結；萬曆而後，每以此為交通關節。康熙十六年，懸為禁令，鄉會試文字，概不許作大結。（科場條例卷十五）而雍正之時，考官出題，喜用經書吉祥語；士子為文，亦喜用頌揚詞，其可作關節之用者，蓋亦不亞於大結也。

三　科場規程

明清兩代科場規程之嚴密，爲中國列朝之冠，今分數節，每節錄其要令數條，以示一班。又兩朝制度，大致相同，今以明爲主，清相同者不復列，以省繁文。

(1)搜檢關防

洪武十七年定例：

一、搜檢懷挾官，凡遇每場舉人入院一一搜檢。除印過試卷及筆墨硯外，不得將片紙隻字。搜檢得出，即記姓名扶出。仍行本貫，不許再試。

一、每人用軍一人看守，禁講問代冒。

一、巡綽官凡遇舉人入院，並須禁約喧鬨，如已入席舍，常川巡綽，不得私相談論，及覺察，簾內外，不得漏泄事務。

一、試官入院之後，提調監試官，封鎖內外門戶，不許私自出入。如送試卷，或供給物料，提調監試官，眼同開門點檢送入，即便封鎖。

憲宗成化二年(西一四六六)又再定例：

一、舉人不許懷挾，并越舍互錄，及挽託軍匠人等，夾帶文字。其軍匠人等亦不許替帶，及縱容懷挾互錄文字，違者各治以罪。

一、巡綽搜檢看守官軍，止於在營差操。曾差者不許再差，若他人冒項正軍入場者罪之。

一、提調監試官，公同往來巡視，不許私自入號。其巡綽官，止於號門外看察。不許入內與舉人交接。違者聽提調監試官舉問。

一、試場外照例五城兵馬率領火夫弓兵嚴加防守，不得違誤。

一、供給巡綽等官入院，監試官搜檢鋪陳衣箱等物，不許夾帶文字硃紅墨筆。廚役皂隸人等，審實正身供事，不許久慣之徒，私替出入。

一、搜檢巡綽，取在外都司輪班京操官軍，三場調用。把門人等，時切更換。不許軍人故帶文字，裝誣生員，勒取財物。（此二條成化十年定。）

明孝宗弘治十三年（西一五〇〇）奏准：

應試生儒舉人監生，但有懷挾文字銀兩，并越舍與人換寫文字者，俱問發充吏。三考滿日爲民。若係官吏、就發爲民。

其官旗軍人夫匠等，受財代替夾帶傳遞，及縱容不舉察者，旗兵調邊衛食粮差操，官罰俸一年。夫匠發口外爲民。

若冒頂正軍入場看守，屬軍衞者發邊衞，屬有司者發附近。俱充軍。（以上大明會典卷七七）

此明搜檢關防之大要也。洪武初年，搜檢之法，僅行之於鄉試，而會試則否。蓋太祖嘗云：『此已歌鹿鳴而來者，奈何以盜賊待之。』其後搜檢之法有行有不行，而試錄中，則仍無搜檢官，猶循初制也。至嘉靖末年，時文冗濫，千篇一律，記誦稍多，則掇第如寄。而無賴孝廉久棄帖括者，競抄錄小本，挾以入試。時世宗忌諱既繁，主司出題，多所瞻顧，士子易以揣摩，其射覆未有不合者。先是己未之春，御史亦有建言宜搜檢者，上允之至乙丑南宮，上微聞挾書之弊，始命添設御史二員，專司搜檢，其犯者先荷校於禮部前一月，仍送法司定罪，遂爲厲例。至於萬歷，會試雖有寬有嚴，而解衣脫帽，一搜再搜，無復明初待士之禮，然試錄之不載搜檢如故也。（參野獲編卷十六）

淸代搜檢關防之法，更爲嚴厲。其治本方法，有考具定制，『帽用單氈，袍褂衣褲俱用單層，襪用單氈，鞋用薄底，坐具用氈片，不許摺帶厚褥，卷袋不得裝裹，硯臺不得過厚，筆管鏤空，水注用瓷，蠟臺用錫，單盤空柱，糕餅食物各切開，……考籃或竹或柳，編成玲瓏格眼，底面如一，毋許摺帶坐褥。』（大淸會典卷三三）是防挾帶之法，無微不至。又定外簾關防四所總門，「除送薪水一次外，皆實封鎖，……俟謄錄對讀完日，方許撤封。」（皇朝通考卷四七）十六年議准，士子進場搜檢，嚴責各門搜檢官役，如大門搜過無弊，而二門搜出者，將大門官吏處治。」（會典事例卷三四一）乾隆九年，至有搜及褻衣褌褲者。先是康熙三十九年覆准，主考官有交通囑託，賄買關節，賄緣中式，事發，情實者從重治罪。其父兄爲子弟作弊者，有官者革職提問，無官者從重治罪。（科場條例卷三三）此皆治本之法，而爲前明所無或不及者。其治標有嚴刑峻法：

順治二年，定生儒入場，如有懷挾片紙隻字者，先於貢院前枷示一月，問罪發落。如有倩人代作文字及受倩託之人，均枷示問罪。其搜檢官役，知情容隱者坐。（會典事例卷三四一）

雍正元年議准，考官士子交通作弊，一應採名受賄，聽情關節中式者，審實將作弊之考官，並賄緣中式之舉子處斬，俱立決。（科場條例卷三三）

其他嚴刑，不及備述。然乾隆六年，即聞有士子豫先賃倩繕寫細字之人，抄錄文藝，爲入場挾帶之具矣。道光二年，有倩人寫成小卷，將坊刻小本書籍揣帶入場，甚至有貢院夫役包攬，代爲帶入者。（會典事例卷三四二）可知防弊者固無微不至；

而作弊者，亦無孔不入也。

(2)謄錄對讀

明制舉人作文畢，送受卷官收受。類送彌封官編字號封記，送謄錄所，謄錄畢，送對讀官，對讀畢，送內院看試。提調官監試官不得干預。

一、受卷所置立文簿，凡遇舉人投卷，就於簿上附名交納，以憑稽數，毋致遺失。

一、封彌所先將試卷密封舉人姓名，用印關防。仍置簿編次三合成字號，照樣於試卷上附書。毋致漏泄。

一、謄錄所務依舉人原卷字數語句，謄錄相同。於上附書某人謄錄無差。毋致脫漏添換。

一、對讀所一人讀紅卷，一人讀墨卷，須一字一句用心對讀。於後附書某人對讀無差，毋致脫漏。

一、舉人試卷用墨筆，謄錄對讀受卷皆用紅筆。考試官用青筆。其用墨處不許用紅，用紅處不許用墨，毋致混同。

一、每卷謄錄紅卷，送入內簾考試。候三場考試紅卷已定，方許調取墨卷，於公堂比對字號，毋致疏漏。

一、謄錄對讀等官，取吏部定選官年四十上下，五品至七品有行止者充之。

一、謄錄對讀所，須眞正謄錄，明白對讀。若謄錄字樣差失潦草，及對讀不出者罪之。

淸謄錄對讀之法，據科場條例卷三八及三九，大致皆同，無須重述。惟關防較密，而罰則較嚴。如：

一、彌封官於卷面姓名籍貫，不行詳看，錯印應編字號者，每卷罰俸三個月。（公罪）

一、應行敬避缺筆之字，謄錄不照原卷缺筆者，謄錄官每卷罰俸一年。（公罪）

一、應行缺筆之字，謄錄所不照原卷缺筆，對讀所亦未對出改正者，每卷罰俸一年。（公罪）

以上從欽定吏部則例卷二十九，將彌封，謄錄，對讀三部之罰責，各錄一條，以示一斑概念。

（3）場規

據洪武十七年條例，明代場規如下：

一、試之日，黎明，舉人入場，每人用軍一人看守。禁講問代冒，黃昏納卷，未畢者給燭三枝。燭盡文不成者扶出。

憲宗成化十年（西一四七四）定在京科場事宜：

一、每場進題，考試官先行密封，不許進題官與聞，以致露泄。

一、生員作文，全場減場者，監試官各用全減關防印記。至黃昏，全場謄正。未畢者給燭，不及數者扶出。

明孝宗弘治四年（西一四九一）

令各處鄉試，簾內事不許簾外干預。考官務以禮待，不許二司並御史欺凌斥辱。文章純駁，悉聽去取。不得簾外巧立五經官以奪其權。如考官不能勝任而取士弗當，刊文有差，連舉主坐罪。（大明會典卷七七）

孝宗弘治七年，又定科舉條格：

一、考官不許聽濫請，各將舉主職名，咨呈本部。

一、應舉生儒人等，不許未熟三場初學之士，及外處人冒濫入試。亦不許重冒古今題者姓名，有即改正。

一、席舍照依編定字號幷所治本經，相間入坐，毋得攙越錯亂。

一、作文務要純雅通暢，不許用浮華險怪艱澀之詞。答策不許引用繆誤雜書，其陳及時務須斟酌得宜，便於實用。不許泛爲夸大。……

一、文字試題上，不許加奉試字。其正卷務依所出題目次第楷書，不許草書及先後錯亂。（同上）

嘉靖四十三年（西一五六四）

令入場之時，務要逐名挨次點入，審視其人，細加搜檢。入場之後，不時巡行號舍稽察。如有通同傳遞者，有買求同號生儒湊集文字者，有預將家人童僕冒頂場中供事人役，以圖傳遞者，有將三場文字寫成全部蠅頭細書，方寸小册，或造爲假硯而藏匿其中，製爲寬博而裝綴其內，甚則公然懷挾，出諸袖中而抄錄者，即便拿送法司究治，務在盡法，不得姑息。隣號知而不舉，及搜檢巡綽官役知情容隱者，事發審實，一體連坐。

四十四年，二月會試，枷號懷挾舉人，於禮部前示衆。（明貢舉考卷一）

以上多錄自大明會典卷七十七，而明史所紀亦多採自此書者。淸代場規，大致相同，惟處處地方，表示嚴密。如試場布置，至周至密，稍有罅漏，即令先期修補，覩科場條例卷二十六，貢院之關防，直欲使廣堂大廈，不能隱藏片紙。臨試之期，並特派搜檢及稽察龍門接談換卷王大臣，自至公堂以及甎門，復均派有御史監察，即棘闈以外，又有巡牆御史並營員等周圍巡邏。其關防之縝密，監視之嚴厲，幾有鳥飛不下蠅營不入之勢。道光十一年，從給事中劉光復奏，試場規程，更爲周密。其一，甎門之外，各設柵欄。其二，士子入場，點名散籤。其三，點名不到士子，逐一查問。其四，接籤後，例應以次進門搜檢；其五，搜檢士子，各令開襟解襪，以杜褻衣懷挾之弊。其六、士子應名領卷，遲到者不得入場。其七、士子接卷到手即令入號，不許在外歇守，呼朋喚友；歸號後，不許復出柵欄，以免接談換卷換號等弊。其八，士子入闈，封門後，監臨監試提調等官，逐號嚴查，以杜亂號之弊。某號係某官親查或代查，並須登記號簿，以專責成。其九，各號口例設柵欄，以嚴出入，惟柵欄之厚，不過一寸有奇，易於破壞，嗣令用厚三寸之堅木，安置牢固，高與號檐相齊，外加封鎖。十六年又定照出之籤，俱有提調硃筆畫押，黏貼其上，受卷吏一手接卷，一手付簽。如士子出龍門無簽，及持假簽斷簽而無硃筆花押者，即行押回查訊。如此則槍倩無卷者，固難混出；而士子有不完卷及一切犯規恐被貼出欲將試卷私帶出場者，亦無所用其技倆矣。凡此數端，皆舉子所必拳拳服膺者。若稍逾越，則不免於罰責。而考試官吏，限制亦嚴。入簾以後，須杜絕干謁；家人親戚，亦須斷絕往來。即衣服等物，初未備帶，准於試前數日補行索取；過期則不允許。其他隨帶官員僕從，以及巡綽搜檢員役之規程，並一切罰規，科場條例與會典事例，均已詳載，不能備述。

丁 待遇與出身

士人待遇與出身，明清兩朝，亦大致相同。但明初用人，不盡由科舉。清雖純一，後以保舉捐納破其例。今爲清醒起見，將明清分述，其同者則略之。

一 明代士人之出身

明初重薦舉及監生，繼則三途並用，終重進士輕舉人。而亦有保舉換授之法焉。

(一)明初重薦舉及監生

大明會典卷二曰：『國初用人才，不拘一途，設賢良方正，聰明正直，孝弟力田，通經孝廉等科，或從耆民及稅戶人才與科目並用。』洪武六年罷科舉，取士官人悉由薦舉。時以布衣登大僚者，不可勝數。『耆儒鮑恂余銓全思誠張長年輩，年九十餘，徵至京，即命爲文華殿大學士。儒士王本杜斅趙民望吳源，特置爲四輔官，兼太子賓客。賢良郭有道，秀才范敏曾泰，……聰明張大享金思存爲參議，凡其顯擢者如此。其以浙而躋貴仕者，又無算也。」（明史選舉志二）洪武十七年復科舉，薦舉之風稍衰；然仍並行不廢。建文永樂間，猶有內授翰林，外授藩司者。自後科舉日益重，薦舉日益輕。能文之士，非由場屋進升，不以爲榮矣。而當時監生亦甚重視。洪武二十六年、盡擢監生劉政龍鐔等六十四人爲行省布政按察兩使，及參政參議副使僉事等官，其一旦而重用之，至於如此。其爲四方大吏者，蓋無算也。李擴等自文華武英擢御史，擴尋改給事中，兼齊相府錄事。蓋臺諫之選，亦出於太學。其常調者乃爲州府縣六品以下官。初以北方喪亂之餘，人鮮知學，遣國子生林百雲等三百六十六人，分教各郡，後乃推及他省。擇其壯歲能文者爲教諭官。太祖雖間行科舉，而監生與薦舉人才參用者居多。故其時布列中外者，太學生最盛。一再傳之後，進士日益重，薦舉遂廢，而舉貢日益輕。……衆情所趨向，專在甲科。宦途升沈，定於謁選之日；監生不獲上第，即奮自鐫礪，不能有成，積重之勢然也。迨開納粟之例，則流品漸淆。且庶民亦得援生員之例以入監，謂之民生。亦謂之俊秀。而監生益輕。（明史選舉志一）

案明初定鼎，人才缺乏，又其定制，「科舉必由學校，而學校起家，可不由科舉。」（選舉志一）故明初制科監生易於顯擢。淸代生員，則無此殊榮矣。

（2）明初三途並用

淸代官人，例由科舉。明則三途並用。選舉志三曰：「任官之事，文歸吏部，……選人自進士舉人貢生外，有官生恩生功生監生儒士，又有吏員承差，知印，書算，篆書，譯字，通事諸雜流。進士爲一途，舉貢爲一途，吏員等爲一途。所謂三途並用也。京官六部主事，中書行人，評事博士，外官知州推官知縣，由進士選。外官推官知縣及學官，由舉人貢生選。京官五府六部首領官，通政司太常光祿寺詹事府屬官，由官蔭生選。州縣佐貳，都布按三司首領官，由監生選。外府外衞鹽運司首領官，中外雜職入流未入流官，由吏員承差等選，此其大凡也。」（明史卷七一）

案明志所稱三途，與顧氏炎武所述，微有不同。顧氏之言曰：「大明會典：『洪武二十六年定，凡舉人出身，第一甲第一名從六品，第二第三名正七品，賜進士及第。第二甲從七品，賜進士出身；第三甲正八品，賜同進士出身。』『而一品衙門提控正七品出身，二品衙門都吏從七品出身，一品二品衙門掾吏典史，二品衙門令史，正八品出身，其與進士，不甚相遠也。後乃立格以限其所至，而吏員之與科第，高下天淵矣。故國初之制，謂之三途並用，薦舉一途也，進士監生一途也，吏員一途也。或以科與貢爲二途非也。』（日知錄卷十七）。觀其所述，並及明初制科之重，則所謂三途並用者，當以其言爲洽當也。初，進士，監生，薦舉，吏員，皆參錯互用；品級高低，亦無甚差異。弘正以後，始拘資格。舉貢雖與進士並稱正途，而軒輊低昂，判若霄壤。今述進士之出身。

（3）明重進士輕舉人

明黃佐翰林記曰：

洪武初年，本院（即翰林院）官皆由薦舉進，四年辛亥，雖設進士科，未有入翰林者。十八年三月丙子，以第一甲賜進士及第，丁顯練安黃子澄爲修撰。第二甲賜進士出身，馬京齊麟等爲編修。吳文等爲檢討。皆出簡用，不由選法。命下吏部，惟銓注而已。後遂爲例。二十一年，策進士，以第一人任亨泰爲修撰，第二人唐震，第三人盧原質爲編修，著爲令，至今因之。…蓋自永樂以來，進士得銓注者，惟第一甲。而二甲三甲，必改庶吉士，乃得銓注云。（卷三進士銓注條）

案明貢舉考卷一，一甲進士即授官，二三甲進士觀政後，方以次授官。所謂觀政者，即恐進士未更事，分撥各司，辦事數月，依照名序，吏戶禮兵刑工部，都察院各二員，通政司大理寺各一員，周而復始，榜末十餘員，俱留吏部。此誠良制，可法後世也。其觀察期間，仍依品級支俸。數月以後，開選銓注。如闕少人衆，守部任事。守部進士，得酌其年久勤勞，除授在京行人等官。『成化二年，奏准進士俱講讀法律。正統年間，刑部查得各衙門辦事進士，諳曉刑名者，題取與見任官僉書問刑半年之上，勤慎諳練者，題送吏部，照依甲第次序，選除刑部主事。』（貢舉考引吏部職掌）此又因材施用擇人取士之良法也。凡進士願就教職者，聽依奏請。以故進士用途至廣，舉人用途至狹。兩者地位之輕重，不啻天淵之別。穆宗隆慶五年，高拱乃議處科目人才疏曰：

臣惟國家之用人，皆欲其砥礪名節，建立事功，以共成熙平之治；非徒以一日之短長，遂爲終身定例，而故有所抑滯於其間也。今布列中外，自州縣正官而上，大較皆科目之人。而科目分數，進士居其三，舉人居其七。所謂進士舉人者，亦惟假此爲網羅之具，以觀其他日之何如，而非謂此必賢於彼也。國初，進士舉人並用，其以舉人登八座爲名臣者，難以數計，厥後進士偏重，而舉人甚輕，至於今則極矣。其係進士出身者，則衆向之，甚至以罪爲功。其係舉人出身者，則衆薄之，甚至以功爲罪。上司之相臨，同列之相與，炎涼迎面，可鄙可羞之甚，而皆不自顧也。

至於保薦，則進士未必皆賢，而十有其九；舉人未必皆不賢，而十曾無其一也。至於陞遷，則進士治績之最下者，猶勝於舉人治績之最上者也。即幸有一二與進士同陞，然要其後日，則進士之俸多，而陞官又高；舉人之俸少，而陞官又劣也。若夫京堂之選，則惟進士得之，而舉人不復有矣。其偏如此，遂使進士氣常盈，舉人氣常怯。盈者日驕，每襲取而鮮實。怯者日沮，率頹墮而恬汗。以故舉人皆不樂仕。苟年稍強，學未甚荒者，皆相與遷延，冀倖一第。直至年邁學荒，淪落已甚，然後出而就選，以爲姑用了事云爾。間有一二壯年從仕者，又皆爲貧之故，求溫飽者也。若是而欲望其有爲，胡可得哉。夫崇尙進士纔三分耳，而又使之驕。棄却舉人已七分矣，而皆使之沮。則天下之善政，誰與爲之，而民生奚由得安也。臣愚以爲欲興治道，宜破拘攣之說，以開功臣之路。……吏部自行體訪，但係賢能，一例陞取，不得復有所低昂。……伏惟聖明裁斷，敕下吏部施行，天下幸甚。

疏入得旨，祖宗用人，原不拘資格，近來偏重太甚，以致人無實用，事功不興。覽卿奏，具見經濟宏猷，於治道人才大有裨益。依議著實舉行，吏部知道。

（御選明臣奏議卷二十九）

穆宗雖然其言，然勢已積重，不能復返。蓋當嘉靖之時，部臣屢請嚴行三途並用之旨，謹守立賢無方之意，主上雖降旨允諾，實已未能奉行。其時撫按所薦進士十之七八，舉人百之一二，歲貢則絕不齒及。而貢舉之在大學者循資待選，年老始博一官，又積久不遷。重以納粟例開，致舉貢監生，益形壅滯。降至隆慶，因循更久，卒難改移，此所以積重而莫能挽也。其後崇禎間，言者數申三途並用之說，間推一二舉人，如陳新甲，孫元化者置之要地，卒以傾覆；而甲榜之誤國者，亦正不少也。

(4)進士之選爲庶吉士

翰林爲文學侍從之臣，以備顧問，司詔誥，代言論思，掌制編校，位甚清閒，職甚繁重。春明夢餘錄翰苑考：『周禮內史掌八柄之法，以詔王治。凡命諸侯及公卿大夫則策命之。」蓋八柄詔於冢宰，內史復掌以詔王；吳澂謂內史翰林之職，猶今學士院之草制詔也。然謂之史，乃掌文書贊治之名。今制併史館於翰林，其亦此意也。』(卷三二)自漢京以宿儒處直廬，歷代咸加優禮。唐宋以來，始以翰林爲官署，然尚多書畫醫卜雜流。其清華者，惟學士耳。至前明則專以處文學之臣，其庶吉士之選，始自洪武十八年乙丑。采書經庶常吉士之義，俱改稱爲庶吉士。其在六部及諸司者，則仍稱爲進士。明黃佐曰：

前輩謂翰林官惟首甲即除授。選爲庶吉士者，遠則八九年，近則四五年，而後除授，有不堪者，乃改授他職。世以職清務閒，稱翰林爲玉堂仙。好事者因稱首甲三人爲天上神仙，餘爲半路修行，亦切喻也。（明翰林記卷三）

初，庶吉士雖擇進士爲之，尚不專授於翰林。『永樂二年，既授一甲三人曾棨，周述，周孟簡等官，復命於第二甲擇文學優等楊相五十人俱爲翰林院庶吉士，遂專授翰林矣。』（明史卷七十）宏治間，『大學士徐溥請新進士錄平日所作文十五編，呈之禮部，送翰林考訂，而按號行取之。再糊名試之，中者爲庶吉士，謂之館選。以翰詹資格深者一人課之，謂之教習。三年學成者授編檢討，次者出爲給事御史，謂之散館。』（隨園隨筆卷十）

成祖初年，內閣七人，非翰林者居其半。翰林纂修，亦諸色參用。自天順二年李賢奏定纂修專選進士，由是非進士不入翰林，非翰林不入內閣，南北禮部尚書侍郎。及吏部左侍郎，非翰林不任。而庶吉士始進之時，已羣目爲儲相。通計明一代宰輔一百七十人，由翰林者十九。蓋科舉視前代爲盛。翰林之盛，則前代所絕無也。（明史選舉志二）

案庶吉士選爲翰林官之制，有淸亦同，而較爲盛。明翰林，不必皆由庶吉士，亦不必皆由科目；而淸則非科目出身者不能得也。

(5)明不重高第

唐宋以來，登高第者，多位至公卿宰相。而明淸兩代，反不甚重。觀洪武四年登科錄：定例第一甲三名，賜進士及第，第一名授承直郎，第二三名授承事郎。二甲賜進士出身，亦授承事郎。而第一吳宗伯，實授禮部員外郎，第二郭翀，授吏部主事，第三吳公達，授戶部主事。第二甲第一名楊自立，亦授吏部主事。其後吳宗伯初謫鳳陽，繼謫教諭，終授檢討卒。（見明大政記纂要卷六）可知其不重視矣。洪武十八年登科錄：上御奉天殿策試舉人黃子澄等四百七十二人，擢丁顯等第一，授翰林院修撰。第二第三俱授編修，餘賜進士出身有差。是稍稍優異。永樂二年三月朔會試，命庶吉士王直陳敬宗李時勉等二十九人，同首甲三人，進學內閣，周忱自陳，願與其列，遂增爲二十九人。（登科考卷三）首甲與庶吉士，仍無甚差別。

永樂甲辰（二十二年西一四二四）進士，邢寬第一，梁禋第二，孫曰恭第三，首甲姓名皆硃書，前此所未有也。……人以硃書之異，喧謂三人者，必大用也。然禋終編修，曰恭終侍讀，景泰壬申，寬以侍講起，復適南京掌院員缺，吏部推寬，命以本職，往滋內閣，奏言寬學行老成，使以閣官從公卿後，事體未便，乃得陞侍讀學士。甲科至是將三十年矣，竟終於五品。（使槐歲鈔卷三）

再閱明貢舉考卷一，明初至萬曆間之狀元，直文淵閣者十一人，（按直文淵閣，即所謂入內閣辦事也。侍上左右，備顧問，典機務。）會元直文淵閣者八人。狀元官一品者九人，會元官一品者四人，狀元官二品者九人，會元官二品者十二人，狀元官三品者八人，會元官三品者十一人，狀元會元官四品者俱五人，有諡者俱二十一人，是二者相差甚微也。蓋明清狀元，其獲取也，不一定皆由於學識超人，有以容貌俊秀見取者，有以某省無狀元，爲牢籠人心計，而特授之者。取後升遷又至難，初授爲修撰，十二年考滿爲諭德，若九載陞遷，僅得中允，又三年而爲諭德贊善，又三年而爲庶子，又三年而學士，前後二十年，已老死荒邱矣。清末數科狀元之出路，如夏同龢，王壽彭等，亦皆不甚顯耀也。

二　清代士人之出身

清代士人出身，本以科甲爲準。無所謂三途並用，但後有正異兩途。其舉人，進士與恩，拔，副，歲，優貢生等爲正途，外此爲異途。異途經保舉，亦同正途。但不得考選科道，非科甲正途，不爲翰詹及吏禮二部官，惟旗員不拘此例。清中葉後，盛行保舉納捐之法，乃不免薰蕕同器，良規蕩然，今略述之。

(1)正途

(一)進士授職　熙朝紀政曰：『進士授官之制，國初選庶吉士，專由保舉。雍正初，設朝考，猶與保舉兼行。乾隆二年，御史程盛修言，新科進士，俱未經出任之人，九卿等原不能深知，……行之既久，或有冒濫。於是罷保舉，以朝考次之』(卷一)向例『進士除選，第一甲第一名，除翰林院修撰，第二名第三名除編修，二甲三甲進士選庶吉士外，分送各衙門觀政三月，內外以次兼除。十五年諭，二甲三甲進士，除選庶吉士外，俱除授外官。康熙四十八年，覆准，進士候選知縣，有情願就教職者，……遇本省府教授缺員，即行補用。雍正元年議准，進士歸班，候選知縣，均令回籍，……依甲第名次挨選。道光十八年定，新進士奉旨分發各省，以知縣即用，掣定省分後，始行呈改教職。恐有規避情事概不准行』。(會典事例卷七二)　至於庶吉士散館，『原定奉旨留翰林院者，二甲授編修，三甲授檢討，以知縣即用者，以論雙單月即用。以知縣歸班用者，仍歸進士原班候選。乾隆四年奏准，庶吉士散館，以主事用者，令其掣籤，先分發六部，在額外主事上行走。三十年定，庶吉士散館，奉旨以部屬用者，亦照新進士，以知縣即用人員之例。照奉旨名次先後銓選』

(同上)讀此，知淸代狀元，授翰林院修撰，榜眼，探花授編修。二三甲進士經館選庶吉士三年後，考試及格者，第二甲授編修，第三甲授檢討。其不及格而散館者，亦得爲六部主事、郎中知縣及教授。此進士出身之大略也。

(二)舉人出身　舉人出身，有就教職者，有兼掣州同者，有考任推官知州知縣者。原定舉人會試下第後，願就選者，考授推官知縣轉判等官。順治九年議准，會試三科爲限，以推官知州知縣考用。康熙九年議准，舉人會試五科後，准其揀選，俱以知縣用。又定舉人願就教職者，照考定名次，以學正教諭用。雍正三年議准，直隸州州同，歸於知縣班內，令舉人兼掣補授，仍與知縣一例升轉。乾隆四年議准，各省舉人就教，應於每科會試發榜後，雲南，貴州，四川等省會試一科後，直隸等近省會試三科後，願就知縣者在部具呈揀選，擇其年力富强者，准以知縣註册，其年力就衰者，以教職註册。(會典事例七二一七三)乾隆間，奉諭旨：舉人選班，壅積日久，現今猶需次至三十餘年，方可得缺，其壯歲獲雋者，既不得及鋒而用，而晚遇者，年力益復就衰。因查每科中額，一千二百九十名，統十年而計，加以恩科，則多至五千餘人，銓官不過十之一。(淸通考卷五十)謀疏通之法，始定大挑制。大挑者，以舉人三與會試無成，慮有遺才，特設此制，以收羅之，蓋亦近乎恩科也。大挑六年一舉行，欽派王大臣司其事。從十舉人揀選五人，授之以政。一等二人用知縣，二等三人用學正教諭。由此法爲知縣者，謂之大挑知縣。由大挑知縣，得借補府經歷直隸州同州判。縣丞鹽庫大使。用學政教諭者，得借補訓導。若衰頹不能供職，未及挑選者，亦授以國子監學正學錄，士林典簿等虛銜，此舉人之出路也。

(三)五貢就職　熙朝紀政曰：『國初貢監，內得考補中書，外得考授知縣以下官，歲四月彙試百人，取正印八人，餘爲佐貳，而副榜亦考授知縣。……順治九年，吏部以貢生考取通判積八百餘員，請改授布政司經歷理問等職。』（卷一）其後定恩拔副貢以復設教諭用；歲貢以訓導選用。康熙二十六年，捐納歲貢，並用訓導。雍正元年，捐納貢生教諭改縣丞，訓導改主簿。三年仍許廩生捐歲貢者用訓導。恩拔副貢年力富強者，得就職直隸州州判，嘉慶十九年奏定，凡朝考未經錄取之拔貢，及恩副歲優貢生，遇鄉試年，得具呈就職就教，優貢就教，附歲貢末用訓導，道光初，許滿蒙正途貢生就職，與漢員通較年分先後選用，貢監考職，定例必監期已滿，乃詳送考；惟特恩考職，不論監期滿否，凡正途捐納各項貢監生，及候補謄錄教習校錄，一體送考。其已就教就職，及捐職襲世職者，不許。初制考職歲一舉貢監一例以州同州判縣丞主簿吏目錄用。乾隆元年，定考職以鄉試年，恩科不考，恩拔副考列一等，以州同，二等以州判，三等以縣丞選用，歲貢一等以主簿，二等以吏目選用，願就教者聽。捐納貢監考取，如歲貢例。五十六年停考職，嘉慶五年僅一行之，(會典事例卷七四)光緒三十一年，直隸總督袁世凱等，奏停科舉摺，寬籌舉貢生員出路一條，請十年三科內優貢加額錄取，已酉選拔如舊。(清史稿選舉志一)

(2)異途

(一)保舉　康熙初，生員例監吏員出身官，須經堂官督撫保舉始升京官，及正印官，此保舉之一義。其第二義，爲清酬庸之典，所以勵勞勸，待有功。換言之，即爲羅致人才，獎進忠君效勞之臣也。歷朝纂修實錄，各館奉敕修書，皆羅致人才也。各省軍營河工徵賦緝盜有功者，儘先錄用，乃鼓勵忠君之徒也。如李鴻章以編修，崎嶇十年，繼入曾文正幕府，累以知兵保薦，始由道員超擢巡撫。而曾文正由檢討至侍郎，後奉諱家居，起兵討洪楊，亦因軍功始獲大用是也。至於軍營河工等獎案，始不過加級，或不俟俸滿即陞，名器非可倖邀。迨季世以保舉爲捷徑，京外獎案，率冒不遵成例。咸同軍興，保案疊起。吏部至特設處，以司稽核。而最冗濫者，當爲河工。光緒末年，山東河工保案，每年多至五六百人。缺口多寡，以所保人數爲衡。封疆大吏皆以此爲調劑之舉，考試之旨，掃地無存。故光緒三十二年御史劉汝駿上言：『爲吏治之蠹賊者，則莫如保舉一途。……其罔上營私者，一曰河工保，……二曰軍功保，三曰勸捐保。順直賑捐一案，保至一千三百餘人，山東工賑捐，保至五百餘人，……天下之顛倒是非，孰有甚於此者乎？』（光緒東華續錄卷一九八）然清代捐納爲吏治之蠹，蓋有過於保舉而無不及者。

（二）捐納　保舉之外，尚有捐納一途。捐納者，即由人民納貲納粟，而與以實職或虛銜也。由此所得之官，謂之捐官。所得之監，謂之捐監。推厥原始，蓋在秦漢之際，時有貲算入官之制。迄後邊費不足，輸邊成俗，唐宋已來，亦間行之，然未聞有生員納粟納馬入監之例也。其創此例者，始於明景宗景泰元年（西一四五〇），『戶部議令軍民輸納者給冠帶，官吏罪廢者輸草於邊，得復職。』（綱目三編卷十二）四年「夏四月，始令生員納粟爲國子生。」（同上）然不久即止。後遇歲荒，或因邊警，或大興功作，率據前例行之，而軍民子弟，亦得援生員之例以入監，謂之民生，亦謂之俊秀，或竟謂之例監，而監生日益輕。然尚未如清代之冗濫也。清代捐納之開，會典，三通，東華錄等書，不詳其始。考余國柱傳，國柱康熙十五年七月，『以考選授戶部給事中，十月疏言，邇者關中底定，……不可無糧餉，宜於浙江，江西，湖廣開捐例，納米豆穀麥草束，以濟軍需。山東河南，……歲値大稔，並宜捐米。……疏下部議，……准開例湖廣江西福建三省現任官，捐加級紀錄，四品以下降革官，捐復原職，分別錄用，先用及頂帶榮身。』（清史列傳卷八）余氏此疏，其傳明言酌開事例，但別無旁證，未敢妄斷清朝開捐納，即始於康熙十五六年。然觀康熙三十年時，陸機上疏，請停捐保舉先用之例，似非不足爲憑。陸疏謂：「捐納一事，……不過因一時軍需孔亟，不得已而暫開，……近復因大同宣府運送草豆，並保舉而亦許捐焉，則與正途無復分別。……若夫前此有捐納先用一例，正途爲之壅滯，至今尙未疏通，」云云，則淸代始開捐納於康熙十五六年，蓋無大誤也。康雍之間，觀張玉書請行選拔疏，有近因「軍興繁費，又有尅期進勦及捐餉運米等項，名目愈多，流品愈雜，有年不滿數歲，目未識丁者。」（張文貞公集卷一）可知其間舉行不廢。雍乾兩朝，屢因軍需河務，支川浩繁，時暫開捐例，旋卽停止。乾隆中葉，停止捐納者二十餘年，五十八年，僅准貢監一途，倣古人納粟之意，捐給頂帶，餘均停止。（乾隆東華續錄卷一一八）嘉慶初年，開捐如故。十一年准正印等官，捐納道府，貢監生員，捐納外任佐雜等官。均以簡缺，一體選用。（會典事例卷七六）二十四年，以河南武陟大功，需費浩繁，准各省投效人員，按捐輸之多寡，自道員至雜佐，分別授職。（嘉慶東華續錄卷四八）是年因豫工例，添設增附捐教職一條，始猶限以年踰三十；順天捐輸例因之，遂無年齒之限，並有遇缺儘先等名目。以致科深年老之舉貢，無力捐納，遇缺儘先，一概向隅；而淺學薄植之增附，反得捐致，誤天下蒼生，莫此爲甚。於是咸豐元年，給事中汪元方奏請停增附捐納教職，上諭永遠停止。（參咸豐東華續錄卷七及文宗聖訓卷五七）然不久又復舊。時以洪楊與捻匪之亂，擬寬籌軍餉，定翰詹科道，准捐外任，內閣中書，准捐免試俸，降革及不准捐復人員，除實犯贓私外，准加倍半捐復，舉人及恩拔歲副優貢生，准報捐國子監助教學正學錄，文武各官准各按品級，報捐花翎。而兵勇商賈，並准捐納。（會典事例卷七六）三年，需餉孔亟，減折收捐，行之數年，流品溷雜，難以清釐。同治元年，御史裘德俊奏請由商賈出身者，祇准其捐虛銜頂帶，不准報捐正印實在官階，未及允行（同治東華續錄卷十四）二年部臣又奏，「近日捐官，流品大雜，竟有市井駔儈及劣幕蠹書土痞……之徒，亦皆張羅雜湊，溷入仕途。」（聖訓卷二三）請飭各省認眞考察，又未見諸實行。其後有識之士，如左宗棠馮桂芬等，紛請變更捐例，疏通正途。卒以府庫虧空，莫能罷除。同光兩朝，仍屢行之。至光緒二十七年，始諭「無論何項事例，均著不准報捐實官。」（政典類纂卷二百十一引邸鈔），光緒三十二年，始行廢除。（光緒政要卷三二）大要捐納之途，京官自郎中，外職自道府以下，皆可由捐納而得。此外三班分缺先分缺儘先大八成各花樣，暨分發指省等項，俱准繳捐。途徑不爲不廣。而正途反爲壅滯。進士出身人員，定例爲即用知縣者，尙久無委署之期，至有以得科名爲悔者。其最冗濫者，莫如咸同兩朝，其時減成納捐，人多以官爲貿易，挾貲干進者，皆任情侵蝕，罔利營私，以圖彌補捐貲，而百姓倍受其困。是捐納之舉，不能謂非淸代一秕政也。

(3)滿人入官

滿人入官，多以筆帖式爲進陞之階，發軔之地，筆帖式乃滿洲語，蓋即錄寫迻譯之意也。歷代職官表曰：『本朝諸司衙門，各置滿洲蒙古漢軍筆帖式，以繙繹淸漢章奏文牘，蓋即金元女眞令史譯史蒙古筆且齊之職，而其原實沿歷代令史遺制，特是唐宋用人頗輕，而今筆帖式爲八旗子弟進身之階，自舉人貢監任子以逮官學義學生，皆得預選，集試而後命之，引見而後官之，爲之內外升轉之法，以激勵之，掄掇維精，人材奮起，蓋登用之廣，視金制而詳愼彌加，遴擢之優，視漢制而考核尤備，洵非前代僅稱雜流者所可比擬矣。』(卷五)淸史稿曰：

滿人入官，或以科目，或以任子，或以納捐，議敍亦同漢人。其獨異者惟筆帖式。京師各部院盛京五部，外省都統，副都統各署，俱設筆帖式額缺。其名目有繙譯繕本貼寫，其階級自七品至九品。其出身：有任子，納捐，議敍，考試。凡文武繙譯，武人貢監生，文武繙譯生員官，義學生，驍騎閑散等，用九品六部主事缺，設百四十缺。滿蒙缺八十五，補官較易。筆帖式帖補主事，不數年輒致通顯。其由科甲進者，編檢科僅數人，有甫釋褐，即選擢者。翰林坊缺，編檢不敷補用，得以部院科甲司員充之。謂之外班。翰林外官，東三省，新疆各城，各省駐防，文武大員，俱用滿人。甘肅，新疆等邊地，道府同通州縣，各省理事，同知通判，皆設滿洲專缺。滿缺外，漢缺亦皆同補。（清史稿選舉志五）

是則滿人入仕之機緣，多於漢族遠矣。加以「漢人異途，須經保舉，方爲正途。旗人並免保舉，得同正途出身。」（吾學錄初編卷七）則其入仕之機更廣，而滿漢待遇之歧異，亦可謂昭然若揭矣。

三　待遇

（1）進士舉人之待遇

明制進士張榜後，順天府官用傘蓋儀從，送狀元歸第。翌日，賜狀元及進士宴於禮部。又翌日，賜狀元冠帶朝服一襲。諸進士寶鈔人五錠。洪武二十一年，特命有司建狀元坊以旌之，永樂二年，命工部建進士題名碑於國子監。其後進士入翰林院，「司禮月給筆墨紙，光祿給朝暮饌，禮部月給膏燭鈔，人三錠。五日一休沐，帝時至館召試。」（明史選舉志二）而編修俸糧，月可得七石五斗，歲該九十石。檢討月支七石，歲該八十四石。侍書待詔，皆有俸給。疾病祭祀有特假，省親並賜川資。此外，明代有一特殊風俗，即揭竿之制也。『王弇州觚不觚錄云：「士子鄉會得雋，郡縣始揭竿於門上，懸捷旗。」……壯麗倍於報捷。……近日此風，處處皆然，沿以為例，而富室入貲為中書舍人者，及近日諸生買廩納准貢生者，皆高竿大旗飄飄雲漢，每入城市，彌望不絕，更可駭歎。又南宮報後，得鼎甲者及選為庶常者，復另植黃竿，另張黃旗，比鄉會加數倍，其僭侈無謂更極矣。』（野獲編卷十六）此種風俗與待遇，實為明代前後所未有也。

清代會試舉人，官給水脚銀。新疆雲南貴州士子會試，並准其馳驛，即如當今免費乘車也。士子於三月初九初十及二十二三日，給粥飯各一餐。餚脯菜蔬備。鄉試揭曉次日，設鹿鳴燕燕考官以下及中式舉人。中式舉人，得領牌坊銀二十兩，並頂戴衣帽等物，由布政司備辦。『會試傳臚日，燕一甲進士三人於順天府，次日賜恩榮宴於禮部，讀卷官以下諸進士咸與。讀卷官暨諸進士用綵花，狀元金飾銀花，於工部取用。諸進士坊銀各三十兩，一甲三名各加五十兩，於戶部領給。進士表裏各一端，由部題請日期，於午門外頒賞。給狀元六品頂涼帽披領腰帶手巾佩袋小刀全分及靴襪等物，由工部製備。』（大清會典卷三三）

凡進士入翰林院者，待遇情形，多與明同。王士禎分甘餘話云：「大內南書房，在乾清門西廊下，內值翰林官居之。其出入皆奉旨由某門侍衛某人導引件送。壬戌後，特旨內值官許於禁中乘馬至所出入之門，故朱檢討彝尊紀恩詩云：『迴思身賤日，足繭萬山中，』蓋異數云。」沈廷芳曰：『國家右文盛治，……遠邁前代。……今天子聖學閎深，尤隆儒林，臨幸苑中，賦詩錫宴。』（國朝館選錄序）優禮有加。其餘官邸之賜，月費之贈，以及輿服休沐等事，皆沿明制施行，不必細述。但有一事堪注意者，則明清進士舉人，授官之後，苟有罪犯，須先褫奪功名及職權，然後治罪。此則較平民增加一層保護矣。

（2）生員之待遇

明清兩朝生員之待遇，名較進士舉人為低，實際享受之特權，殆有過之而無不及，蓋生員不受地方官吏管轄，有罪歸學官辦理。如果犯事情重，地方先報學政，俟黜革後，方能治以應得之罪。若詞訟小事，發學責懲。而學政亦甚至受生員之壓迫：如朋友結黨，歐罵師長，羣拒考試，卒之學政以訓導不良，不免受皇上之處分。

或犯姦盜詐僞，挾制官府，教唆詞訟，說事過錢，包占人財物田土等項，無所不爲。故明太祖有臥碑十二條，遍立學宮，懸爲禁令。（大明會典卷七六）而生員橫行鄉里，魚肉小民，造成特殊階級，仍如故也。其他免田役，免差徭，免笞刑，賜廩膳，入縉紳之階，以及種種弊端，顧炎武氏生員論，言之最詳；今摘錄之。顧氏之言曰：

合天下之生員，縣以三百計，不下五十萬人。……而天下之人猶日夜奔走之如騖，竭其力而後止者，何也？一得爲此，則免於編氓之役，不受侵於里胥，齒於衣冠。得以禮見長官，而無笞捶之辱。故今之願爲生員者，非必慕其功名也，保身家而已。（亭林文集卷二生員論上）

以上乃生員之待遇，及其所以鑽營之因。其橫行之狀，在生員論中曰：

今天下之出入公門，以撓官府之政者生員也。倚勢以武斷於鄉里者，生員也。與胥吏爲緣，甚有身自爲胥吏者，生員也。官府一拂其意，則羣起而鬨者，生員也。把持官府之陰事，而與之爲市者，生員也。……故曰廢天下之生員，而官府之政清也。天下之病民有三：曰鄉宦，曰生員，曰吏胥。是三者法皆得以復其戶，而無雜泛之差。於是雜泛之差，乃盡歸於小民。……一縣之地，有十萬頃，而生員之地九萬，則民以一萬而當十萬之差矣。……故曰廢天下之生員，而百

姓之困蘇也。……(同上)

案顧氏之言，最爲精詳。明胡生員之待遇，及其流弊，皆可見於此文矣。清制最嚴，然劣生干預公事，包攬詞訟，處處有之。生童鬧考罷考之事，更屢見不鮮也。

戊　明清考試之得失異同

明清考試之制度，大致相同，第加細察，差異亦多。同者，前已總括敍述，不同者，於此節比較之。此較之後，略詳其得失。

一　異同

(1)試藝之異同

(一)清試帖詩　明之考試，第一場四書藝三題，五經義一道。第二場試論一題，判論五條。第三場試經史時務策五道。清第一場試四書義三題，五言詩(六韻加至八韻)即試帖詩一首，此不同一也。

(二)清曾兩廢八股文　明代自洪武十七年，定制，成化後，始終用八股文取士(八股始於成化以後，茲仍依顧說)，清則一廢於康熙，再廢於光緒，此不同二也。

(三)明八股文，作者多優，清僅方管諸子。觀梁章鉅制義叢話，明代作者如王鏊，唐順之，歸震川，胡有信等人之文，論事似對策，敷理似經義，取材博於賦，持律嚴於詩，似皆中制。其他一班作者，亦雅潔可觀。降至清代，格式日嚴，束縛日甚。舍二方三山外，其他普通人士，類皆千篇一律，剽竊揣摩。雖曰流弊使然，亦明清不同之第三端也。

(四)明殿試重對策，清重書寫。明代殿試策論，雖不免諂媚逢容之言，然尚略關係國計民生，朝廷大政。清代策論，禁涉時務，唯以書寫勻潤爲準。薛福成曰：

人才所由大用，其在小楷與試帖乎？卽使連掇科第，苟不工於小楷試帖，不過得一知縣而止。而世所謂清要之選，如翰林，如御史，如內閣中書，如軍機章京，大都專選小楷，或以試帖輔之，舍是莫由進也。……自校閱之大臣，不皆邃於學。又殿廷之上，朝限促迫，日趨苟簡，惟小楷試帖，一望可知優劣，不能無偏重之勢。避煩關捷，流風相師，久之而考者閱者，皆忘其所以然，莫不謂功令當然矣。……余嘗疑策論之禁涉時務，及翰詹各員專以小楷試帖爲殿最，或由故相和珅之欲攬權蔽賢，爲此束縛英豪之舉。蓋此風盛於乾隆中葉以後，浸淫漸染，以迄今日也。(庸菴文集外編卷一選舉論下)

案所謂今日，據題下「甲子」二字，知爲同治三年。殿試書法之重，爲明清試藝不同之第四點。

（2）明始終重科舉清不一致

大體言之，明清兩代重科舉，驅天下人於一途，此相同也。然其差度，殆不一致。明初重薦舉，繼則三途并用。建文永樂以後，薦舉生員日益輕，科舉日益重。雖至崇禎亡國之時，猶不減常態，惟稍變試期而已。（據啓禎記聞記卷三，崇禎癸未（十六年），以虜寇交訌，四方道梗，改期八月會試，九月廷試。）清康熙朝重科舉，雍正則專抑制科甲出身之人，文字之獄，不知凡幾。乾隆以後，科甲又漸擡頭，至於道光，天下士人，始普遍趨向科舉。然保舉之制，一代不息，納捐勞績，日復增多。加以滿漢待遇不均，科舉之制，表面尊崇，實已敗壞殆盡。晚年痛恨科舉者遍天下，亦物必先腐而後蟲生，非僅其時外患之刺激也。

（3）明有朋黨清無朋黨

（一）有朋黨之原因　明代士人，好論政治得失，往往過於矯激。自東林黨興，敵黨亦立。皆欲吸收黨羽，以便操縱政治，樹立門戶，誅鋤異己，此一因也。明代八股文章，人人皆有佳構，取錄甚爲困難。諺稱「童子入學，難如登天。」富裕之子，可買通賄賂，窮困之士，必賴入社，以謀關節，此二因也。明崇禎時，有張溥陳大士，皆名徹都下，聲溢朝野，結社講學，志在復古，名曰復社。一時高才宿學，多出其間，門生故舊，遍布天下，鄉試科考，得以操縱。天下童生不入復社者，幾無入學之望。故虞山（錢謙益）奏曰：「臣先張溥成進士二十餘年，結社會文，止爲經生應舉。」（復社紀事頁八）又謂「名爲廉潔奉法，實縱子弟，暴横鄉里，招權利，通金錢，」此皆復社自身辯護之文，堪爲信讞。外有豫章社，艾南英（千子）魁之；又有幾社，陳子龍魁之。皆志在操縱科舉，結收黨羽，互相標榜。故黃汝成曰：「科第莫盛於明，黨伐亦莫過於明。」（見日知錄集釋卷十七進士得人條註）誠篤論也。

（二）清無朋黨之原因　清代士人出身，有保薦，納捐，勞績，軍功，各途，不必一於科舉。無須過事鑽營，此一因也。然此尚小焉者，其最大原因，爲清廷之壓迫，及考試規程之嚴厲，順治二年，嚴禁賄綠誆騙之弊。十四年丁酉，大興科場之獄。又禁『師生之稱，以絕朋黨之根。』（通典卷十八）『順治十五年戊戌科，給事中胡悉甯建言，鄉會試不分經房，不稱師生。至康熙十八年己未科，始復分房舊例，而師生之例仍舊。』（制義科瑣記卷四）世宗雍正元年正月，『帝初御乾清門聽政，顧語羣臣曰：「朋黨惡習，起於明季，此風至今未息。爾大臣有則痛改，無則永以爲戒，」反覆數百言，諄誡至切。』（雍正內閣上諭）其時定例，考官士子賄綠中式者，俱處斬並立決。（見前）其後乾嘉各朝，皆時與禁令，又益以嚴刑峻法，致刑並用。故捨晚清新舊黨外，二百餘年，表面上未見朋黨之禍也。

（4）考試之法清嚴於明附清代三大科場之獄

明淸兩代，科場規則，皆甚嚴厲。二者相較，以淸爲最，其卓然顯著者，有三大科場之獄焉。

（一）順治十四年（西一六五七）丁酉科。紀此獄最詳者，莫如信天翁丁酉北闈大獄記略，今以此書爲主，歸納其要點如下：是歲天子遣翰林侍讀曹本榮，侍講宋之繩，爲順天鄉試主考；以李振鄴，張我樸，蔡元曦，郭濬等十四人爲同考。鄴等雖名進士，然皆少年輕薄，而鄴尤爲孟浪。其在內所通關節者，二十五人。在外一時難以尋獲，鄴攜一童僕，發榜之日，令手畫蠹箄一紙，託其尋對。其不中者二十人，中者止五人，田耜，鄔作霖與焉。其僕以此紙示同伴馮元，元素與鄴寡合，遂攫去。其後事洩，皇帝與聞，同考李振鄴，及張我樸，蔡元曦，舉人田耜，賀鳴郊，鄔作霖等七人，駢首菜市，家產沒入，並戍其父母兄弟妻子於邊。罣譏遣徙者，二十五人，正副主考，各降五級。

時江南主考，侍講方猶，檢討錢開宗，亦因賄通關節，有人作萬金傳奇記詆之；又有作黃鶯兒詞云：『命意在題中，輕貧士，重富翁，詩云子曰全無用，切磋欠工，往來要通，其斯之謂方能中。告諸公，方人子貢，原是貨殖家風。』以是科題爲「貧而無諂」一章也。（制義科瑣記卷四）於是言官交章論劾，刑部審實，世祖大怒，猶，開宗，及同考葉楚槐等十七人，俱棄市，家子家產沒籍。其餘株及者，更僕難數。以致「朝署半空，囹圄幾滿。」（頁七下）當是時也，人人謂此天威嚴重，此二百人者，不知幾許登鬼錄，幸覆試止革去八人，（按槐廳載筆卷十三引史館雜記，謂革去方城等十四名。）餘均准會試。其時乘風襲唾，彈劾科場者大起。陰應節參南闈，而主考分考十八人逮，蔣徹修參河南陝西，而主考逮。山東磨勘一字訛，而疏逮房官。知是年科場之獄，不僅北闈有之，而他省多未紀也。

（二）康熙五十年（西一七一二）辛卯科　是科江南考官副都御史左必蕃，副考官編修趙晉。（見清稗類鈔卷四）必蕃廣東舉人，素無文望，晉則少年鼎甲，任意妄爲，視左如木偶。時有士子吳泌程光奎，賄趙晉獲中，二人素不能文；其他亦多中揚商子弟。於是士論沸騰，有「左邱明兩目無珠，趙子龍一身是膽」之聯，貢院匾改作賣完。（參槐廳載筆卷十三，及明清貢舉考略卷一）事聞，帝命尚書張鵬翮會江南督撫嚴鞫，蘇撫張伯行劾總督噶禮賄賣徇庇，噶禮亦劾伯行他罪。詔俱解任，令鵬翮會總漕赫壽確訊。覆奏請，鐫噶禮級，罷伯行職。帝怒二人掩飾和解，復遣尚書穆和倫張廷樞往鞫，奏略如鵬翮等，指部議互訐，乖大臣體，應並褫職。卒奪噶禮職，以伯行清名素著，褫職仍留任。處晉及同考王曰俞，方名大辟，以失察奪正考官左必蕃官。其原委經過，康熙東華錄，紀載甚詳。並饒有興趣，緣擇其要者錄之。

康熙五十年辛卯十月癸亥，『江南正主考副都御史左必蕃奏：「臣典試江南，撤闈後，聞輿論喧傳，有句容縣知縣王曰俞所薦之吳泌，山陽縣知縣方名所薦之程光奎，皆不通文理之人，臣不勝駭愕。……祈將新中舉人吳泌程光奎，或提至京覆試，或發督撫嚴訊，以正國法，而肅科場。」得旨，該部嚴察議奏。（東華全錄康熙朝卷八八）

丁丑，江蘇巡撫張伯行奏，今歲江南文闈，榜發後，議論紛紛，於九月二十四日，有數百人，擡擁財神，直入學宮，口稱科場不公，臣不敢隱匿，相應奏明，得旨，該部嚴察議奏（同上）

十一月丙戌朔，禮部議覆「江南科場一案，應行文該督撫將舉人吳泌等解京，請旨覆試，如果文義不通，卽將情弊嚴審究擬。」得旨，「這事情著張鵬翮會同江南江西總督，江蘇安徽巡撫，在揚州地方，徹底詳察，嚴加審明具奏。左

必審趙晉，俱著解任，發往質審。」(同上)

五十一年二月，江蘇巡撫張伯行奏參：江南江西總督噶禮，得銀五十萬兩，徇私賄賣舉人程光奎吳泌等，不肯審明。請將噶禮解任嚴審。得旨，「噶禮著解任，此事著張鵬翮會同總漕赫壽，確審具奏。江南江西總督印務，著江西巡撫郎廷極署理。」噶禮奏參，「張伯行誣臣私賣舉人，得銀五十萬兩，乞賜對質。」得旨，「張伯行著解任，此事著張鵬翮會同總漕赫壽確審具奏。江蘇巡撫印務，著浙江巡撫王度昭署理。(同上卷八九)

諭九卿等：噶禮張伯行參奏一案，噶禮有辦事之才，用心緝拿盜賊，然其操守則不可保。張伯行爲人老成，操守廉潔，然盜刦伊衙門附近人家，尚不能查拏。噶禮曾參原任知府陳鵬年，陳鵬年居官雖善，乃一膽大強悍之人。噶禮張伯行互相不睦者，皆陳鵬年慫慂所致。據張伯行參奏云：「噶禮得銀五十萬兩」，未必全實，亦未必全虛。卽噶禮所參張伯行之事，亦必有兩三款是實。……此案察審實難，若命滿大臣審，則以爲徇庇滿洲；若命漢大臣審，則以爲徇庇漢人。至張伯行參奏內，連及張鵬翮者，意欲審理此事時，使張鵬翮囘避，故朕仍令張鵬翮從公審理。(同上)

六月，差往江南審事尙書張鵬翮等同奏：「查噶禮張伯行互參一案，應將張伯行革職，擬徒准贖。噶禮降一級留任。

上諭大學士等，張伯行參噶禮索銀五十萬兩，審屬情虛，江南一省舉人，能有幾何，縱盡行賄買，亦不能至此數，噶禮若受賍，卽五萬亦當置之重典，噶禮原非淸廉之官，但在地方亦有效力之處。張鵬翮等審噶禮參張伯行，並未審出一款，……似爲兩邊掩飾和解。……此案發回，著大學士九卿等詳看會議具奏。」

張鵬翮等又奏，查察正考官左必蕃，奏參吳泌等賄買舉人一案，將吳泌等擬絞監候，秋後處決。副考官趙晉，同考官王曰俞方名，俱革職，僉妻發煙瘴地方充軍。正考官左必蕃所參雖實，而取中舉人革退四名，應將左必蕃革職。（同上）

上諭大學士等，……趙晉干犯國憲，於考試時，私受賄賂，暗通關節，張鵬翮等並未將伊拏問嚴審。且趙晉行止不端，舉國無不知者。左必蕃昏愚已甚，被趙晉欺弄，今但照革去舉人三四名之例，僅以革職軍流，草率完結，可乎？此案亦發回，著大學士九卿等詳看會議，繕摺具奏。（同上）

庚午，大學士等遵旨議覆，噶禮張伯行左必蕃趙晉等一案，應交張鵬翮再審具奏。得旨，此案不可仍交與張鵬翮等審理，著戶部尙書穆和倫，工部尙書張

廷樞，前去再行嚴加審明具奏。穆和倫等不必來請訓旨，即帶滿洲司官速行。（同上）

十月乙卯，吏部議覆，「戶部尚書穆和倫等，審噶禮張伯行互參一案，張伯行所參噶禮各款，既經穆和倫等審明皆虛，張伯行畏縮不能出洋，反誣陷張元隆通盜，不審不結，拖斃多人，不能嚴拏盜賊，遲延命案，又妄行奏參，有玷大臣之職。應如所請革職。至噶禮所參張伯行各款，既經穆和倫等審明，俱係從前舊案，不於彼時參奏，亦應議處。但所參張伯行不能出洋等處俱實，應如所請免議。」得旨「張伯行居官清正，天下之人，無不盡知，允稱廉吏，但才不如守，果係無能。噶禮雖才具有餘，辦事敏練，而性喜生事，並未聞有清正之名。伊等互參之案，皆起於私隙，聽信人言所致，誠爲可恥。……朕以張伯行操守爲天下第一，斷不可參。……此所議是非顛倒，著九卿詹事科道，會同矢公據實再議具奏。」（同上卷九十）

五十二年正月，九卿議覆，「江南科場賄通關節之副考官編修趙晉，原擬監斬候，但趙晉係副考官，擅通關節，大干法紀，應照順治丁酉科場例，改斬立決。呈爲吳泌試卷之同考官句容縣知縣王曰俞，原擬流三千里，查王曰俞通同作弊亦應改斬立決。貪緣中式之吳泌及說事通賄之俞繼祖等，照原擬絞監候。呈薦程光奎試卷之同考官山陽縣知縣方名，原擬絞監候，查方名平素與程光奎往來，見過程光奎之文，程光奎在場內鈔錄舊文，方名明知其文，卽行呈薦，榜後又向程光奎索謝，應改斬立決。其場前在貢院內埋藏文字入場鈔寫中式之程光奎，照原擬絞監候。倩人代筆中式之徐宗軾，及夾帶文字中式之席玗，並照原擬枷責。正考官副都御史左必蕃，係專任科場之官，失於覺察，應革職。」從之。(同上卷九一)

由上各節，可知清聖祖之精明審愼，內外大臣之心術，皆瞭然在目，如數家珍。然於此事，精明之餘，尙有疏忽之處，卽趙晉入獄，以縊死聞，又謂生死不明，追究多年，終無下落。此雖非精明康熙之咎，抑亦此獄之餘波也。康熙五十三年二月，「辛巳刑部議覆，江蘇巡撫張伯行奏，江南鄉試副考官趙晉，自縊身死。……趙晉果否身死之處，著交巡撫張伯行澈底查明具奏。」(東華全錄康熙朝卷九三)六月「壬午，江蘇巡撫張伯行奏：「……趙晉進監場後，揚州知府趙宏煜一任典史金鉻縱容，及報趙晉自縊，又草率取供，不親自相驗，委高郵州知州李之樘驗報，屍圖與趙晉狀貌不符，衆供互異，據此趙宏煜故行疏縱，情弊顯然。……不惟趙晉生死難明，並在監與否，亦不敢定。』(同上)五十五年正月諭：『趙晉果否身死之處，前令張伯行確查，今究竟如何？……大學士等奏，「臣等詢問張伯行，據云『趙晉未死之處，實係傳言，尚未有確證。』」上曰：「此案甚大，牽聯人亦甚多，且府縣官皆因此掛誤。若趙晉果不死，便當查拏，若已死，便當結案，將此交與刑部，速行完結。』(同上卷九七)從此以後，別無下文。時聖祖年邁，精力漸疲，稍加放逸，部臣則聽其自然矣。據石鼓齋雜錄，趙晉定罪後，有王樓村者，與趙同年，「時告假在籍，入監探視，趙即於次日伏法。有謂王帶病僕易趙出者，遂下王獄，通緝數年無獲，王方得釋。(見槐廳載筆卷十三引)此亦可備一說也。」

考康熙辛卯五十年科場之獄，非僅江南，而順天福建之鄉試，亦以科弊，誅革多人。

五十二年正月又議福建科場賄通關節之同考官吳鏊中，應擬斬立決。賄緣中式之王湯三，說事通賄之林英，應擬絞監候。正考官檢討介孝瑹，副考官工部主事劉儼，失於覺察，應革職。」從之。(東華全錄康熙朝卷九一)

是年二月癸酉，刑部等衙門會議，順天府鄉試，中式第一名查爲仁之父查日昌，倩人爲伊子代筆，賄買書辦，傳遞文章，事發後，又脫逃被獲，應斬監候。

查爲仁中式情弊，雖由伊父主使，而通同作弊，又相隨脫逃，希圖漏網。其書役龔大業，收受賄賂，傳遞文章，俱應絞監候。代查爲仁作文之舉人邵坡，應革去舉人杖徒。失察之監察御史常泰李宏文，應罰俸一年，從之。（同上）

甲戌，刑部等衙門會議，順天鄉試中式之周啓，係原任步軍統領託合齊家人周三之子倩人代筆，串通謄錄受卷所吏役，通同作弊，應絞監候。周三於賄屬司獄周芝荃，致死首告伊子之邵文卿，希圖滅口，案內已經論斬，從重歸結。至於說事通賄之談汝龍，高岳，受贓之謄錄所書吏何亮公，受卷所書吏錢燦如，亦應絞監候。代周啓作文之王廷銓，應杖徒。失察受卷所官唐縣知縣李嶟瑞，降一級，罰俸一年。監試御史楊篤生陳勳阿爾賽石芳桂各罰俸一年。謄錄所官無極縣知縣陳明倫，已經休致。提調官順天府府丞李法祖，已經別案革職，俱無庸議。得旨，「周三周啓，身係奴僕，肆行賄賂，紊亂科場大典，情罪可惡，俱著處斬，李嶟瑞楊篤生阿爾賽石芳桂陳勳等，係專司科場事務官員，怠玩疏忽，不行嚴禁，殊屬溺職，著革職。」餘依議（同上）

總上是年科場之獄，其牽連之廣，處理之嚴，伏誅之衆，皆詳述於前。夫然後知是案之所以爲人重視也。然此案之後，科場積習，並未轉移。五十六年丁酉，浙江鄉試，正考官索泰，應允侍讀學士陳恂屬託，將陳鳳墀中式，陸續借陳恂銀一千五百兩之巨。事發，泰恂，鳳墀，及營謀關節之陳華衡，陳鳳墀之父陳文熾，陳恂之子陳銓，皆絞決。其他一干人犯，革黜尚多，詳見康熙東華錄卷百三，可知用刑雖嚴，仍未能補偏救弊也。清代三大科場之獄，其最大而影響亦最大者，當推咸豐八年戊午科。

(三)咸豐八年（西一八五八）戊午科　是案庸盦筆記記載最詳，其原因曲折，及其影響，並數十年來科場積弊，皆詳晰平言之。可爲紀載清代科舉制度重要之文也。其詞曰：『咸豐八年，順天鄉試主考爲大學士伯葰（案伯葰爲一品大臣，曾任內務府大臣，軍機大臣，時任大學士，在內廷行走。尚書朱鳳標，左副都御史程庭桂。甫入場，監臨順天府尹梁同，新提調順天府丞蔣達，卽因細故，意見不合，遂徑開龍門而出，疏劾同。新知貢舉，侍郎景廉，又具疏併劾二人，二人皆被吏部降調以去。而至公堂於某夕，譁傳大頭鬼出見，都人士云，「貢院中大頭鬼不輕出見，見則是科必鬧大案。」榜既發，有旗籍滿洲平齡，中式在前十名中，平齡素嫺曲調，曾在戲院，登臺演戲，蓋北方風俗，凡善唱二黃曲者，雖良家子弟，每喜登臺，自衒所長，與終歲入班演戲者稍有不同。然京師議論譁然，謂優伶亦得中高魁矣，御史孟傳金疏劾平齡硃墨不符，請特覆試，奉硃諭，派載垣（案爲惠親王，怡親王，）端華（鄭親王）全慶陳孚恩（二人皆尚書）查辦，牽涉伯葰之妾及其門丁靳祥，於是考官及同考官之有牽涉者，皆解任聽候查辦。是時載垣端華肅順（尚書）方用事，與伯葰不相能，欲藉此事，興大獄以樹威，前刑部尚書陳孚恩，終養起復，候補年餘，上意不甚嚮用，孚恩窘，乃自昵於肅順，得補兵部尚書，遇事每迎合其意。孚恩素與程庭桂相善，方言路未劾之前，孚恩馳往，見庭桂曰，「外間喧傳此科中者條子甚多，有之乎？」條子者，截紙爲條，訂明詩文某處所用之字，以爲記驗，凡與考官房官熟識者，皆可呈遞，或輾轉相託而遞之，房考官入場，凡意所欲取者，憑條索之，百不失一。蓋自條子興而糊名易書之法幾窮矣。庭桂聞孚恩之言，以爲無意及之，乃答曰，「條子之風，不始今日矣，奚足爲怪，今科若某某等，皆因條子獲售者也，某某等皆有條子而落第者也，吾儕衡文取士，文章之力仍居七八，條子不過輔助一二耳。」孚恩問，「然則吾子亦接條子乎？」庭桂笑曰，「不下百餘條」乃出而示之。孚恩曰，「盍借我一觀」，袖之而去。不數日，孚恩奉旨審問此案，按條傳訊，株連益多。庭桂之次子秀，嘗遞數條，孚恩謂，「但到案，問數語，即無事」。庭桂召其長子炳采謂之曰，「汝弟氣性不馴，若令到案，必且獲罪，汝姑代汝弟一行，陳公與我至厚，必無事也。」炳采既到堂，孚恩窮詰不已，且命用刑，遂一一吐實，而孚恩之子亦有條子託庭桂之次子遞之，孚恩知不能隱，奏請迴避嚴議，並請革伊子景彥職，詔即革景彥員外郎，孚恩交部議處，毋庸迴避。孚恩乃請戴垣等設法開釋其子，而擬炳采以重辟，並奏言，此案情節甚多，非革職逮問，不能澈究，奉旨伯俊朱鳳標程庭桂皆革職下獄，而孚恩於庭桂用刑訊焉。伯俊之門丁靳祥，聞案出，即逃逸，至潼關，爲陝西巡撫曾望顏所拿獲，解至刑部，歸案審訊，案未結，先死獄中，大抵平齡之中式，靳祥實爲經營，而伯俊不知也。若僅失察之罪，不過褫職而止，肅順與載垣端華，必欲坐伯俊大辟。鍛鍊久之，終無賄納實迹，上意亦以伯俊老成宿望，欲待以不死，肅順等力言，取士大典，關係至重，亟宜執法，以懲積習，九年二月獄成上聞，大旨以伯俊雖無納賄情事，而靳祥之求請伯俊撤換試卷，其弊顯然，靳祥未伏厥辜而死，當即以靳祥罪名加之伯俊等語。於是上召諸王大臣，諭以不得已用刑之故。（時在咸豐九年二月甲寅，詳見東華續錄卷五五）伯俊及同考官浦安，中式舉人平齡羅鴻繹，及爲羅鴻繹行賄之主事李鶴齡，程庭桂之長子炳采皆棄市。程庭桂發往軍臺效力，朱鳳標從寬革職。未及一年，旋復起用，其餘各員獲咎褫革降調者數十人。程炳采既出獄，將赴西市，乃大哭曰，「吾爲陳孚恩所紿，代弟到案，以至於此。

陳孚恩諂媚樵姦，吾在冥間，常觀其結局也」。聞者皆爲揮淚。當咸豐之初年，條子之風盛行，大廷廣衆中，不以爲諱，敏給者常制勝，樸訥者常失利，往往有考官夙所相識，闈中不知而擯之，及出闈而咎其不遞條子者。又有無恥之徒，加識三圈五圈於條上者。倘獲中式，則三圈者饋三百金，五圈者饋五百金，考官之尤無行者，或歆羨之，余不知此風始自何時，然以余所見，則世風之下，至斯極矣。識者早慮其激成大獄，而不知柏相之適當其衝也。然自戊午嚴辦考官之後，遂無敢明目張膽顯以條子相授受者，迄今三十餘年，鄉會兩試，規模尙稱肅穆，則此舉誠不爲無功；然肅順等之用意在快私憾，而張權勢，不過假科場爲名，故議者亦不以整頓科場之功歸之也。（庸盦筆記卷三）

上述三大科場之獄，關係清朝科場甚大。蓋不有此嚴刑峻法，恐弊端更甚，不克維持至清末；故不憚煩勞，而破例詳錄之。至於明代，亦有科場之獄；而其罰責，不若清代之嚴厲。如弘治十二年會試，李東陽程敏政爲考官，有劾其鬻題與舉人者，敏政僅謫官而止。嘉靖四十年，主考取同邑十三人，罰止謫外。萬曆四十四年會試，沈同知倩人搶替，獲取第一，事洩，罰止謫戍。（參明史卷七十）天啓間，錢謙益典試浙江，所取錢千秋卷七篇，文涉關節，時尙書溫體仁與謙益互攻，罰止罷官，（參錢牧齋初學集卷八七）若在清代，必難免於難。此亦可見考試之法清嚴於明也。

（四）停止鄉試之罰則　清代考試制度之嚴密，不僅科場大獄已也。而停止鄉試之罰，亦爲特規之一。世宗雍正四年，冬十月以光祿寺卿王國棟，爲浙江觀風整俗使，十一月諭九卿科道等，『浙江文制，甲於天下；而風俗澆漓，敝壞已極。如查嗣庭汪景祺，……喪心悖義，謗訕君上。……且巡撫李衛等從查嗣庭家中，抄出科場懷挾細字密寫數百篇，似此無恥不法之事，浙江士子未必不因此效尤。應將浙江人鄉會試停止，俟風俗漸趨醇樸，再降諭旨。』（雍正上諭四年十一月，東華全錄雍正朝卷九）逾二年後，即行復與。庚子義和團之亂，北京媾和條約第二款，規定滋事地方，均停文武考試五年。憶中國自唐宋以來，祇有一人或同保數人殿舉之罰，從未停全省之考試權。乃一以文字之獄，停浙江科舉。一以義和團之亂，受外人強迫，停肇事城市之科舉；洵可恥亦可哀也。

（五）磨勘特規　磨勘之法，亦爲清代特規。不但唐宋金元各朝所無，即在明代，亦不甚顯。其制，各省鄉會試揭曉，依程限，至禮部磨勘，遲延者罪之。蓋防考官撤闈後修改試卷，避吏議也。磨勘首嚴弊倖，次檢瑕疵字句，偶疵者貸之。字句可疑，文體不正，舉人保名若干卷以上，考官及同考革職或逮問。不及若干卷，奪俸或降調。其校閱草率，借同，濫惡，雜然並登，及試不諳禁例，字句紕繆，謄錄錯誤，內外簾官舉子，議罰有差。（詳參吏部則例卷二十九）至於磨勘規程及其處分，會典事例，暨科場條例，俱臚列數卷之多。張之洞輶軒語。有磨勘條例摘要，錄其關於鄉會試者，以示一般。

一、試卷文理悖謬文體不正不遵小註章旨者，黜革。

一、不諳禁例，直書廟諱御名及先師孔子諱者，均罰停四科。（凡停科者舉人或會試貢士停殿試。）

一、應擡不擡及擡寫不合，或擡寫後塗改者，照違式貼出，中式者罰停三科。

一、題目錯落未經改寫，或遺漏全題，於夾縫添註，或眞草篇數不全，或顛倒或全然不對，我五策誤寫全題，凡曳白越幅，及添註塗改全行漏寫，並添註塗改過百字，犯者貼出，已中式者罰停三科。

一、卷中有空白，犯者貼出，已中式者罰停一科。

一、脫寫題目，改寫跳行者，出科，已中式者罰停兩科。

一、草稿未寫全題，貼出，已中式者罰停一科。

一、草稿越幅，貼出，已中式者罰停一科。

一、草稿模糊辨認不清者，罰停一科

一、草稿非全然不符而脫落太多者，罰停兩科。

一、添註塗改字數添改者，罰停兩科，或漏一二處者，貼出，中式者罰停一科。

一、塗改字數不符在十字以外者，罰停一科。

一、重寫添註塗改字數者，罰停一科、

一、二三場均係改寫添註塗改字數者，貼出，中式者罰停三科。

一、四書文不得過七百字，違者貼出。

一、試卷勦襲雷同者，罰停兩科，全篇鈔錄舊文倖中者，黜革。

一、文中字句紕謬，重字書作兩點及引用後世事蹟暨書名，並文內遺漏對策不滿三百字者，俱罰停一科。

一、詩內平仄失黏者，罰停一科。

一、試卷內有書寫卦畫及篆體者，貼出，中式者罰停一科。

一、墨卷謄眞用行草書者，罰停一科。

一、卷內挖補數字及挖補擡頭者，貼出，中式者罰停一科。

一、試卷反寫及倒寫對策頂格及策題用大寫壹貳叁肆伍者，均干貼例。

初，磨勘官禮部主之。康熙間，始欽派大臣專司其事。己卯三十八年，始嚴磨勘之條，順天停科四十餘人，陝西廣西各一人。乾隆初，增編檢，額定四十人。二十一年始令磨勘官塡註銜名，功令益嚴。御史辛從益，俱以抉摘精審聞於時。歷科舉子，因是譴黜者，頗不乏人。（參會典事例卷三五九）細察磨勘處分，固多吹毛求疵之舉，然士子行文用字，絲毫不敢苟且，亦是訓練學人精密審愼之一法。如康熙四十年，『壬午，勘卷某，摘一用社稷鎭公子卷，應議。裘文達充大磨勘官，疑非杜撰，歸第問公子麟，對以句出國語，咨有以出左傳對者，立命取書以證，果出左傳。遂長跪而幾受責，時麟已官編修矣。』（藤陰雜記卷二）一言有惑，歸尋出典：於是舉子與衡文者，皆不敢草率了事，以免罰責。因而科第出身之人，行文書寫，十九端謹：錯落塗抹，皆所罕見。精謹之處，洵非現今學子所能望企。故清史稿選舉志三曰：「磨勘例行，足以糾正文體，抉剔弊竇，裨益科目，良非淺鮮。禁令之密，前代未有也。」

（5）科場之弊清多於明

科場之弊，正史雜記，以及野史雜記，如弇山堂別集，如明翰林記，如玉堂薈記，如皇明奏議，皇淸奏議，如大淸會典事例，如科場條例等，皆言之詳矣。蔑有加矣。總其要點，可得數端：曰賄買鑽營，曰懷挾倩代，曰割卷傳遞，曰冒名頂籍，曰謄錄舛裂，曰暗記密號，以及考官舞弊等等，皆明淸之通弊，可勿窮究。數者之中，尤以關節爲甚。而康熙之通榜，乾隆咸豐之條奏，爲淸之特弊。今將此二者略述之。

(一)通榜　考通榜始於唐德宗貞元十八年(西八〇二)，權德輿主文，陸傪員外郎通榜帖，韓文公薦十八人於傪，而權公凡三榜，共放六人，餘不出五年內皆捷矣。通榜之義，即不顧試藝高下，專取知名之士。其榜帖(即名錄之意)可託人爲之。如鄭灝都尉第一榜，託崔雍員外郎爲榜帖：又杜門黃生主文第三場，由舉子袁樞爲帖榜，而自列爲狀元，此皆見於王定保摭言者。唐以後，毀之者多，用之者寡。至康熙辛丑六十年，「李穆堂侍郎主禮闈，用唐人通榜法。名宿網羅殆盡，而下第舉子，相與憤怨，擁邸舍譏謗，被劾免官，發永定河效力。」(淸朝文獻通古錄卷七通榜取士條)先是康熙四十四年，「汪霦，姚士藟，主直闈，挾才者多黜落，士子束草爲人，象主司，斫於通衢。……康熙五十年，江南鄉試，主司房考，賄通關節，士子抬財神像，入文昌宮，事聞，下吏雜治，房考抵法。」(見同書)是皆通榜之弊也。

(二)條奏　條奏者，卽不依科場定規，臨時請求變通，以便營私舞弊。乾隆十二年，已有上諭禁止(見會典事例卷三四)四十四年，「又申禁令，並定文會試條奏，不得過上年冬月。……如有臨期條奏者，照違令律，罰俸九個月。」(吏部則例卷二九)然禁者自禁，犯者自犯，至嘉慶十三年諭曰：

鄉會試年分，定例不准條奏科場事宜。況佛柱等，業已入場監臨，乃於將屆發榜之前，奏請增南北皿官卷中額，明係有心邀譽。吏部議，照違令公罪例，罰俸九個月，實屬過輕。佛柱溫汝适均著實降一級調用。(會典事例卷三四。)

從此奏中，可知臨時保奏之用意。他如「修卷」之弊，卽賄屬謄錄，點改詭句：又如條子之弊，幾致謄錄對讀，失其功效。更如地下埋藏挾帶，作弊之精，亦妙想天開。

二　得失

觀上節比較，得失利病，已隱約可見，若再略事說明，可得三端。

(1)考試方法之嚴密爲古今中外之冠

本文自漢至清、對於歷朝考試方法，皆有敍述。知明清方法之嚴密，不惟足以冠古今，亦並足以法中外。英美之文官考試制度，雖非本文範圍所及，然觀西籍，亦未有如明清之嚴重及其周密者。中國盛行考試，已千有餘年：歷代繼紹，時加改革，積千餘年之心思才智，覃精竭思，興利除弊，制度嚴密，良有以也。後雖流弊叢生，要治人之不善，非方法之不良。不足爲本身病也。

（2）考試制度多由官吏破壞

然則考試何由而破壞乎？曰多由於官吏。蓋官吏若不敷衍了事，徇視情面，有此嚴刑峻法，士人作弊，固難施其技倆。明謝鐸上維持風教疏，其三曰重科舉。略謂

科舉一途，雖稱得人，奈何考試等官，類皆御史方面之所辟召，職分既卑，學亦與稱。恩之所加，勢亦隨之。……又以外簾之官，預定去取，或者多爲防閑，而實則關節。內外相應，悉憑指麾，而科舉之法日壞矣。歲貢一途，雖近有之。但近來提學等官，類從姑息。試廩之初，不以勢聽，則以賄行。不以濟貧，則以優老。……往往名爲陞考，而實則虛文，上下相蒙，迄無可否。而歲貢之法益壞矣。（皇明疏鈔卷四九）

黃梨洲亦曰：

取士之弊，至今日制科而極矣。故毅宗嘗患之也，爲拔貢，保舉，准貢，特授

，積分，換授，思以得度外之士。乃拔貢之試猶然經義也。考官不遺詞臣，闔之提學，既已輕於解試矣。保舉之法，雖曰以名取人，不知今之所謂名者，何濫也。勢不得不雜以賄賂請託。及其捧檄而至，吏部以一義一論試之，視解試爲尤輕矣。准貢者，用解試之副榜。特授者，用會試之副榜。夫副榜黜落之餘也，其黜落如此之重，將何以待中式者乎。積分不去貲耶，其源不能清也。換授以優宗室，其敝可不豫乎？凡此六者，皆不離於經義，欲得勝於科目之人，其法反不如科目之詳，所以徒爲紛亂而無益於時也（明夷待訪錄取士上）

案明換授之法，『皆自親王保舉，以換授在仕途者，不下六七千人。且本府無親王，則各郡王所保舉。大都以五十金求薦，得之甚易。……至京，復加營謀，優者得中書舍人，次者不失爲京官正官。』（玉堂薈記卷下）而號爲正途者，反遠遜不及。此君主之所以破壞考試也。萬曆十七年，禮部郎中高桂奏曰：『我朝二百年公道，賴有科場一事。自權作倆，公道悉壞。勢之所極，不能亟返。十年前，張居正挾私求進，倖門四啓，私閫公行。王篆朱璉等尤而效之。……援踵相繼，致使富宦有力者，曳白可以登紫；寒畯無援者，倚馬不能登龍。此忠臣義士之所惋惜而不平也。』（弇山堂別集卷八四）亦即考試制度之所以由官吏敗壞也。有清一代，皇親旗人，無別頭試，（案明亦然）此為主上破壞考試之一因。為羅致人才，及籌備軍餉，保舉捐納，一代不息，致使正途出身，反居雜流之下，是亦官吏破壞考試之第二因。狀元之授，不憑才學，惟務懷柔，如乾隆二十六年殿試，本擬趙翼第一，胡高望第二，王杰第三。然以杰為陝西人，於時陝西尙無狀元，因以王為第一，而易置趙翼第三。（見甌北年譜）是亦官吏破壞考試制度之第三因。其他軍功之酬勞，門蔭之陋習，皆足令考試本旨，掃地破壞。俗言中國有治法，無治人，於考試制度史，亦可驗之矣。

（3）考試過於重形式而忽略實際

然官吏破壞考試規程外，尙有一最大之過失，即過於重形式而忽略實際；過於治標而忽略治本也。試觀兩朝考試功令，精詳嚴肅，令人懍然生畏。而於作育人材之學校，反不加以重視。教者尸位素餐，學者徒食廩餼，優游卒歲。故兩朝學校，形同虛設。一旦臨鄉試之期，則惟嚴防弊之法，是不教而使其就試，焉能不百弊叢生，以身試法，行險僥倖哉。康熙十八年，詔向來歲科兩考，有十積弊。「童子未經府考，冊內無名，鑽求道徑取入學，巧圖捷便，一弊也。考試各府州縣衛所童生，額外濫取，撥發別學，明收冒籍，以占本學正額，二弊也。彌封編號印簿，及場內生號紅簿，不發該府州縣封貯，私存道署，查對字號賄賣，三弊也。考完一府，不將紅案速行發學，（紅案卽生員之紅榜，故有案首之稱，言紅案之第一人也。）任意遲延，徇私通賄，更改等第，撥下作上，四弊也。每考一處，令書辦承差快手人等出入過付，暗訪生員稍有家貲者，先開六等草單，嚇詐保等銀兩，五弊也。文童人多額窄，武童人少額寬，或將文童充爲武童，入學之後，賫緣改文，娼優奴隸，濫行收取，眞能騎射者，擯而不錄，六弊也。各府地方設有考棚，憚於親臨，將生童遠調考取，各州縣告病生員，扛擡驗病，困苦難堪，七弊也。縱容無賴教官，包攬生童，私通線索，效勞分潤，名曰作興，大壞風教，八弊也。由狥上司同僚情面，並京官鄉宦私書，及親戚朋友隨住地方，討情抽豐，孤寒之士，棄而不錄，九弊也。開捐報册，將額外濫取入學童生，未經科歲兩考，預附三等，其姓名不入新案，造入衣項下，以趙甲頂錢乙，混作實在之數，朦混禮部，十弊也。」（學政全書卷十六）聖祖雖知此十弊，終不能澈底革除，釐正根基，降至淸季，廩生增生，多終年家居，或教私塾；月試小考，名存實廢。一遇科比之年，類多面壁濡毫，難致一詞。鄉試會試，重頭場八股文，而輕視二三場；殿試朝考，捨文章而重書寫，是皆捨本逐末，虛張聲勢，過於重形式而忽略實際，以致弊端百出，卒致後來之停廢。斯誠兩朝考試制度一最大之缺失也。

此外明清科舉之得，如開通東南文風，並及滿蒙苗猺之文化。其失如八股文之弊端，如生員之橫行等等，因限於時，俟結論中略述之。

第五章　結論

甲　考試制度與政治之關係

考試本旨，固在得才，以爲治國安民之用。吾國考試，行之千二百餘年，果於政治，有何關係？此卽本節所欲論述者。

一　考試權獨立

唐有天下二百八十八年（西六一八—九〇七）自武德五年（西六二二）開科取士，曾舉行二百六十二次，中停者僅二十二年。五代五十二載，惟梁與晉，各停貢舉二年。（參文獻考卷二九至三十）宋有天下三百一十九年（西九六〇—一二七九），約行考試一百二十次。遼二百十七年，自統和六年計算，行五十次；金一百十九年，行五十四次。元行十六次。明自洪武三年開科，六年停之，十七年復開，共行八十八次。清自順治三年會試，至光緒三十一年，共行百十有一科，未曾間斷。其中兵戈擾攘，外患叠興，內亂時作，考試之典，從未一廢。當唐之時，進士王如泚妻公，以伎術供奉明皇，欲與改官，拜謝而請曰：「臣女壻王如泚，見應進士舉，伏望聖恩回授，乞一及第，上許之，宣付禮部，宜與及第。」（唐語林卷一）而禮部仍必考試，是天子尚難干預，明清以來，分主考房考，主考司試，房考衡文，又分內簾外簾官，各不相涉，清季各部腐敗，達於極點，惟掄才之典，雖有流弊，始終愼密，是考試制度在中國政治史之地位，殆有不可忽視之價値。雖然，此亦僅在擧行掄才之典，始終進行，不爲政局所擾而已。若夫及第授官，固非如英國事務官員，不受政黨之影響也。

二　考試統一思想兼助統一政治

忠君尊孔之思想，支持中國政治千餘年，果何由乎？曰：由於考試。西漢策問，多諂媚之言；東漢孝廉，率取年少能報恩者。唐高宗永徽四年，頒孔穎達五經正義於天下；玄宗開元二十二年，御注老子；唐武后製臣範，宋太宗刻禮記儒行篇，王安石著三經新義及字說，元始以朱子四書義取士，明洪武十二年編春秋本末成，所以內中國而外夷狄；永樂十三年修五經四書性理大全成，命禮部刊刻，頒行天下。以之試士。淸世祖御定孝經衍義，聖祖御纂性理精義，亦以之爲課士準繩。此等書籍，名爲崇聖，實則尊君。故李世弼金登科記序曰：

科擧……豈徒篆刻雕蟲而已哉，固將率性修道，以人文化成天下，上則安富尊榮，下則孝悌忠信，而建萬世之長策。……國家所以藉重古道者，以六經載道；所以重科擧也。後世所以重科擧，以維持六經，能傳帝王之道也。科擧之功，不

亦大平！（見玉堂叢話）

以科舉傳帝王之道，結果差可目爲成功。自唐以來，科場試藝，類皆頌聖忠君之詞，稍有放肆，輒指爲異端。明清八股，尤爲千篇一律。今閱制藝觀海集，殆如機械製造品，長短格式，靡不相同。夫既限之以經書，限之以文格，又復律之以殿舉之罰，連坐之法，天下士人，耽於利祿，焉能別有樞機？故自唐以後，於學術少疑古之士，於政治少叛逆之徒。求如先秦諸子之學術，無有也；春秋戰國魏晉南北朝之紛亂，亦無有也。而疑古者，叛逆者，乃無意於舉業之士，或受挫於科場之徒，如唐之黃巢，清之洪秀全；其最著者。以思想之統一，叛逆之減少，故政治亦隨之而統一。

三　唐人多於非常之士

夫科舉之重視，千有餘年矣。而考試之本旨，又在得才，千餘年中，此種目的，果達到乎？殆難言矣。歷代名臣賢相，建功立業，及碩學名儒著書立說者，十之八九，蓋從此孔穿過。不能謂未得人才也。然以蓋世奇才：有不盡出身科場者。此中原因，蓋一以奇偉之士，無意舉業，雖有榮祿，不能網羅；一以科舉之時，人數衆多，閱卷草率，易於遺才。試觀宋俞文豹曰：

柳子厚送章秀才序曰：「今進士歲數百人，咸多爲文詞。……有司一朝而受者，不知幾千萬言，讀不能十一，卽偃仰疲耗，目眩而不欲視，心廢而不欲營。」余嘗見貢院謄錄人說，每日各抛下卷子若干，限以時刻，遲則刑責隨之。日夜不得休息，饑困交攻，眼目赤澀。見試卷有文省字大，塗注少，則心開目明。……爲考官者可知矣。（吹劍錄外集頁二）

明葉盛曰：

景泰二年，予爲殿試彌封官，最知讀卷事。第一甲蓋閣老預屬意於受卷官，已皆知之，餘皆分送讀卷諸大臣，且率以三分上一等，次二等各留一所。少頃，閣老收上一等則判二甲，次二等則判三甲也。將午，三人者持一甲卷詣文華進讀，午後塡黃榜，明早榜出矣。蓋辰已二時，榜中人第已定。若曰須一一品量高下次第，固有所不能也。（明翰林記卷十四）

楊士聰曰：

文至今日，恆飣滿紙，幾於無處著眼。……余每閱卷，不須由首徹尾，不拘何處，偶覷一二行，果係佳卷，自然與人不同，然後從頭看起。場中搜察落卷，多用此法。卽數百卷，可以頃刻而畢，無能遁者。（玉堂荟記卷下）

錢大昕湖南鄉試錄序曰：

湖南應試舉子四千餘人，三場之卷凡萬二千有奇。合經書，經義，策書計之，不下五萬六千篇。臣等自閱卷之始，至于撤棘，計十八晝夜。文卷浩繁，而時日有限，謂所去取者，必皆允當，而無一遺才，臣誠未敢自信也。（潛研堂文集卷二三）

觀此可知閱卷難精。士聰播弄聰明，數百試卷，可頃刻而畢，其難精準，無俟言喻。大昕爲學精密，甲於淸代：然尙不敢自信無遺才，其他更可想見。先是康熙四十一年，「浙江巡撫趙申喬言：浙省每科試卷一萬二千有奇，舊例同考僅十三人，不能徧閱，請增三員，禮部覆允。」（香祖筆記卷二）然至乾嘉之時，試卷日益多，而閱卷官之忙碌如故也。自宋以來，考官因煩忙，卽有重首場輕三場之習，黃尊素所謂「主司去留，止以初場，餘束不觀，」爲宋明兩朝大弊。（見續通典卷二二）淸代嘗懸爲禁令。命有司閱卷須三場均重，而勢有所不能。且文字風尙，隨衡文者而異，無一定準。故「士有積學數十年，文字不中有司程式，終老場屋者，而淺學薄植，偶因一日之長，僥倖弋獲者。」（語出錢大昕山東鄉試錄序，潛研堂集卷二三）又有因父兄親朋，曾經科第出身，習知科場情弊，主司意向，告以籌防迎合之道，易於中式者。

嘗讀紀文達公集，前後所擬策題，大旨皆相差不遠：所作各鄉會試錄序，則強半爲其策題之答案。儻使有人居京師，獲讀其文，則其中式必易。若窮鄉僻野之士，鄉梓無先進，朝廷無高官，一旦應試，是猶鄉人遠涉重洋，而無人預爲指示，其周旋動靜，必難應時。文體場規，必難盡適。故科舉發達之區，中式較易：否則較難。以閱卷之草率，及夤緣揣摩之習，致眞才實學，往往見遺。此誠科舉制度之一失也。

其幸而中式，得遂國家掄才之旨，以爲治繁理劇之用，則科第出身人材，亦未盡副所望。唐宋之時，用人行政，不盡由考試，姑置勿論。明清之際，多由此途。於斯時也，士人居位，皆富書生習氣。明代士人，尤好意氣用事，黨同伐異。故自有科舉，則有黨禍。清以嚴厲之壓制，黨禍始衰，然唐宋重帖經墨義，士人不識義理；所得之人，如王安石所言：「小則不足爲天下用，大則不足用天下國家。」明清重八股，捨此以外無學問。殿試重書寫，捨此以外無文章。如陸建瀛、葉名琛，何桂清等，皆專小楷試帖者也。乃出而殃民，爲世大僇，豈不哀哉！顧炎武曰：「用八股之人才，而使之理煩治衆，此夫子所謂賊夫人之子也。」集釋引楊氏曰：「八股之才，無一可用，只儒學一選，是其本色。然而溺職者比比也。」（日知錄集釋卷十七出身授官條）「夫科舉之文，依於四子五經，而禮樂兵刑財賦河渠邊塞之類，無不惟所試，是皆修身之要，天下國家之所以爲用；以是取士，宜可得士，而顧不能者何哉，四子五經之精微，非老師宿儒專力致精不能究其義，而禮樂兵刑財賦河渠邊塞之類，皆專門名家之學，聰明才傑之士爲之數十年，僅乃通之，而舉責之於一人之身，三場之試，其責之也難，其求之也備，士不能副其求，則襞積剿略，苟且以塞責，而上之求士，取盈其數而已。故雖不如所求，而亦收之，雖有賢者能者出於其間，然而寡矣。……但能奉吾法循之勿失而已。愚庸闒茸之輩，僥倖迭進，而奇材異能，或困於科目，老死不能自見。……是以朝廷常有乏才之患，是取之不精之過也。」（孫鼎臣芻論卷一論治三）吾故曰：庸人多於非常之士。

四　官人有定準不致過用私人

雖然科舉制度，雖未能將天下英賢，一網打盡；然於政治，有一大利焉。即用人行政，可獲一定之標準也。當魏晉南北朝之時，行九品中正之制，政治掌於高門閥閱之手；捨高門外無準則。唐行科舉，禮部中式，尚須試於吏部，身言書判，四者得兼，然後出身致仕。否則雖韓愈之才，不能得之於有司也。淸代保薦之制，尚須略行考試，即宗室八旗，亦責筆帖式出身。故明淸以前，登仕籍者，皆比較爲解律例治文書之人。知縣大都進士舉人出身。捨元朝外，未有爲官不識字者。當此數朝，官場請託之習，固非絕無；然欲將未經科第之私人，納諸要津，予以高官美爵，殆不可能，是其功效，在科舉制度，固已顯示無遺。而英美各國采用文官考試者，亦在救請託之病，而又成效卓著。此孫中山先生當罷科舉之後，所以毅然倡行考試制度也。

乙　考試制度與文化之關係

一　普及文化為民族同化之工具

中國民族，幾經滄桑，五胡十六國時，漢與異民族互相融和，致令原來衣冠禮樂，寖失古風。自唐以後，而金，而遼，而蒙古，而滿洲，悉為漢民族所同化。歷代史家，皆知其然，而不知其所以然也。或謂孔孟之功，豈孔孟有魔力耶？要為考試之效也。即孔孟之地位，亦賴考試之趨向，方能維持如此之悠久。不觀四書之名乎？宋以前無有也。當唐之時，皮日休請以孟子列學官，疏入不答。於時中庸尚為禮記之一篇目。迨至南宋朱熹，表章學庸，始有四書之名，然尚未立於學官也。元以之擇士，言大儒之效者皆歸之，其實非也。蓋其所以尊崇者，非真重其學說，乃以之為工具，驅民於忠君之途，以保皇基也。奔走之術既成，榮利之途又廣，天下士人，雖位極人臣，不由科第出身者，終不以為榮；異民族入中國，雖秦越冰炭，不由科舉出身者，亦不覺其辱。久而久之，冶於一爐，無分爾我矣。此種功效，唐代已見其端倪。孫樵曰：「唐宅有天下，二國（新羅，南詔）之民，率以儒爲教先，彬彬然與諸夏肖矣。其新羅大姓士，有觀藝上國科舉射策與國士偕鳴者。」（孫樵集卷七）降至金代，金本女眞族，遠處漠北，逐牧水草，固無文化之可言。然於大定四年，設女真進士科，將中國五經，譯成女眞文字，使國人及第者授之，每謀克選一人習之。又使溫迪締達，教以古書作詩策，故四五年後（大定九年），女真人即能得策論進士。大定二十八年，添試論，後皆依漢人格考試。是普及中國文化之廣遠，誠堪令人驚異。使無科舉之制，則人各自爲政，文化風俗，決難周洽如此之速也。

元世祖至元四年（西一二六七），中書左三部……請依前代立國學，選蒙古人諸職官子孫百人，專命師儒，教習經書，俟其藝成，然後試用。庶幾勳舊之家，人材輩出，以備超擢。（元史卷八一）

夫元初習經書，乃爲試用，備超擢；終乃同化於漢族。而清亦然：順治十八年，八旗各設宗學，選滿洲生員爲師。雍正二年定制，左右兩翼，設滿漢學，分習清漢書，兼騎射，以翰林官二人，董率課程，分日講授經義文法。乾隆十八年，令習漢文者，與天下貢士同殿試，賜進士甲第。其於湖南貴州廣西四川等省之苗猺民族，亦有一定名額。（詳參會典事例禮部所載各省學額）至各省回民錯處，久與漢人一例考試。（參學政全書卷六二士苗事例）是科舉普及文化之功，爲民族同化之具，昭然明甚。錢大昕山東鄉試錄曰：

皇上愼重科舉，……遠近聞風，山左距京師千里而近，被化尤速。今之觀光而來者，率多銜華佩實之彥，彬彬乎質有其文，致足嘉也。（潛研堂文集卷二三）

夫猺苗等族被其開通，滿蒙受其同化，何止千里而已哉？當明代時，外國高麗交趾之英才，學於中國而登進士科者亦多有之。（詳參陳繼儒眞珠船卷三）清代雖無外人中進士，而高麗自康熙以至同治，皆遣陪臣子弟入監讀書，可見科舉披靡之廣，而江南文風之所以極盛，當歸功科舉，更瞭如指掌，不待言矣。

二　桎梏人心爲物質文明之障礙

普及文物，同化民族，爲中國考試制度最大之收穫，然利之所在，弊亦隨焉。其最大者，爲桎梏人心，阻礙物質文明之發達。唐五代之詩賦帖經墨義，篆刻雕蟲無論矣。自宋熙寧間罷詩賦，主專經義，則如宋朱弁所云：「士趨時好，專以三經義爲捷徑。非徒不觀史，而於所習經外，他經及諸子無復有讀之者。故於古今人物，及時世之治亂興衰之迹，亦漫不省。元祐初，韓察院以論科舉改更事，嘗言：「

臣於元豐初，差對讀舉人試卷，其程文中或有云：「古有董仲舒，不知何代人？」當時傳者莫不以爲笑。」此與定陵時，省試舉子於簾前上請云：「堯舜是一事，是兩事？」絕相類，亦可怪也。」（山谷閑書卷三）其後經義與詩賦并行，而遼金大略如宋制。元自仁宗罷詩而存賦，其空虛如故。明則詩賦皆罷之，而惟主八股。自八股盛行，爲弊彌彰。

明楊愼曰：

> 本朝以經學取士，士子自一經之外，罕所通貫。……五經諸子，則割取其碎語而誦之，謂之蠡測；歷代諸史，則抄節其碎事而綴之，謂之策套。其割取抄節之人，已不通經涉史，而章句血脈，皆失其眞。有以漢人爲唐人，唐事爲宋事者，有以一人析爲二人，二事合爲一事者。余嘗見考官程文引制氏論樂，而以制氏爲致仕；又士子墨卷引漢書律歷志「先其算命」，作「先算其命」。近日書坊刻布其書，士子珍之，以爲秘寶。……破題謂之「馮籠頭」，處處可用也。……起語百餘言，謂之「壽星頭」，長而空虛也。其中例用「存乎存乎」，「謂之謂之」，「此之謂此之謂」，「有見乎，無見乎」，名曰「救命索」，不論與題合否，篇篇相襲，師以此授徒，上以此取士，不知何所抵止也。（升菴合集卷二

（八）科舉

謝鐸上修明教化疏，其三慎科舉曰：

今之科舉，雖可以得豪傑非常之士，而虛浮躁競之習亦多。蓋科舉必本於讀書，今而不讀京華日抄，則讀主義；不讀源流至論，則讀提綱。甚者不知經史爲何書。（皇明疏抄卷四九）

「嗟乎八股盛，而六經微；十八房興，而廿一史廢！」（日知錄集釋卷十六）此顧炎武氏之所以長嘆息也。然豈惟微經廢史而已哉！習八股者，小至詩賦不能精；大至科學與物質文明，更無閒情餘興，從事思索。一心一意，惟在名利，此種風氣，自宋已然。曾記蘇軾有言：「僕少年讀書作文，惟在應舉而已。」明薛瑄曰：「學舉業者，讀諸般經，只安排作時文材料用……借經書之文，以徼利達。而不知一言之可用。……一第之後，四書本經，悉留而不觀。……道之不明，科舉之學害之也。」（讀書錄類編卷十九）顏習齋曰：「自幼惟從事做破題，捭八股，父兄師友之期許者，入學，中舉，會試，做官，而已。萬卷詩書，只作名利引子，誰曾知道爲何物？」（存人編卷二）夫以名利趨天下士人於一途，而又以嚴厲之格式，桎梏其心思，範圍其學術，父子相傳，兄弟相效，惟在登第。雖復捨此肥美，從事於艱深困苦之學術：此中國科學之所以數次萌芽，而終如曇花一現也。梁啓超曰：

學術界最大的障礙物，自然是八股。八股和一切學問，都不相容。而科學爲尤甚。淸初襲用明朝的八股取士，不管他是否有意借此愚民，抑或誤認爲一種良制度，總之，當時功名富貴，皆出於此途，有誰肯拋棄這種捷徑，學些艱辛迂遠的科學呢？（中國近三百年學術史頁二八）

是知科舉桎梏人心，爲物質文明之障礙，及科學不發明之原因。於普及文化之功，不爲不大；而其爲罪，亦不小矣。

丙　考試制度與社會風俗之關係

一　打破魏晉南北朝之舊階級造成士大夫新階級

世人謂科舉一律平等　打破階級制度；此爲比較之詞，相對之論。非謂自有科舉制度，社會即一律平等，而無階級也。蓋科舉所打破者，在魏晉南北朝之閥閱，以代遠年湮，勢漸傾頽，重以九品中正，弊端叢集；乃以科舉之制，滅其餘焰，從此平民可自由競爭，賴其文彩，得有參與政治之機會；不致高官美爵，爲高門所把持。故世俗有「將相本無種，男兒當自强」之諺，意即有科舉，不論門第種族，苟人能自奮勵，皆有爲將相之望也。而所謂打破階級制度，及所謂平等，乃指此耳。

然大臣子弟進身，猶與平民大異。唐宋遼金元定例，大奸大惡，工商異類，倡優之家，隸卒之徒，以及身家不清白而有錢糧等項粘帶者，大要均不許應試。明清功令約同，而施行較寬。明初以吏胥心術已壞，不許應試。其後未入流官吏，武生醫生軍餘舍人匠人之類，皆得應試，並得取中。各科所中之人及其名次高低，詳見顧起元客坐贅語卷八，科舉事例條。正統宣德間，至有驛丞典史中進士狀元者。（野獲編卷十五）：清代開捐納以後，有罪可聽贖，商人子弟，並有商籍學額（參學政全書卷六十卷八五）且所有禁例，幾於失效，因冒濫之風甚盛也。（詳參同上清稗籍貫及區別流品二卷）而所謂科舉平等，又止於此耳。然大臣子弟進身，猶與平民大異。試觀歷代國子監，有蔭子入監之例，比較平民多一進身之機焉。大臣子弟，關節交通，尚可勿論。再閱清宗室貢舉考，嘉慶四年以前，宗室不赴鄉舉，即可逕赴會試。是後與生監一體鄉試，而中額由禮部覈議奏聞。皇帝得以酌量錄取，必較平民易於中式。中式之後，復較平民易於顯達。計自嘉慶四年至光緒十二年，宗室中科第者約三百十六人，其中入仕而得賜謚者六人，任大學士者五人，協辦大學士者一人，官一品者十一人，官二品者十八人。而以通常二萬餘進士與宗室中科第者較，其能得高官之比例，恐相隔天淵。而此三百餘人中，獲榜眼者，僅光緒癸未科壽耆一人：得傳臚者，道光戊戌科靈桂一人。其他鄉會聯元者二人，解元登會元者七人：中式不高，而能居高官，可知其不平等矣。故宋太宗所謂「昔者功名，多爲勢家所取」。明高桂所謂「富貴有力者，曳白可以衣紫：寒畯無援者，倚馬不能登龍。」清史稿所謂「遴官士族子弟，初制一體應試，而中式獨多：」（選舉三）皆非廓然大公，絕對平等之明證也。且不旅踵，而新階級興矣。初，婚姻重門第，自唐有榜下擇壻之風，（摭言卷三，「曲江之宴，行市羅列，長安幾于半空。公卿家，率以其日揀選東牀。」按東牀，即女壻。附唐叢話，亦有類似之記載。）至宋丁隲，乃有禁絕登科進士，論財娶妻之奏。（見宋文鑑卷六一，略謂「近年進士登科，娶妻論財，衣冠之家，隨所厚薄，則遣媒妁往返，甚於乞丐。小不如意，棄而之它。出捐千金，則貿貿然而來，安以就之。」）是士大夫新階級，自唐宋以來然矣。降至明清，其勢益橫。

其居鄉也：一登科第，志切饑遊；欲廣侵餘，多收投靠。妻宗姻婭，四出行兇；子弟豪奴，專攻羅致。女子稔色，則多方委禽；田園遂心，則百計垂餌。綏急人所時有，本會因刑無窮。，搜奪圖謀，終期必濟……，曲直挑亂，黑白眷黃，庇遠親爲官戶，擠重役於貧民。（宋歸水集卷二七，附九逃略）此顧炎武所以有廢生員之論也。且科第中人，造成新階級，不但對平民而言，其相互間亦然。邱橓陳吏治積弊曰：「今薦則先進士，而舉人非有憑藉者不與焉。……于是同一官也，不敢按席而坐；比肩而行，諸人自分低昂，吏民觀瞻頓異。助成驕縱之風，大喪賢豪之氣。」（御選明臣奏議卷三十）其同年門生之習，年姪門孫之分，更不用說。今世鄉里所謂豪劣之紳，尙多科場遺產也。

二　鼓勵士人向上之風促成文弱之習

科第中人，既爲士大夫之特殊階級；又有免賦稅笞刑等特權。中進士後，更可安富尊榮，高枕無憂。故人人皆慕之，而爭自奮興。三十年前稍可餬口之家，每舉一男，甫四五歲，即令發蒙讀書，以便應童子科。中國兒童向學之早，及重男輕女之習，考試之制，不無影響。啓蒙以後，家資雖貧，必茹苦含辛，送子學成；天資雖魯，父師必嚴厲譴責，諄諄告戒，俾成可造之材。貧苦子弟，類皆廉謹自勉，埋首窗下，冀求一第。即紈袴公子，亦知苦讀，以獲科第，否則雖富不榮。儻肄業之時，一曝十寒，遇大比之年，名落孫山，則不拘富貧，皆垂首喪氣，無面見人。非若現今學校，畢業與否，不甚緊要也。因此之故，前清時代，無分冬夏，幾於書聲遍野，夜靜三更，鑽研制義。是皆科舉鼓勵之功：有甚於今日十萬督學之力也！自罷科舉後，中大學畢業，無啖飯之所；於是紈袴子弟，終日逸游；貧困之士，有志莫逮。迨至平民義務學校，免費供膳，猶辭不入。强迫教育之令日盛，反不若科舉時代能使人力爭向上也。

雖然，科舉勉人上進之力固大，而罪亦不小。試觀前淸秀才廩生，佝僂蹣跚，多似弱不勝衣。蓋前人啓蒙皆早，而又以三更讀五更起爲美德爲勸勉。遇考試之時貢院之苦，讀艾千子（南英）文，不啻身臨其境矣。艾氏前歷試卷自敘曰：

予年十有七，以童子試，受知於平湖李登白先生。其明年春，爲萬曆庚子，始籍東鄕縣學，迄萬曆己未，爲諸生者二十年，試於鄕闈者七年；備於二十人中者十有四年。……嗟呼！備嘗諸生之苦，未有如予者也。……試之日，衙鼓三號，雖冰霜凍結，諸生露立門外，督學衣緋坐堂上，燈燭輝煌，圍爐輕暖自如。諸生解衣露足，左手執筆硯，右手執布襪，聽郡縣有司唱名，以次立甬道，至督學前，每諸生一名，搜檢軍二名，上窮髮際，下至膝踵，倮腹赤踝，爲漏數箭而後畢。雖壯者無不齒震凍慄。腰以下，大都寒沍僵裂，不知爲體膚所在。遇天暑酷烈，督學輕綺蔭涼，飲茗揮箑，自如。諸生什伯爲群，擁立塵坌中，法既不敢執扇，又衣大布厚衣，比至就席，數百人夾坐，烝熏腥雜，汗淫浹背、勺漿不入口，雖設有供茶吏，然率不敢飲；飲必朱鈐其牘，疑以爲弊，文雖工，降一等，蓋受困於寒暑者如此。旣就席命題，題一以致官宣讀，便短視者：一書牌上，吏執而下巡，便重聽者。近廢宣讀，獨以牌書某學某題。一日數學，則數吏執牌而下，而予以短視，不能見咫尺，必屏氣囁嚅，詢傍舍生，問所目。而督學又望視。臺上東西立瞭高軍四名，諸生無敢仰視，四顧，麗立，伸欠倚語側席者。有則又朱鈐其牘，以越規論，文雖工，降一等。用是腰脊拘困，雖溲溺不得自由，蓋所以縶其手足便利者又如此。所習坐席，取給工吏，吏大半侵漁所費，倉卒取辦，臨時規制，狹迫不能舒左右肱，又薄脆疎縫，據坐稍重，即恐折仆，而同號諸生，常十餘人，慮有更號，率十餘坐以竹聯之，手足稍動，則諸坐皆動，竟日無常，時字爲跛踦，而自閩中一二督學，重懷挾之禁，諸生併不得執硯，硯又取給工吏，率皆青剛頑石，滑不受墨，雖一事，足以困其手力。不幸坐漏痕，承簷所在，霖雨傾注，以衣覆卷，疾書而畢事，蓋受困於胥吏之不諒者又如此。比閱卷，大率督學以一人閱數千人之文，文有平奇虛實煩簡濃淡之異，而主司之好尚亦如之。取必於一流之材，則雖宿學，不能無恐而予常有天幸。然高下既定，督學役衣緋坐堂上，郡縣有司候視門外，致官立階下，諸生俛行，以次至几案，前跽而受致，噤不敢發聲，視所試優劣，分從甬道西角門以出，當是時，其面目不可以語妻孥，蓋所爲拘囹文法以圖折其氣者又如此。嗟乎！備嘗諸生之苦，未有如予者也。至入鄉闈，所爲搜檢防禁，囚首垢面，夜露晝曝，暑喝風沙之苦，無異於小試。獨起居飲食，稍稍自便。（天傭子集卷二）

此雖明制，清代亦同。應試生儒，自負考籃，擁擠之烈，可令人吐血。而貢院房舍之狹隘，難容中人之體，昂首出入，伸體仰臥。每試一場，驚心動魄，恆亘一晝夜之久。故強壯之軀，凡經一試，多致消瘦，老弱之士，必更不支。其中式者，趾高氣揚，行爲放蕩，不甘休養；其落第者，垂首喪氣，鬱鬱不樂，無心安息。故無論成敗，皆足以損傷身體。

三　增加迷信及靈冏安身立命之說

考試勞碌過甚，必易於頭昏目眩；得失之念過重，必易於神經錯亂。由是夢也，狐也，鬼也，幻象也，寃家也，以致種種迷信，種種無稽之談，皆從之而起，而安身立命之說，亦從之而生。唐代考試之異聞，皆見太平廣記，貢舉及報應類。至宋葛洪曰：

舉人投牒自應之制，蓋昉於唐。……積弊成俗，流毒至今。士拘一日之長，僞乖程式：雖生平力學，不免擯棄。程度苟合，雖末學膚淺，俯拾科級。以此，士之進退，多言命運，而不言行業。本朝文正范公有言：「明君在上，固當使人以行業而進，而乃云命運者，是善惡不辯，而歸諸天也。豈國家之美事哉！」(涉史隨筆楊綰請更貢舉之制條)

案安心立命之說，倡自儒家，所謂「道之將行也歟，命也。」又謂「不怨天，不尤人，下學而上達，知我者其天乎？」等語：而其賴以鞏固者，科舉也。清呂相燮科場異聞錄，紀述各朝考試迷信，即爲闡明此旨而作。其在小試錄序曰：「功名之有定者，宜安命：功名之無定者，宜立名。」夫安命之說，本爲失望自慰語。中國以科舉之鞏固，行之千有餘年，國民進取之心，不知束縛若干，然名利誘人過甚，於是「又創爲文昌帝君之神，謂司人間科甲貴賤。又恐其教之淡薄苦寂，士大夫未必肯受也：又創爲準提善蘊會，每月只幾日不食酒肉。」(存人編卷二)而今文昌閣，魁星樓，尙多存略於各城市中。八月二十七日，亦多屠豕宰牛，爲文昌帝君祝壽。其他三教九流之說，如輪迴報應，如關帝，如城隍，皆附會科場故事，以增其愚民之力，並深入士人之心。(詳參科場異聞錄)是皆科舉與社會風俗之關係也。

四、增加朋黨之禍

中國朋黨之禍，多與科舉制度有關聯。兩漢魏晉南北朝，考試之制，不甚發達，故朋黨之禍，尚不甚烈。唐宋以後，科舉與朋黨，幾成不可分裂之勢。因登第難，則賴關節：賴關節，則需朋黨。此登第之有賴於朋黨也。而權術之士，欲爭權柄，必有勢力：欲增勢力，必廣黨羽，此朋黨之有賴於科第也。當唐之時，應試士人，以有司為座主，自稱門生：結黨營私，靡不由此。曲江題名之燕，更可以助其團結。故牛李之爭，為禍烈而為時亦久。唐末劉允章，韋陝等，曾欲革除其弊。而歷宋至明，終莫能改。宋代新舊黨派之爭，如王安石司馬光等，皆假考試之名，以行其學說，展其勢力也。降至明代，為禍益烈。明神宗時，闇君在上，國是日非，無錫顧憲成，高攀龍，重興東林書院，聚徒講學，砥勵風節，而聲氣蔓延之徒，幾徧天下，莫不私立門戶，互相標榜。始以君子嚴小人之防，既而小人乘君子之隙，終以小人混君子之清。及其末流，吳應箕楊已任狠滑之徒，又以復社繼之。包攬生員升黜，暗操朝綱國政，黨禍之烈，訖於明亡。較之東漢，殆有甚焉。清以高壓，厲頒功令，嚴加禁止。雍正之時，對於科甲出身人員，如楊名時，王士俊，惠士奇等，皆不加以重視，卒之，有清一代，未罹斯禍，誠幸事也。遼金元三朝，以異主專制，功令嚴峻，皆少此禍。然而關節之習，固未嘗免焉。

此外前在考試動機節，謂籠絡人心，爲採行考試之一因。今觀此種用意，實已成功：唐宋元各朝，皆已評述，毋須重題。明末殉難者，數百千人，進士出身者居多。如劉理順，劉同升，管紹甯、史可法等，或全家殉難，或與城偕亡，皆忠烈可風。然明代狀元宰相，膺特達之知，荷不次之擢，當國破君亡，靦面乞活。亦有「纔聽臚傳，賜宮花袍笏，即稽首賊庭，受其僞命」者，爲數亦甚多，荷牐叢談卷一昭代狀元考略及卷三鼎甲不足貴二篇，紀之詳矣。而全祖望跋明崇禎十七年進士錄，（見鮚埼亭集外編卷二九）內得流賊所授降臣官籍，於忠逆二者，皆紀之尤詳，令人讀之，更覺痛心。

綜觀歷代取士之制，堯典與周禮所載者，渺矣不可考，漢用察舉以取士，對策以掄才，先德行而後文學，得人稱盛。而其失也，有增年矯貌之舉，有竊聲盜名之徒。魏晉南北朝取士官人，用九品中正之法，當初以內行不謹，被清議者甚衆。官職之升沈，多本於鄉評之與奪，頗具輿論控制之功效。及其末流，毀譽失實，專向閥閱，論者非之。唐鑑其失，皆行科舉，其崇儒之篤，可謂爲中國歷朝之冠，而進士文人之推重，尤爲後世各朝所莫及。於時考試之制，科目廣而限制不嚴，士子得展其所長，擅其所學，故人才濟濟稱盛。迄乎末流，帖經之制日盛，貨綠之弊日繁。陵夷至於五代，干戈擾攘，歲無寧日：上以帖經取士，士惟以此見長。然能使人熟習經書，亦非毫無裨益。迄宋罷帖經，重策試，宋之散文，獨放異彩。史學一門，尤多巨制。惜乎朋黨之爭，與科舉學術相糅和，終於空言放論，無裨於世。遼處偏安，考試之制，所知不多。金參唐宋之法，因時制宜，折中損益，立法簡而明，設科寡而審，使天下士人，有普通知識：兼有專門技能。合明清二朝，立制之佳，殆無出其右者。元代以異民族入主中華，用人行政，常存種族偏見，而於科舉，第應故事，不甚尊重。幸承前代之積習，人多趨於此一途。卒當滅亡之時，殉難多進士，蓋亦始料所不及也。明清兩代，用八股文，宗四子書，天下士人，趨之若鶩，夷考其始，八股文章，規律整嚴，其助人組織條理之功，實亦未可厚非。乾嘉考據學派，每能於一短文之中，作爲精深邃密之考據，簡而文，精而賅，八股文之薰陶，不爲無功。惜後過重形式，忽略內容，以致末流千篇一律，形同機械製造品。厥後國事日非，人爭集矢於科舉。終於光緒三十一年，由張之洞袁世凱等之請求，永遠停止。而其廓清摧陷之功，亦不可一筆抹煞也。大抵歷朝取士之制，各有得失，今後舉行考試，要在爲政者鑒古觀今，集中外古今之長，而舍其短，則能事盡矣。

附歷代考試沿革略表

中曆	西曆	
漢高祖　十一年	前一九六	初下詔舉士
文帝　二年	前一七八	詔舉賢良方正能直言極諫者
十二年	前一六八	詔舉孝悌無廉介者
十五年	前一六五	漢廷策士之始
武帝元光元年	前一三四	初令郡國舉孝廉各一人
元狩六年	前一一七	遣博士巡行天下舉賢良獨行之士
元封五年	前一〇六	始舉茂材異等之士
昭帝元始元年	前八六	遣使行郡國舉賢良
元帝永光元年	前四三	以樸質敦厚遜讓有行者四科舉人
建武十二年	三六	定選歲察舉之例
章帝建初八年	八三	以德行高妙志節清白等四科舉人並須試以職事。
元和二年	八五	按人口分配，令郡國舉明經者。
順帝陽嘉元年	一三二	從左雄奏，令郡國舉孝廉，須限以年齡，課以牋奏。

魏文帝延康元年	二二〇	吏部尚書陳羣立九品官人之法
黃初三年	二二二	詔舉士勿限年齡
大和二年	二二八	詔郡國貢士，以經學爲先。
四年	二三〇	郎吏通一經者，博士課試，擢其高第者錄用。
晉武帝咸熙四年	二六七	詔舉賢良方正直言之士
成帝咸和六年	三三一	同上。　按晉重賢良之舉，且有策試；並有一試而至於再試者。
宋武帝永初二年	四二一	策試諸州郡秀才孝廉。按宋文帝元嘉中，又限年三十方得入仕。
齊武帝永明五年	四八七	太子臨國學，親臨策試。
明帝建武四年	四九七	休頒州舉秀才，對策稱善。　按齊因宋代限年之制，故有增年矯貌以圖進者。北時九品中正之制甚行，士人皆厚結姻援，以圖倖進。遂令甲族以二十登仕，寒門以二十試吏。
梁武帝天監四年	五〇五	令九流常選，年未三十，不通一經，不得解褐。
敬帝太平二年	五五七	詔諸州各置中正。按梁初無中正，限年入仕，量才取錄，門第之風稍息。至此復置中正。時有射策，大半爲國子生；有對策，則屬於秀才。
陳文帝天嘉元年	五六〇	詔舉賢良。
宣帝大建四年	五七二	詔舉賢能，隨才明試。按陳有賢良秀才之舉，有射策對策之試，亦有限年齡入官之法。
北魏文帝太和十六年	四九二	帝臨思義殿，策問秀孝。
宣武正始元年	五〇四	罷郡中正。

北齊(不詳)		北齊策孝秀，皇帝坐朝中楹，有脫誤書濫孟浪者，飲墨水。頗有後世場規之意。
後周武帝建德六年	五七六	詔山東諸州縣舉有才者，各四五六人有差。當周文帝霸府時，蘇綽爲六條詔書，其四曰擢賢良。罷門資之制，察舉稱精愼。
隋文帝開皇二年	五八二	詔舉賢良。
煬帝大業二年	六〇六	初以進士爲科。
十年	六一四	詔舉孝悌廉潔各十人。
唐高祖武德五年	六二二	唐始開科取士。
太宗貞觀八年	六三五	進士初祇試策，是年加試帖經。
高宗永徽二年	六五一	罷秀才科。
調露二年	六八〇	帖經之始。
永隆元年	六八〇	始以制科取士。又高宗麟德以後，承平日久，選人漸多，取用不給。於是禮部中式以後，吏部尚須以身言書判試之，然後入仕。
二年	六八一	始以雜文試進士。唐封演曰：所謂雜文，即一詩一賦，以詩賦取士，始於此。
武后載初元年	六八九	殿前試人之始。　又通典紀「武后以吏部選人不實，乃令試日自糊其名暗考。」
中宗神龍元年	七〇五	始定進士三場試。自神龍以後，進士赴杏園舉，皆於慈恩寺塔題名。後世之題名碑淵源於此。
玄宗開元九年	七二一	親策制科舉人。十四年二十六年亦然。
元年	七三六	禮部選士之始。

元年	七四一	始立道舉科。
天寶十年	七五一	舉人私懷文策坐殿三舉，並貶所保之官，殿舉之罰始此。
十三年	七五四	制舉試詩賦之始。
代宗廣德二年	七六四	兩都試人之始。
德宗建中元年	七八〇	停孝廉科。
二年	七八一	以箴論表贊代詩賦，仍試策二道，不久復試詩賦。又是年始用墨義。
貞元十八年	八〇二	始以通榜取士。通榜者，即不顧試藝之高下，專取知名之士也。
穆宗長慶三年	八二〇	立史科及三傳科。
文宗開成元年	八三六	舉子容情隱蔽，同保五人殿三舉。
宣宗大中元年	八四七	洩漏題目，考官罰俸。
昭宗光元三年	八九〇	恩科舉人之始。當時稱為五老榜。
後唐明宗長興二年	九三一	命學士撰詩賦一首，以為舉人模式。案唐試詩賦，初止命題。後唐莊帝時，乃定關定格。
四年	九三三	出帖書明所對經疏墨義，云幾道不錯，幾道粗錯。…師考官不公者，可再考校。若考官不公，或舉子妄陳文狀，俱有罰責。
遼太宗會同元年	九三八	室昉登進士第，可謂為遼行科舉之始。非傳云會同初，姑列於元年。
後晉高祖天福五年	九四〇	停拔萃明算道舉百篇等科。

周世宗顯德二年	九五五	罷明經童子科。按五代童子科，中式之後，可赴日得官，並得蠲免徭役。中式以後，無心習業，因而停止。又五代進士及第其中文藝可取者，便與除官，不若唐代之嚴也。
宋太祖乾德二年	九六四	初設制科，未有應者。
開寶三年	九七〇	立特奏名，即沿唐之五老榜，明清之恩賜也。
六年	九七三	因徐士廉伐鼓訴訟，太祖御講武殿覆試，覆試自此始。
遼景宗保甯八年	九七六	詔復南京禮部貢院。聖宗統和以後，用唐宋之制取士。
太宗太平興國三年	九七七	詔律賦以平側依次用韻。按宋初沿五代制，進士試詩賦策論，諸科試帖經墨義，至此稍加變更。
八年	九八三	進士諸科，加試律義十道。及第後始分三甲稍後有狀元，榜眼探花之名，並有狀元牌坊之立。而鄉試又有分爲五等者，初考以朱，覆考以墨，自宋已然。
眞宗淳化三年	九九二	殿試始用彌封糊名之法。
景德二年	一〇〇五	詔復賢良能直言極諫等六科。
四年	一〇〇七	禮部貢院始用糊名考試。
大中祥符四年	一〇一一	始排坐位，先發坐位榜。
五年	一〇一二	詔貢舉人併預省試，公罪聽贖，其後私罪杖，亦許贖論。
天禧三年	一〇一九	立覆試定等第之法，詳參正文。
遼聖宗太平九年	一〇二九	以詩賦試舉人賜張人傑等二十七人進士及第。按遼取士重詩賦

仁宗明道二年	一〇三三	諸州考試，始用糊名之法。
景祐四年	一〇三七	諸州考試，始用謄錄易書之法。
慶曆四年	一〇四四	用范仲淹奏，罷帖經墨義，改試策論詩賦，行止一科而罷。
英宗嘉祐六年	一〇六一	變更定等第之良法，爲王安石所破壞。
治平三年	一〇六六	始行三年一開科之制。是年司馬光主分路取人說。歐陽修主憑才取人說。
遼道宗咸雍六年	一〇七〇	詔議賢良科，應是科者，先以所業十萬言進。
神宗熙甯四年	一〇七二	王安石改革科舉；罷諸科，惟留進士科，並新立明法律。罷詩賦帖經墨義，惟試經義及策問。
哲宗元祐元年	一〇八六	復試詞賦。第一場試經義，二場詞賦，三四場策論。
四年	一〇八九	復制科。先是神宗初，以制科對策，與進士無異，罷之。
紹聖元年	一〇九四	復罷詩賦，專用經義。
二年		立宏詞科。
遼天祚帝乾統二年	一一〇二	禁商賈之家應進士舉。
徽宗崇甯三年	一一〇四	詔天下取士，悉由學校升貢。即用王安石之三舍法也。
大觀四年	一一一四	立制學兼茂科。
宣和三年	一一二一	詔罷天下三舍法。

金太宗天會元年	一一二三	初開科舉士。
徽宗靖康元年	一一二六	復以詩賦取士。禁用老莊及王安石之學說。
金　天會五年	一一二七	詔開貢舉取士，分南北選。
高宗建炎二年	一一二八	又專用經義。
紹興十五年	一一四五	經義詞賦，分爲兩科
金世宗大定四年	一一六四	詔進士文優則取，勿限人數。　按金設科，有詞賦，經義，策試，律科，經童之目。
九年	一一六九	設女眞進士科。
廿年		女眞進士添試經論。是年官方爲舉子製衣，俾進試場時更換，以免懷挾之弊。
章宗明昌元年	一一九〇	初設應制及宏詞科。又詔經義進士，試賦，詩，策論各一道。六經十一史內出題，皆於題下注其本傳。舉人試卷，所用典故，自注出處。
承安四年	一一九九	定府試考試官人數，以應試人多寡爲轉移。
泰和三年	一二〇三	敕漢人司女直司互換封彌。
元太宗丁酉九年	一二三七	試行取士之法。自此以後，議者以爲不便，停止七十餘年。至元中，皆議行進士科，歷大德至大皆有議而未及行。
世祖中統二年	一二六一	詔舉文學才識可以從政及茂才異等。
仁宗皇慶二年	一三一三	詔行科舉。

延祐二年	一三一五	三月廷試，賜護都沓兒、張起巖等五十六人及第出身有差。其制三年一科開，分蒙古色目人爲一榜。第一場，經問五條，主朱子四書義，第二場，時務策一道。漢人南人爲一榜，第一場經疑二問，經義一道。第二場古賦詔誥章表內科一道。第三場策一道。
順帝至元元年	一三三五	詔罷科舉。
六年	一三四〇	復行科舉取士。
明太祖　吳元年	一三六七	定文武科取士之法。又遣起居注吳琳魏觀等，以幣帛求遺賢於四方。
洪武元年	一三六八	徵天下之賢才爲守令。
三年	一三七〇	詔開科取士。詔行科舉程式。專取四子書及易書詩春秋禮記五經命題試士。
四年	一三七一	定科舉條例。
六年	一三七三	詔罷科舉，專以薦舉取士。
十三年	一三八〇	命羣臣各舉所知。並置四輔官，以待儒士。
十四年	一三八一	詔求隱逸。
十五年	一三八二	命天下朝覲官各舉所知一人。是年詔復科舉。
十七年	一三八四	頒行科舉程式。而薦舉並行不廢。
十八年	一三八五	初選進士爲庶吉士。
廿一年	一三八八	命建狀元坊，以旌表狀元。

二十四年	一三九一	定文字格式。
三十年	一三九七	定復試之令。
成祖永樂二年	一四〇四	庶吉士始為翰林院專官。是年始命工部建進士題名碑於國子監。
六年	一四〇八	命翰林官試下第舉人。
仁宗洪熙元年	一四二五	定鄉試取士額。
英宗正統六年	一四四一	詔戒傷文弊，慎選考官。
代宗景泰四年	一四五四	始令生員納粟為國子生。
憲宗成化二年	一四六六	更定科舉程式。
武宗正德六年	一五一一	會試主考官，命用十七人，翰林十一人，科部各三人，分詩經房五，易經書經各四，禮記春秋各二。
世宗嘉靖七年	一五二八	始用京官主鄉試。
四十四年	一五六五	枷號懷挾舉人，於禮部前示衆。
神宗萬曆十三年	一五八五	禮部疏議，嚴科場，祛除積弊，以光盛典。是年各省始改遣京官主試。
四十四年	一六一六	會試考試官，增為二十房，用翰林十二人，科部各四人，至明末不變。
清世祖順治二年	一六四五	初行鄉試。先是天聰八年（一六三四）已行科舉。此為入關以後初行鄉試；而清代考試規程，亦多定於是年。
三年	一六四六	初行會試。鄉會試首場皆試八股文，取四子書。第二場論一篇，詔誥表各一道，第三場經史時務策五道。

八年	一六五一	定錄送鄉試條例。
九年	一六五二	會試分滿漢為二榜，蒙古入滿州榜；漢軍入漢人榜。
十五年	一六五八	丁酉科科場大獄。
十六年	一六五九	准會試移太和殿丹墀前考試。先是會試舉人，自元年以來，俱在天安門外考試。定會試同考官十八房，遂為永制。
聖祖康熙二年	一六六三	以八股文勦襲雷同，停止八股文。並將考試三場，改為二場。
四年	一六六五	復三場取士之制。
七年	一六六八	仍以八股文章取士。
十六年	一六七七	余國柱疏請湖廣江西福建三省現任官，稍加級紀錄，從之。
十八年	一六七九	召試博學鴻詞科。
二十四年	一六八五	是年會試．始有十本進呈之例。
二十八年	一六八九	命取考滿州生員舉人進士，仍須兼試騎射。
四十二年	一七〇三	帝幸江浙，御試士子。中選者，賞白金，令入京錄用有差。其後四十四年再幸江浙，召試亦如之。高宗六幸江浙，四幸天津，皆行召試。
四十四年	一七〇五	命化鵬請以詩賦取士，不從。
五十年	一七一一	江南科場大獄。
五十一年	一七一二	特開萬壽鄉會試恩科。是後每遇萬壽或登極之期，常輒行之。五月，定會試分省取中進士之制。

六十年	一七二一	用唐人通榜法取士，下第舉子，忿不平而名宿網羅殆盡。
六十一年	一七二二	詔各直省舉孝廉方正。其後雍正二年，五年，乾隆五年，同治元年，光緒元年，八年，以至宣統元年等，均舉試之。
世宗雍正元年	一七二三	世宗登極，詔開恩科。以天寒，賜諸貢士在太和殿內兩旁對策。是年始行朝考。
三年	一七二五	召集應差委之翰林及進士出身官員於太和殿，試以四書文二篇，以備鄉試差遣。是爲考差之始。
四年	一七二六	停止浙江人鄉會試。
五年	一七二七	取明通榜，即於會試落卷內，揀選文理明順者引見，以教職即用。是後乾隆二年，十年，十九年，二十六年，三十四年，五十五年，俱照例舉行。
高宗乾隆元年	一七三六	再舉博學鴻詞科。
四年	一七三九	定三年考選優貢一次，而拔貢則十二年一考選。
九年	一七四四	兵部侍郎舒赫德上廢科目疏，首相鄂爾泰持議力駁，得以不廢。
十年	一七四五	改會試期於三月，以待春暖。改殿試之期於四月二十六日，五月初一日傳臚。二十六日，又改於四月二十一日殿試。五月初一日傳臚，其後遵行不變。
十二年	一七四七	禁條奏之習。
十四年	一七四九	詔保舉經學。十六年顧棟高陳祖范等七十人出焉。然僅賞給顧陳等四人驗銜，後不復舉行。
二十二年	一七五七	能論表判，增五言八韻詩。
二十三年	一七五八	鄉會試第一場，四書文外，加試性理論一篇。

二十四年	一七五九	嚴申磨勘之例。
五十七年	一七九二	定春秋俱以左傳本事為題，參用公羊穀梁。
仁宗嘉慶二十二年	一八一七	朝考減詔一道。
宣宗道光十五年	一八三五	御史易鏡清奏三場試策，改用律例一道，不從。
文宗咸豐八年	一八五八	戊午科場大獄。
德宗光緒二十三年	一八九七	貴州學政嚴修，奏請開經濟特科。
二十四年	一八九八	令自下科起，概用策試。又停止朝考，不憑楷法取士。
二十七年	一九〇一	廢八股文，改用新章取士。鄉會試頭場，改試中國政治史事論五篇，二場各國政治學藝策五道。三場四書義二篇，五經義一篇。又詔開經濟特科，停止武科。
二十九年	一九〇三	考試經濟特科，均試論策各一道。
三十一年	一九〇五	八月初四日，諭立停科舉，以廣學校，從張之洞，袁世凱，端方諸人之請也。

參考書目

尚書　十三經注疏本

周禮　同上

周禮正義　清孫詒讓注　民國二十年笛湖精舍鉛印本

禮記　十三經注疏本

春秋繁露　漢董仲舒著　抱經堂叢書本

史記　漢司馬遷著　殿本

漢書　漢班固著　同上

漢書補注　清王先謙注　長沙王氏校刊本

白虎通　漢班固著　通行本

後漢書　宋范曄著　殿本

東觀漢紀　舊題漢劉珍撰　武英殿聚珍本

漢官六種　平津館叢書本

西漢會要　宋徐天麟編　光緒十年江蘇書局刊本

東漢會要　同上　江蘇書局刊本
三國志　晉陳壽撰宋裴松之注　殿本
三國會要　清楊晨撰　台州叢書本
華陽國志　晉常璩撰　四部叢刊本
抱朴子　晉葛洪撰　百子全書本
晉書　唐房喬等撰　殿本
晉書斠注　吳士鑑劉承幹合注　劉刻本
宋書　梁沈約撰　殿本
南齊書　梁蕭子顯撰　同上
梁書　唐姚思廉撰　同上
陳書　同上
魏書　北齊魏收撰　同上
北齊書　唐李百藥撰　同上
周書　唐令狐德棻等撰　同上
隋書　唐魏徵等撰　同上

南史　唐李延壽撰　同上

北史　同上

北堂書鈔　唐虞世南撰　孔刻本

全上古三代秦漢三國六朝文　清嚴可均輯　廣雅書局本

通典　唐杜佑撰　浙刻九通全書本

通志　宋鄭樵撰　同上

文獻通考　元馬端臨撰　同上

國史補　唐李肇撰　得月簃叢書本

摭言　唐王定保撰　雅雨堂叢書本

東觀奏記　唐裴庭裕撰　續百川學海本

白氏文集　唐白居易撰　四部叢刊本

五百家注音辯昌黎先生文集　唐韓愈撰宋魏仲舉集注　上海涵芬樓影宋本

孫樵集　唐孫樵撰　四部叢刊本

開元天寶遺事　唐王仁裕撰　藝圃搜奇本

封氏見聞記　唐封演撰　雅雨堂叢書本

杜陽雜編　唐蘇鶚撰　學津討原本
朝野僉載　唐張鷟撰　寶顏堂祕笈本
舊唐書　晉劉昫奉敕撰　殿本
新唐書　宋歐陽修撰　同上
唐大詔令集　宋宋敏求編　適園叢書本
唐會要　宋王溥撰　武英殿聚珍本
唐語林　宋王讜撰　惜陰軒叢書本
登科記考　清徐松輯　南菁書院叢書本
全唐文　清仁宗敕編　嘉慶十三年重修官刻本
舊五代史　宋薛居正等奉敕撰　殿本
五代會要　宋王溥撰　墨海金壺本
太平御覽　宋李昉等奉敕編　鮑刻本
太平廣記　宋李昉等奉敕撰　清乾隆黃氏刊巾箱本
文苑英華　同上　明隆慶刻本
冊府元龜　宋王欽若等奉敕撰　明刻本

石林燕語　宋葉夢得撰　石林遺書本
山堂考索　宋章俊卿撰　明正德間愼獨齋刊本
玉海　宋王應麟纂　浙江書局刻本
困學紀聞　宋王應麟撰翁元圻注　家刻本
長安圖志　宋宋敏求撰畢秋帆注　經訓堂叢書本
能改齋漫錄　宋吳曾撰　守山閣叢書本
雲麓漫鈔　宋趙彥衞撰　別下齋校本
南部新書　宋錢易撰　粤雅堂叢書本
唐代地方行政史　黃綬著　民國十六年北京永華印書局出版
宋史　元托克托奉敕撰　殿本
宋史新編　明柯維騏撰　明嘉靖間刊本
宋朝事實　宋李攸撰　武英殿聚珍本
宋文鑑　宋呂祖謙編　江蘇書局刊本
資治通鑑　宋司馬光撰　商務印書館鉛印本
資治通鑑考異　宋司馬光撰　四部叢刊本

資治通鑑綱目　宋朱熹撰　資治通鑑綱目全書本

續資治通鑑長編　宋李燾編　浙江書局本

御批歷代通鑑輯覽　清高宗敕編　上海商務印書館鉛印本

燕翼詒謀錄　宋王栐撰　榕園叢書本

太平治迹統類　宋彭百川撰　適園叢書本

建炎以來朝野雜記　宋李心傳撰　同上

事物紀原　宋高承撰　惜陰軒叢書本

朝野類要　宋趙升撰　知不足齋叢書本

曲洧舊聞　宋朱弁撰　學津討原本

紹興題名錄　粵雅堂叢書本

寶祐四年登科錄　同上

老學菴筆記　宋陸游撰　津逮秘書本

河南邵氏聞見錄　宋邵伯溫撰　同上

容齋五筆　宋洪邁撰　明崇禎間刊本

歷代制度詳說　宋呂祖謙撰　續金華叢書本

隋史斷 宋南宮靖撰 學海類編本

揮麈前錄 宋王明清撰 學津討原本

郤掃編 宋徐度撰 同上

涉史隨筆 宋葛洪撰 知不足齋叢書本

涑水紀聞 宋司馬光撰 學海類編本

避暑錄話 宋葉少蘊撰 津逮秘書本

師友談記 宋李廌撰 學津討原本

猗覺寮雜記 宋朱翌撰 知不足齋叢書本

夢溪筆談 宋沈括撰 古書叢刊本

夢粱錄 宋吳自牧撰 學津討原本

歸田錄 宋歐陽修著 同上

范文正公文集 宋范仲淹著 四部叢刊本

歐陽文忠公全集 宋歐陽修著 上海中華書局本

溫國文正司馬公文集 宋司馬光著 四部叢刊本

東坡先生全集 宋蘇軾著 同上

臨川文集　宋王安石著　同上
朱文公文集　宋朱熹著　同上
甕牖閒評　宋袁文撰　武英殿聚珍本
吹劍錄外集　宋俞文豹撰　知不足齋叢書本
契丹國志　宋葉隆禮撰　掃葉山房校刊四朝別史本
遼史　元托克托等修　殿本
金登科記序　李世弼著　見元王惲玉堂嘉話
大金國志　宋宇文懋昭撰　掃葉山房校刊四朝別史本
金史　元托克托等修　殿本
元代婚禮貢舉考　古學彙刊本
元典章　涵芬室叢刊初編本
元典章校補　陳垣　北京大學國學門研究所刻本
廟學典禮　元佚名編　四庫全書鈔本
日聞錄　元李翀撰　守山閣叢書本
謝疊山集　宋謝枋得撰　正誼堂全書本

元文類　元蘇天爵編　江蘇書局刻本
元曲選　明臧晉叔選　四部叢刊本
輟耕錄　元陶宗儀著　津逮秘書本
山居新語　元楊元城著　知不足齋叢書本
元統元年進士錄　宋元科舉三錄本
元史　明宋濂等撰　殿本
元史新編　清魏源撰　光緒三十一年邵陽魏氏慎微堂刊本
續弘簡錄(一名元史類別)清邵遠平著　宋遼金元別史本
元史紀事本末　陳邦瞻　五史紀事本末本
新元史　柯劭忞著　民國八年刊本
續通典　清高宗敕撰　浙刻九通全書本
續通志　同上
續文獻通考　同上
明史　清張廷玉等修　湖北崇文書局刻本
明會典　明宏治十年官修　原刻本

明會要　清龍文彬纂　廣雅書局本
明史紀事本末　清谷應泰撰　五史紀事本末本
洪武四年登科錄　藝海珠塵本
洪武聖政記　明宋濂撰　勝朝遺事初編本
明成祖實錄　北平圖書館藏鈔本
明仁宗實錄　同上
永樂十年登科錄　明永樂刻本
嘉靖十七年登科錄　明嘉靖刻本
明大政纂要　明譚希思撰　清光緒二十一年湖南思賢書局重刊本
皇明大政記　明雷禮等輯　萬曆壬寅刊本
皇明進士登科考　明俞憲撰　明嘉靖刊本
明貢舉考　明張朝瑞撰　明刊本
歷代貢舉志　明馮夢禎撰　學海類編本
明貢舉考略　清黃崇蘭纂　清道光間刊本
皇明疏鈔　明孫旬彙輯　明刊本

昭代典則　明黃光升編輯　明刻本
萬曆野獲編　明沈德符撰　清同治八年錢塘姚氏重校刊本
典故紀聞　明余繼登撰　畿輔叢書本
弇山堂別集　明王世貞撰　廣雅書局刊本
御選明臣奏議　乾隆十六年敕編　武英殿聚珍本
資治通鑑綱目三編　清高宗御定　山東書局重刊本
觚不觚錄　明王世貞撰　借月山房彙鈔本
列朝盛事　明王世貞撰　同上
眉公見聞錄　明陳繼儒撰　寶顏堂秘笈本
眞珠船　明陳繼儒撰　陳眉公雜錄本
升菴合集　明楊愼撰　清光緒八年刊本
七修類稿　明郎瑛纂　乾隆四十一年耕烟草堂刊本
天傭子全集　明艾南英著　清康熙間刊本
讀書錄類編　明薛瑄撰　清光緒十九年刊本
復社紀事　明吳偉業撰　借月山房彙鈔本

荷牐叢談　明林時對撰　民國十七年國立中山大學印本
翰林記　明黄佐撰　粤雅堂叢書本
雙槐歲鈔　明黄瑜撰　嶺南遺書本
明夷待訪錄　明黄梨洲著　寶思齋叢書本
啓禎記聞錄　明葉紹袁著　痛史本
玉堂薈記　明楊士聰撰　借月山房彙鈔本
朱舜水集　明朱舜水撰　日本明治四十五年鉛印本
日知錄集釋　清顧炎武著黄汝成集釋　清同治八年刊本
日知錄之餘　清顧炎武著　風雨樓叢書本
亭林文集　同上　亭林遺書本
錢牧齋全集　清錢謙益著　民國十四年上海文明書局鉛印本
烈皇勤政記　清孫承澤著　借月山房彙鈔本
春明夢餘錄　同上　古香齋鑒賞袖珍本
大清會典　商務印書館鉛石印大字本
大清會典事例　同上

科場條例欽定　清英匯等纂杜受田等修　光緒二年續增刊本
學政全書　清黄璜等纂　嘉慶間武英殿刊本
宗室貢舉備考　清瑞聯纂　光緒間刻本
科場則例　拜梅山房几上書本
吏部處分則例欽定　殿本
十朝聖訓　清光緒間活字版印本
東華全錄　清王先謙編　光緒十三年京都善本堂重刊本
光緒東華續錄　清朱壽朋編　宣統初年鉛印本
古今圖書集成選舉典　鉛印本
皇朝通典　清高宗敕撰　浙刻九通全書本
皇朝通志　同上
皇朝通考　同上
皇朝續文獻通考　劉錦藻纂　堅匏盦藏版本
五禮通考　清秦蕙田編　蘇州局刻本
廿二史劄記　清趙翼撰　甌北全書本

公車徵士錄　清余祖璨撰　煙嶼東堂小品本
保舉經學名單　同上
皇清名臣奏議　琴川居士刊本
丁酉北闈大獄記　清信天翁記　痛史本
淡墨錄　清李調元撰　函海本
制義科瑣記　清李調元輯　同上
制義觀海集　編輯人不詳　袖珍本
國朝歷科館選錄　清沈廷芳輯　清乾隆三十一年重刊本
張文貞公集　清張玉書著　乾隆五十七年松蔭堂刊本
香祖筆記　清王世禎撰　漁陽山人著述本
存人編存治篇　清顏習齋著　畿輔叢書本
紀文達公遺集　清紀昀著　嘉慶十七年刊本
潛研堂全集　清錢大昕著　上海函芬樓景印本
小倉山房尺牘　清袁枚撰　隨園三十二種本
隨園隨筆　同上

科場異聞錄　清呂相燮撰　光緒戊戌順成書局石印本

藤陰雜記　清戴璐撰　光緒三年吳興沈氏重刊本

國朝鼎甲錄　清陳鍾原輯　拜梅山房几上書本

槐廳載筆　清法式善撰　嘉慶間刊本

清祕述聞　清法式善撰　錢氏重校刊本

芻論　清孫鼎臣著　咸豐十年武昌節署刊本

校邠廬抗議　清馮桂芬著　寶思齋叢書本

庸庵文集外編　清薛福成著　庸庵全集十種本

庸庵筆記　同上　光緒丁酉薊山陳氏校刊本

越縵堂日記　清李慈銘撰　北京浙江公會影印本

吾學錄初編　清吳榮光編　江蘇書局刊本

國朝貢舉年表　著者不詳　光緒十九年中江袖海山房石印本

歷代選舉沿革表　清馬徵麟纂　馬鍾山遺書本

策學備纂　清沈祖棻編　光緒十三年石印本

祁陽縣志　清劉希關等纂　同治九年刊本

吳縣志　曹允源等纂　民國二十二年蘇州文新公司印本

二十四史九通政典類要合編　清黃書霖輯　光緒二十八年約雅堂藏鉛印本

九通分類總纂　清汪鍾霖纂　文瀾書局石印本

皇朝掌故彙編　清張壽鏞等纂　光緒二十八年求實書社鉛印本

皇朝政典類纂　清席裕福等編　光緒二十九年圖書集成局鉛印本

光緒政要　清沈桐生輯　宣統元年上海崇義堂印本

清代文獻邁古錄　趙祖銘著　民國十六年北京慈祥工場印行

清史稿　趙爾巽主修　民國十六年鉛印本

清史列傳　中華書局印本

大清法規大全　政學社編印本

輶軒語　清張之洞撰　光緒丁丑濠上書齋刊本

戊戌奏稿　康有爲撰　宣統三年上海廣智書局本

康南海自編年譜　康有爲　抄本

中國近三百年學術史　梁啓超著　民國十八年民智書店鉛印本

戊戌政變記　梁啓超　上海廣智書局本

光宣小紀　金梁撰　民國二十二年鉛印本

清代考試制度　章中如著　一九三一年黎明書局鉛印本

清代殿試考略　傅增湘著　民國二十二年大公報社鉛印本

骨董瑣記　鄧之誠撰　民國二十二年自印本

中國考試制度研究　鄧定人編著　民國十八年上海民智書局出版

上列參攷書目，共二百四十餘種，其中有僅引用一二次者，有少數屢參考而未及引用者，亦有書中引用而未一一列入參考書目者。原因中國載籍，言及考試者，幾於無書無之。年來涉獵所及，見其有關者，輒摘錄之，歷時日久，積紙盈尺，得書五百餘種。應用之時，往往摘錄數十條，僅用一二條；又往往遇殿試卷策案，歷科題名碑及科場瑣事等書，中或盡關科舉；雖經參閱，然難引用。至其排列次第，略以時代為序，未及依著者先後，細為區分，敬希閱者亮之。嗣禹附識